Eduard Leemann **Dynamik des Geldes**

Das Geld ist zusammen mit dem Wettbewerb das zentrale Organisationsmittel von Wirtschaft und Gesellschaft; der entscheidende Antrieb geht jedoch vom Geld aus.

Das Geld erstrebt die Mobilisierung aller Dinge.

Oswald Spengler, Der Untergang des Abendlandes

Vielleicht wäre alles anders gekommen, wenn ich mehr verstanden hätte vom Geld.

(Der Bankangestellte, der dies sagt, hat den Hauswart seiner Bank mit der Axt erschlagen.)

Max Frisch, Graf Oederland

Eduard Leemann

Dynamik des Geldes

Geldtrieb und Selbstorganisation der Marktwirtschaft

Orell Füssli Verlag

Gedruckt auf umweltfreundliches, chlorfrei gebleichtes Papier

Umschlaggestaltung: Christine Vonow, Zürich
Umschlagabbildung: Bildagentur Baumann AG
Druck und Bindearbeiten:
Freiburger Graphische Betriebe, Freiburg i. Brsg.
Printed in Germany

ISBN 3-280-02625-3

Die Deutsche Bibliothek – CIP-Einheitsaufnahme

Leemann, Eduard:
Dynamik des Geldes : Geldtrieb und Selbstorganisation der Marktwirtschaft /
Eduard Leemann. – Zürich : Orell Füssli, 1998
ISBN 3-280-02625-3

Inhalt

Der geldwirtschaftliche Apparat

Das Geld und die wirtschaftliche Entwicklung

Vorwort

Es macht den Anschein, als ob die Welt die Führung immer konsequenter dem Geld überlassen würde. Bisher haben andere Kräfte den Ton angegeben und dem Geld mehr eine Dienerrolle zugewiesen: die Macht von Politik und Militär, die Macht der Kirchen, die Macht der Tradition. Diese Kräfte sind schwächer geworden.

Ob man nun die ideologische und politische Auseinandersetzung der vergangenen Jahrzehnte zwischen Ost und West als evolutionären Prozess auffassen will, der mit dem sang- und klanglosen Untergang des Sowjetimperialismus im «Ende der Geschichte» mündete (1), oder ob man, was mir näher liegt, Geschichte als unaufhörlichen, nicht zielgerichteten Vorgang begreift – Tatsache ist, dass die bisher unüberwindlich scheinenden ideologischen Fronten weltweit in sich zusammengebrochen sind. An ihre Stelle sind mehr oder weniger zielstrebige Versuche zu einer neuen Ordnung getreten, begleitet von zahlreichen gewalttätigen Konflikten im regionalen Rahmen.

Der Einfluss der offiziellen Kirchen schwindet. Auftrieb erhalten haben dagegen private religiöse Gemeinschaften sowie der islamische Fundamentalismus, der einen Schutzwall gegen die Macht des Geldes nach westlichem Muster zu errichten sucht, tatkräftig unterstützt durch den Geldsegen des arabischen Öls… Die Traditionen schliesslich werden aufgeweicht durch die mitreissende Dynamik, die von der Aussicht auf Wohlstand und damit vom Geld ausgeht.

In das Vakuum, das abtretende Mächte und verblassende Werte hinterlassen, strömt mit Vehemenz die Macht des Geldes ein. Die Überflutung immer weiterer Landstriche wird erleichtert durch die Abtragung bisheriger Dämme: den Abbau nationaler Grenzen, die Ausbreitung von Deregulierung und Globalisierung, den versuchten Übergang zur marktwirtschaftlichen Ordnung in den Staaten der bisherigen Zweiten Welt und den Ruf nach weiterer und möglichst umfassender Privatisierung von Aufgaben im öffentlichen Interesse, die bisher dem Staat vorbehalten waren, in den Industrieländern.

Das Geld organisiert und strukturiert aber nicht nur unser materielles Dasein im Grossen, sondern auch unser tägliches Leben. Das von der Triebkraft des Geldes beherrschte Denken und Handeln nimmt immer mehr überhand. Oft erhält man den Eindruck, als ob letzte Hemmungen im Umgang mit dem Geld dahingefallen wären. Der Drang nach dem raschen Geld breitet sich immer ungenierter aus. Die Unternehmungen richten sich immer ausschliesslicher nach dem Massstab der Rentabilität, unbekümmert um den Verlust von Arbeitsplätzen. Die Arbeitnehmer versuchen, ihren Einkommensstand allen derartigen Bedrohungen zum Trotz zumindest zu halten oder womöglich zu verbessern. Besonders bedenklich sind aber die nicht abreissende Kette von Finanzskandalen und die Ausbreitung von Korruption und Kriminalität.

Der einzelne Mensch nimmt von diesem Wandel mehr oder weniger bewusst Kenntnis, oft betroffen durch angenehme oder bittere persönliche Erfahrungen. Er passt sich dem übermächtigen Geschehen an als aktiver Teilhaber oder noch mehr als Mitschwimmer im Strom.

Eine Macht, die solchermassen in unser Leben eingreift, sollte man kennen.

1. Was für eine Rolle spielt das Geld?
2. Was macht es mit uns?
3. Wohin führt es uns?

Wer nun nach Antworten auf solche Fragen bei den Wissenschaften sucht, der erlebt seine Überraschungen. In der Lehre von der Wirtschaft werden Erträge optimiert und Zusammenhänge funktionalisiert; doch von Klarheit und Eindeutigkeit in der Frage, welche Kräfte vom Geld ausgehen, kann nicht die Rede sein. In ihren führenden Schulen geistert noch immer die Vorstellung des neutralen Geldes, das den wirtschaftlichen Prozess unberührt lässt, solange das Geld nur ordnungsgemäss funktioniert und nicht zerrüttet ist. Sie wird vom Bild des «Geldschleiers» beeinflusst, der sich über die – nach dieser Auffassung – allein entscheidenden realen Vorgänge legt. Treffenden Ausdruck fand diese Denkrichtung im berühmten Satz von *John Stuart Mill,* dass es «in der Wirtschaft der Gesellschaft nichts Bedeutungsloseres» geben könne als das Geld. (2) Eine solche Einfalt kann sich die moderne Wissenschaft nicht mehr leisten. Ihre Vordenker jedenfalls werten das neutrale Geld als Spezialfall und verbannen es an die Peripherie – wo es aber immer noch nachwirkt.

Wenn die Fachleute der praktischen Wirtschaft mit den grundsätzlichen Fragen des Geldes konfrontiert werden, wissen sie oft nicht, wie ihnen geschieht. (3) Sie weisen auf die Spielregeln der Geldwirtschaft hin und versuchen zu erklären, wie wichtig Umsatz und Ertragskraft für die Gesundheit ihrer Unternehmungen und damit für die Erhaltung der Arbeitsplätze sind, wie sehr ihre Träger Sachzwängen unterworfen sind, denen sie nicht ausweichen können. Von seiten ihrer Kritiker, die ihr Bekenntnis etwa zu einer humanen Wirtschaft, zur Solidarität mit der Dritten und der Zweiten Welt und zum Schutz der natürlichen Umwelt ablegen, ernten sie dann nicht selten nur Hohn und Spott. Die Kritiker werfen ihnen reine Profitsucht vor; sie reden von der Auslieferung an die anonymen Mächte des Kapitals und fordern, der Mensch müsse sein Schicksal selber in die Hand nehmen, er müsse wieder zum «Subjekt seiner Geschichte» werden.

In den Augen der Repräsentanten der Wirtschaft sind solche Kritiker weltfremde Idealisten, während sie selber wissen, was die Realität verlangt. Die Welt ist für sie in Ordnung, wenn die Rechnung ihrer Unternehmung stimmt; dann sind sie unangreifbar. Damit beweisen sie, sichtbar und messbar, dass sie zu den Schöpfern des Wohlstandes zu zählen sind und dass ihnen die Macht zu Recht gehört. Die beiden Lager reden mit ganz verschiedenen Zungen, so dass zwischen ihnen oft kaum eine Ebene der Verständigungsmöglichkeit besteht.

Für Glanz und Elend der wirtschaftlichen Situation wird gewöhnlich die Marktwirtschaft verantwortlich gemacht; Marktwirtschaft und Geldwirtschaft werden nicht auseinandergehalten. Natürlich geht die Wahl des Ordnungssystems – ob Marktwirtschaft oder Planwirtschaft oder etwas dazwischen – voraus. Sie bestimmt in wesentlichem Masse den Charakter und die Bedeutung des Geldes; es ist in der Marktwirtschaft etwas ganz anderes als in der Planwirtschaft. Das pauschale Verständnis von Marktwirtschaft verleitet indessen dazu, den entscheidenden Anteil des Geldes am Gang von Wirtschaft und Gesellschaft zu verkennen und zu unterschätzen.

Für die neuere Psychologie, Sozialpsychologie und Soziologie ist das Geld nur am Rande ein Thema. (4) Jedenfalls sucht man in ihren Wörterbüchern meistens vergeblich nach dem Stichwort Geld und ähnlichen Begriffen.

Angesichts solcher Mängel und Enttäuschungen habe ich mir überlegt, wie ich vorgehen würde, wenn ich andere Menschen in die Geheimnisse des Geldes einzuführen hätte. Etwa jenen jungen Mann, von dem *Goethe* in «Wilhelm Meisters Wanderjahren» spricht (5):

«So wenig nun die Dampfmaschinen zu dämpfen sind, so wenig ist dies auch im Sittlichen möglich; die Lebhaftigkeit des Handels, das Durchrauschen des Papiergeldes, das Anschwellen der Schulden, um Schulden zu bezahlen, das alles sind die ungeheuren Elemente, auf die gegenwärtig ein junger Mann gesetzt ist. Wohl ihm, wenn er von der Natur mit mässigem, ruhigem Sinn begabt ist, um weder unverhältnismässige Forderungen an die Welt zu machen, noch auch von ihr sich bestimmen zu lassen.»

Goethe würde staunen, zu welch schwer überblickbarem Komplex und kaum entwirrbarem Knäuel sich die «ungeheuren Elemente» seither verdichtet haben. Man denke nur an den Apparat der Geldwirtschaft mit seinen bekannten und weniger bekannten Währungen, unzähligen Banken, mysteriös anmutenden Börsen, fremdartigen Märkten, exotischen Instrumenten, zeitungsfüllenden Kursnotierungen, seinen beruhigenden und alarmierenden Nachrichten. Sie verdecken oft die grundlegenden Kräfte in einem Masse, dass man vor lauter Bäumen den Wald nicht mehr sieht.

Ich meine jedoch, dass sich der Knäuel auf ein elementar einfaches und naheliegendes Grundmuster zurückführen lässt. Der entscheidende Ansatz liegt darin, dass im Unterschied zur naturalen Tauschwirtschaft die wirtschaftlichen Güter nicht mehr Zug um Zug gegeneinander ausgetauscht werden, sondern dass das Geld als allgemeines Tauschmittel dazwischengeschaltet wird. Dieser kleine Unterschied in der Abwicklung des Tauschverkehrs bringt Vorteile und Konsequenzen, die nicht hoch und nicht schwerwiegend genug eingeschätzt werden können; sie haben die Welt von Grund auf verändert.

Von diesem Grundmuster her lassen sich die Mechanismen und Folgen des Geldes ableiten: wie es funktioniert; welche Einflüsse es auf das Verhalten der Menschen ausübt; welche Kräfte es für die weitere Entwicklung von Wirtschaft und Gesellschaft in Gang setzt. Die einfache Ausgangslage darf allerdings nicht darüber hinwegtäuschen, dass im Zuge der Entfaltung der Geldwirtschaft neue Knäuel und Widersprüche auftreten.

Ich habe den Versuch gewagt, diesen Weg abzuschreiten, und das Resultat liegt hier vor. Das Ganze ist wichtiger als die Vollständigkeit seiner Teile. Lücken lassen sich zwangsläufig nicht vermeiden. Die Spezialisten mögen in ihrem Fachgebiet so viel vermissen, dass sie diesen Beitrag vielleicht als Skizzenbuch betrachten. Ich hätte gegen eine solche Auslegung nichts einzuwenden. Wenn nur die Skizzen das Wesentliche treffen und in Proportionen gehalten sind, die im Gesamtzusammenhang ein ausgewogenes, der Wirklichkeit angemessenes Bild ergeben.

Und schliesslich die Frage, woher ich mir die Kompetenz zu einem solchen Versuch nehme. Sie drängt sich um so mehr auf, als darin verschiedene Lebensbereiche und Wissensgebiete angesprochen werden: die Wirtschaft, die Gesellschaft, der einzelne Mensch; die Grenzen der Disziplinen werden überschritten. Unter diesem Aspekt mag aber gerade die Unbekümmertheit des engagierten Beobachters, der keine akademische Reputation auf einem Fachgebiet erwerben will oder verteidigen muss, von Vorteil sein. Im übrigen kann ich zur Rechtfertigung für mein Tun allein auf meine intellektuelle Neugier, das Verantwortungsgefühl und die Erfahrung eines Berufslebens in der Geldwirtschaft verweisen sowie auf die Unabhängigkeit von Interessengruppen, Schulen und Sekten, die es auch beim Geld gibt.

Im Laufe meiner Arbeit habe ich von zahlreichen Personen auf verschiedenen Gebieten Rat und Hilfe erhalten; ihnen allen sei an dieser Stelle für ihre Unterstützung herzlich gedankt.

Die Grundlagen der Geldwirtschaft

1. Der kleine Unterschied

Das Geld – das absolute Mittel

Wo liegen denn die Vorteile, die dem Geld seine einmalige Bedeutung und Macht verleihen? Und welche Konsequenzen müssen wir für den Geldgebrauch in Kauf nehmen?

Die Vorteile der Geldwirtschaft – das heisst einer Wirtschaft, die sich auf den Geldgebrauch stützt – zeigen sich am deutlichsten bei einem Vergleich mit der naturalen Tauschwirtschaft, also mit einer Wirtschaft ohne Geld. Tausch ist für die meisten Menschen heutzutage die Regel; sie tauschen ihre Arbeitskraft oder eigene Güter gegen Waren und Dienstleistungen anderer ein, um ihren Lebensunterhalt sicherzustellen. Die Selbstversorgung, bei der sie ihren Bedarf aus der Bearbeitung von Grund und Boden selber decken, ist dagegen im Vergleich zu früheren Epochen immer mehr zur Ausnahme geworden.

Der *naturale Tausch* war ursprünglich die allgemein gebräuchliche Form des Tauschverkehrs. Wirtschaftliche Güter und Dienstleistungen werden direkt gegeneinander ausgetauscht, meistens Zug um Zug. Waren wechseln die Hand gegen Waren. Die Arbeiter, Angestellten und Beamten erhalten ihren Lohn in Naturalien, besonders in Lebensmitteln, ebenso die Handwerker den Gegenwert ihrer Leistungen. Die Verträge über Erwerb und Veräusserung, Miete und Pacht werden auf gütermässiger Grundlage abgeschlossen, und auch die Abgaben an den Staat – Steuern, Gebühren, Zölle – entrichtet man in Naturalien. Heute finden wir den naturalen Tausch vor allem noch in Entwicklungsländern oder dann weltweit in Staaten mit zerrütteten Währungsverhältnissen.

Stellen wir uns einen einfachen naturalen Tausch vor. Das Beispiel stammt aus dem Russland unserer Tage: ein Paar Schuhe gegen eine bestimmte Menge Fleisch. Anhand dieses Beispiels lassen sich die wesentlichen Elemente des naturalen Tausches ableiten.

- Der Hersteller eines Gutes (beispielsweise Schuhe) muss einen Tauschpartner suchen, der an seinem Produkt interessiert ist und gleichzeitig ein Gut anzubieten hat, das jener gebrauchen kann (etwa Fleisch); die zu tauschenden Güter müssen den gegenseitigen Bedürfnissen entsprechen.
- Unter Umständen muss ein dritter oder vierter Partner beigezogen werden, damit die Übereinstimmung der Wünsche zustande kommt. Der Hersteller der Schuhe ist beispielsweise bereit, mehr Fleisch zu beziehen, als seinem Bedarf entspricht; er wird dafür vielleicht einen Bäcker suchen, der ihm gegen das nicht selber benötigte Fleisch Brot liefert.
- Die Wünsche der Partner lassen sich um so leichter aufeinander abstimmen, je allgemeiner das Bedürfnis ist, das mit den zu tauschenden Gütern befriedigt werden soll; sie sind dagegen um so schwieriger zu erfüllen, je spezieller die betreffenden Wünsche sind.
- Die Tauschpartner müssen sich über den Wert verständigen, den sie ihren Gütern gegenseitig zumessen. Die Bewertung erfolgt in der direkten Auseinandersetzung zwischen den Beteiligten.
- Der Tauschvorgang muss sich auf einen räumlich begrenzten Umkreis beschränken, weil eine zu weiträumige Partnersuche und zu lange Transportwege einen übermässigen Aufwand an Zeit, Arbeit und Transportleistungen bedeuten.
- Der Tauschakt muss sich in einem zeitlich begrenzten Rahmen abwickeln, damit die Sicherheit der Durchführung des vereinbarten Tausches gewährleistet ist.

Mit diesen Auflagen und Einschränkungen bleibt der naturale Tauschverkehr, was den Kreis der zu tauschenden Güter sowie den räumlichen und zeitlichen Tauschradius anbetrifft, zwangsläufig in engen Grenzen gefangen.

Die Menschen hatten jedoch schon in Urzeiten genügend Phantasie, um den Tauschverkehr zu einem wesentlichen Teil aus dieser Zwangsjacke zu befreien. Sie setzten *bestimmte Güter als allgemeines Tauschmittel* ein und wickelten den Tauschvorgang indirekt über diese Tauschmittel ab. Eine ganze Reihe von Gütern ist in dieser Funktion verwendet worden. Man denkt dabei unwillkürlich an die berühmten Kauri-Muscheln, aber auch an landwirtschaftliche Produkte oder Rohstoffe. Heute werden in Ländern ohne funktionierendes Geld andere Güter bevorzugt, wie Zigaretten, Kaffee, Whisky oder Wodka; im heutigen Russland sollen zu diesem Zweck sogar Kondome eingesetzt worden sein…

Wichtig ist, dass solche Güter *bestimmte Bedingungen* erfüllen. Dazu gehören:

- die *Sicherheit*, dass sie wiederum eingetauscht werden können, also auch für andere Tauschpartner akzeptabel sind;
- die *Beständigkeit* der Objekte; sie dürfen nicht der Gefahr unterliegen, während des Tauschprozesses zugrunde zu gehen;
- ihre *Aufteilbarkeit*, um gegen wertmässig kleine wie grosse Güter eingesetzt werden zu können;
- ihre *Handlichkeit* im Umgang und leichte Transportierbarkeit;
- ihre *Einheitlichkeit*, die eine leichte Prüfbarkeit ihrer Qualität ermöglichen soll. (6)

In einem Prozess der Rationalisierung und Selektionierung schälten sich im Laufe der Zeit jene naturalen Tauschmittel heraus, die den erwähnten Bedingungen am besten entsprachen: Metalle und vor allem Edelmetalle. Die zu tauschenden Güter wurden während langer Zeit gegen Mengen bzw. Gewichte solcher Tauschmittel eingetauscht.

> Das allgemeine Tauschmittel wird jedoch erst dann zu Geld, wenn es durch Konvention oder Gesetz verbindliche Geltung als Zahlungsmittel erhält.

Diese Verbindlichkeit, garantiert und durchgesetzt durch die höchste Autorität – und das ist der staatliche Zwang –, besiegelt die Gewissheit, dass das allgemeine Tauschmittel wiederum im Tausch eingesetzt werden kann. Erst mit der vollständigen Beseitigung möglicher Zweifel an seiner Entgegennahme durch künftige Tauschpartner kann das allgemeine Tauschmittel seine Funktion erfüllen.

Die gesetzliche Geltung des allgemeinen Tauschmittels war im Zeitverlauf begleitet von weiteren Rationalisierungen. Der erste Schritt war die Prägung von Münzen mit dem vollen Metall- oder Edelmetallwert. Sie trugen den Stempel des Trägers der Münzhoheit, meistens das Porträt eines Königs oder Kaisers, als Garantie für ihre Reinheit.

Der nächste Schritt der Rationalisierung des allgemeinen Tauschmittels bestand in der frühen Entdeckung, dass man Münzen zu einem Nominalwert ausgeben konnte, der über ihrem realen Metallwert lag. Die Folgen waren zwiespältig. Wohl konnte damit das seltene Edelmetall sparsamer verwendet werden. Anderseits setzte die Entdeckung die weniger skrupelhaften Träger der Münzhoheit der Versuchung aus, das allgemeine Tauschmittel zu manipulieren und ihren eigenen Interessen dienstbar zu machen.

Im Laufe der Zeit ist die Rationalisierung nach Massgabe der erwähnten Bedingungen immer weitergetrieben worden. Sie führte schliesslich weg vom Warengeld, das sich auf einen bestimmten Waren- oder Realwert (etwa von Gold) stützt, und hin zum Zeichengeld, das nur noch symbolischen Charakter hat; dazu gehören das Papiergeld, die Banknote sowie das Giralgeld, das durch blosse Gutschrift und Belastung auf bei Banken geführten Rechnungen übertragen wird, bis hin zum elektronischen Geld.

Wenn das Zeichengeld funktioniert, hat es den grossen Vorteil, dass es viel rationaler eingesetzt werden kann als das Warengeld. Vor allem ist sein innerer Wert nicht abhängig vom Marktwert der betreffenden Ware mit seinen unberechenbaren Schwankungen. Wenn dagegen die nötigen Voraussetzungen für ein funktionierendes Zeichengeld nicht erfüllt sind, dann ist sein Wert schutzlos der Gefahr der Aushöhlung ausgesetzt.

Die Einschaltung eines allgemeinen Tauschmittels bringt im Vergleich zur naturalen Tauschwirtschaft eine ganze Reihe von unschätzbaren Vorteilen für den Tauschverkehr. Diese Vorteile lassen sich auf die einzelnen Leistungen aufteilen, die dem Geld traditionell zugeschrieben werden; es sind dies die Funktionen (1) des allgemeinen Tauschmittels, (2) der Recheneinheit bzw. des Wertmessers und (3) des Wertaufbewahrungsmittels.

(1) Mit seiner Funktion als *allgemeines Tauschmittel* schafft das Geld den Durchbruch zu einem unbeschränkten Tauschverkehr.

- Der *eine* naturale Tauschvorgang (Schuhe gegen Fleisch) wird in mehrere, voneinander unabhängige Tauschakte aufgeteilt (Schuhe gegen

Geld, Fleisch gegen Geld – Geld gegen Fleisch, Brot, Schuhe usw.). Dadurch gewinnt der Tauschverkehr unbeschränkte Flexibilität.

- Das Geld verkörpert alle Tauschmöglichkeiten – eine Eigenschaft mit unabsehbaren Konsequenzen; wir kommen darauf zurück.
- Praktisch kann jede Art von Gut gegen Geld eingetauscht werden; es spielt keine Rolle, ob es einem allgemeineren oder spezielleren Bedürfnis entspricht. Das ist die Voraussetzung für die Spezialisierung und die Arbeitsteilung in der Produktion.
- Mit dem Geld können sozusagen alle Güter eingetauscht werden. Man muss schon suchen, wenn man Güter finden will, die nicht eintauschbar, also nicht käuflich sind. Und leider gilt das nicht nur für Güter, sondern auch für die Menschen…
- Der Geldgebrauch reduziert die Anzahl der erforderlichen Partnerkontakte im Tauschverkehr ganz beträchtlich. (7)
- Das Geld ist grundsätzlich an jedem Ort einsetzbar; der Tauschvorgang ist durch keine räumlichen Grenzen eingeschränkt.

(2) Als *Recheneinheit* oder *Wertmesser* bietet das Geld eine einheitliche Grundlage für die Bewertung und Berechnung aller Güter und Dienstleistungen.

- Der Wert jedes einzelnen Gutes wird in Einheiten des allgemeinen Tauschmittels gemessen und in Wertgrössen, Preisen und Löhnen ausgedrückt.
- In die umfassende Bewertung wird auch die Qualität einbezogen; sie wird auf einen quantitativen Nenner gebracht, verdinglicht und damit ökonomisch vergleichbar gemacht.
- Die einheitliche Bewertung ermöglicht den wertmässigen Vergleich der unzähligen Güter auf einen Blick. Sie informiert sofort und umfassend über die Verfügbarkeit bzw. Knappheit der verschiedenen Güter und macht die Märkte transparent.
- Über die Preise wird das Spiel von Angebot und Nachfrage der Güter und Dienstleistungen gesteuert, bis die beiden Seiten zum Ausgleich gelangen.
- Mit der umfassenden Ausrichtung auf eine gemeinsame Recheneinheit

verleiht das Geld dem ganzen wirtschaftlichen Prozess eine feste kalkulatorische Grundlage.

(3) In seiner dritten Funktion als *Wertaufbewahrungsmittel* bewahrt das Geld seine Eigenschaft, alle Tauschmöglichkeiten zu verkörpern, über die Zeit hinweg – vorausgesetzt, es behält seinen Wert.

- Die Verfügbarkeit eines gewissen Geld- oder Kassenbestandes, also die Aufrechterhaltung einer entsprechenden Liquidität, erlaubt den Geldbesitzern, Unterbrüche in ihren Einnahmen auszugleichen und jederzeit sich bietende Vorteile im Tauschverkehr wahrzunehmen.

Mit allen diesen Vorteilen sprengt das Geld die Fesseln, in denen der naturale Tauschverkehr gebunden ist. Um sie zusammenfassend nochmals zu wiederholen:

1. Als allgemeines Tauschmittel bedeutet Geld die umfassende Verfügbarkeit.
2. Als Recheneinheit schafft es einen gemeinsamen Nenner für alle Werte.
3. Als Wertaufbewahrungsmittel bewahrt es diese Eigenschaften im Zeitverlauf.

Der geneigte Leser bzw. die Leserin möge einen Augenblick innehalten, um sich die Tragweite dieser Errungenschaften zu vergegenwärtigen.

> Ein Mittel, das die Erfüllung aller möglichen Bedürfnisse und Wünsche verspricht, das den Wert aller Güter auf einen gemeinsamen Nenner bringt und diese Eigenschaften unabhängig von Ort und Zeit aufrechterhält, wird zum Mittel schlechthin, zum absoluten Mittel.

Es erlaubt den Zugriff auf alles, was getauscht werden kann: auf Güter aller Art, Arbeitskräfte, Fähigkeiten, Kunstwerke, Ansehen, Einfluss und Macht. Es verkörpert alle Tauschmöglichkeiten, konkret bestimmbare und offene, gegenwärtige und zukünftige. Das Geld ist dann aber nicht nur Mittel zur Abwicklung von konkreten Tauschakten, also Mittel zum Zweck; es wird darüber hinaus zum Mittel an sich, zum Selbstzweck. Die Einschaltung eines allgemeinen Tauschmittels in den Tauschverkehr ist damit nicht nur ein quantitativer Schritt, sondern ein qualitativer Sprung.

Georg Simmel umschreibt in seiner «Philosophie des Geldes» die Doppelnatur des Geldes als Mittel und als Zweck. Er nennt das Geld «das absolute Mittel, indem es einerseits völlige teleologische Bestimmtheit besitzt und jede aus anders gearteten Reihen stammende abweist, anderseits sich aber auch dem Zweck gegenüber auf das reine Mittel- und Werkzeugsein beschränkt, durch keinen Einzelzweck in seinem Wesen präjudiziert wird und sich der Zweckreihe als völlig indifferenter Durchgangspunkt darbietet». (8)

Wenn aber ein Mittel zum absoluten Mittel und zum Selbstzweck wird, so übt es eine Anziehungskraft ohne Grenzen und eine entsprechende Dynamik aus: Seine Beschaffung wird zum zentralen, alles beherrschenden Antrieb.

Hier liegt das Geheimnis seiner Allmacht, der Ausgangspunkt für seine unabsehbaren Auswirkungen – zum Guten und Bösen, zum Segen und Fluch.

Die *traditionelle Wissenschaft der Ökonomie* fragt ebenfalls nach den Vorteilen des Geldgebrauchs. Sie erklärt die mangelnde Effizienz des naturalen Tausches mit Reibungsverlusten, die sich in entsprechend hohen Transaktionskosten niederschlagen, in einem übermässigen Aufwand an Arbeit und Zeit, um zu den benötigten Informationen zu gelangen und die Tauschvorgänge durchzuführen. Umgekehrt besteht die Produktivität des Geldgebrauchs dann in einer Minimierung dieser Kosten. (9)

Das ist eine Erklärung für die Überlegenheit des Geldgebrauchs im Vergleich zur naturalen Tauschwirtschaft. Sie kümmert sich aber nicht darum, was mit dem Tauschmittel an sich geschieht. Und damit verfehlt die Wissenschaft den Zugang zum Verständnis der einzigartigen Bedeutung, die dem Geld im wirtschaftlichen und sozialen Leben innewohnt: zu den elementaren Kräften, die vom Geld als dem absoluten Mittel ausgehen.

So konnte sie sich auch vom *Trugbild des neutralen Geldes* blenden lassen. Wenn von der Neutralität des Geldes gesprochen und darunter die Behauptung verstanden wird, vom Geld würden keinerlei Auswirkungen auf das wirtschaftliche Geschehen ausgehen, wie es sich im Naturaltausch abspielt, so ist dieser Begriff in höchstem Masse missverständlich und irreführend. Denn das Geld beeinflusst allein schon durch seine Existenz und seinen Gebrauch die wirtschaftlichen und sozialen Verhältnisse in grundlegender Weise und verhält sich damit alles andere als neutral. Vergleicht man die Geldwirtschaft mit der naturalen Tauschwirtschaft, so handelt es sich um zwei qualitativ total verschiedene Ebenen.

Mit der Einschaltung eines allgemeinen Tauschmittels in den Tauschverkehr und seiner Entfaltung zum absoluten Mittel sind *tiefgreifende Konsequenzen* verbunden. *Erstens* kennt die Geldwirtschaft ihre eigenen *Spielregeln.* Die wichtigste lautet, dass man über das allgemeine Tauschmittel verfügen, also zahlungsfähig sein muss, wenn man seine Bedürfnisse auf den Märkten für Waren und Dienstleistungen befriedigen will (vgl. Kap. 3).

Zweitens zieht das Geld *die Aufmerksamkeit der beteiligten Menschen* in seinen Bann. Ihr Interesse gilt nicht mehr so sehr der Befriedigung einzelner Bedürfnisse, sondern dem Medium Geld als dem Inbegriff aller Tauschmöglichkeiten. Die umfassende Ausrichtung auf das Geld prägt den Charakter von Wirtschaft und Gesellschaft und bestimmt das Verhalten der Menschen (vgl. Kap. 6–8).

Drittens spaltet die Einschaltung eines allgemeinen Tauschmittels in den Tauschverkehr das wirtschaftliche Geschehen in die Geld- und Güterseite auf. Diese *Kluft* erweitert sich durch die Eigenschaft des Geldes als Wertaufbewahrungsmittel, die es erlaubt, Geld beiseitezulegen und jederzeit wieder einzusetzen. Damit die Geldwirtschaft funktioniert, muss das Geld seinen Wert behalten. Die beiden Seiten müssen durch eine angemessene Versorgung mit Geld aufeinander abgestimmt werden (vgl. Kap. 9–14).

Die Geldwirtschaft verbindet sich im System der Marktwirtschaft mit dem *Wettbewerb.* Er ist das Element, das den Tauschverkehr steuert. Die Beschaffung von Geld als Antrieb und der Wettbewerb als Steuerung – das sind die beiden Kräfte, welche für die Selbstorganisation der Wirtschaft verantwortlich sind (vgl. Kap. 4).

Das Zusammenspiel der beiden Kräfte führt zur wirtschaftlichen und gesellschaftlichen Wirklichkeit mit ihren Stärken und Schwächen (vgl. Kap. 15–19). Daraus leitet sich die Frage ab, wie das Ergebnis der Selbstorganisation zu beurteilen ist und was allenfalls unternommen werden sollte, um die Schwächen zu beheben oder doch zu mildern (vgl. Kap. 20–22).

Überblickt man die Vorteile und Konsequenzen des Geldgebrauchs, so drängt sich der Eindruck auf: Um den kleinen Unterschied der Einschaltung eines allgemeinen Tauschmittels in den Tauschverkehr rankt sich das grosse Welttheater, in dem wir alle mitspielen. Geld ist, könnte man in Anlehnung an ein *Goethe*-Wort sagen, was die Welt im innersten zusammenhält – wenigstens im Bereich unserer materiellen Existenz.

Nochmals – was ist Geld?

Fragt man nach den bisherigen Überlegungen nochmals nach dem Wesen des Geldes, so drängt sich seine Eigenschaft als Zahlungsinstrument in den Vordergrund. Sie verbindet die ökonomische Funktion des allgemeinen Tauschmittels mit der staatlichen Garantie, dass Forderungen und Verpflichtungen in Geldform rechtsgültig geltend gemacht und erfüllt werden können. Daraus leitet sich die bereits bekannte Formel ab: *Geld ist ein allgemeines Tauschmittel mit gesetzlicher Verbindlichkeit.*

In der Regel kommen beim Geldgebrauch auch die beiden anderen Funktionen der Recheneinheit und des Wertaufbewahrungsmittels zum Zuge; es muss aber nicht immer so sein. In Zeiten von Geldentwertung wird man beispielsweise darnach trachten, das Geld nicht aufzubewahren, sondern so rasch als möglich wieder loszuwerden, um einen Entwertungsverlust zu vermeiden.

So eindeutig sich das Geld in der theoretischen Umschreibung ausnimmt, so vieldeutig zeigt es sich nun in der Wirklichkeit. Das Geld ist keine einheitliche und eindeutige Grösse; es zeigt ein *vielfältiges Erscheinungsbild,* das sich zudem ständig wandelt. Dieses Erscheinungsbild hat grundsätzlich zwei Seiten, je nachdem man es (1) aus der Sicht der einzelnen Benützer, quasi aus der Mikro-Perspektive, oder (2) im gesamtwirtschaftlichen Zusammenhang, also unter Makro-Aspekten, betrachtet.

(1) Aus der Sicht der *einzelnen Benützer* gehören zum Geld vor allem die Münzen und Banknoten. Der wichtigste Teil des Zahlungsverkehrs entfällt

jedoch auf die Sichtguthaben bei den Banken, das sogenannte *Buch- oder Giralgeld.* Es gilt ebenfalls als Geld, weil es jederzeit kostenlos in gesetzliche Zahlungsmittel umgewandelt werden kann.

Schon schwieriger zu beurteilen ist die Geldqualität von *Schecks* und *Wechseln.* Sie sind Zahlungsversprechen, die, um zu Geld zu werden, zuerst eingelöst werden müssen, meistens durch Gutschrift und Belastung auf einem Sichtguthaben bei einer Bank. Sie werden deshalb als Geldsurrogate bezeichnet. Reiseschecks sind dagegen vorausbezahlt und haben Geldeigenschaft.

Uneinheitlich ist die Geldnatur des *Plastikgeldes.* Seine Vorteile liegen in der hohen Sicherheit und Bequemlichkeit der bargeldlosen Zahlung sowie in der – in einem bestimmten Rahmen – freien Verfügbarkeit über Geld. Die Plastikkarten sind Instrumente zur direkten Bezahlung (Debit-Karte), zur Zahlung auf Kredit (Kreditkarte) oder zur Beschaffung von Bargeld an Automaten. Eine Debitkarte, mit deren Hilfe die bargeldlosen Einkäufe an der Ladenkasse im Zeitpunkt der Abrechnung auf einem mit ihr verbundenen Bank- oder Postkonto belastet werden, gilt wohl als Ersatzgeld; sie ist aber so gut wie Geld. (10) Anders bei der Kreditkarte. Die Einkäufe werden vorderhand lediglich von der Kartenorganisation registriert und erst später abgerechnet; die Zahlung findet statt, wenn der Käufer belastet wird und der Verkäufer Gutschrift erhält. Die Kreditkarte hat somit die ausgesprochene Eigenschaft von Ersatzgeld. Beide Kartenarten stützen sich auf die jederzeit verfügbaren Guthaben bei den Banken.

Analoge Unterschiede wird es bei der Chipkarte geben, welche die traditionelle Magnetstreifenkarte ersetzen und dabei ganz verschiedene Funktionen übernehmen wird. Solange nicht abgerechnet ist, hat sie den Charakter von Ersatzgeld. Wenn sie dagegen auf einen Geldbetrag lautet, der bereits belastet worden ist, repräsentiert sie Geld. Das ist etwa der Fall bei der elektronischen Geldbörse, die periodisch (etwa an einem Geldautomaten) mit einer Geldsumme geladen wird, von der dann kleinere Beträge für den täglichen Bedarf abgerufen oder auf andere Karten übertragen werden.

Von grosser Tragweite für die Zusammensetzung und den Charakter des Geldbestandes erweist sich der Umstand, dass die Unternehmungen heute viel bewusster als früher mit ihrem eigenen Geld umgehen. Im Zeichen des «cash managements» sind sie bestrebt, die jederzeit greifbaren Mittel, die sie etwa als Sichtguthaben bei den Banken unterhalten, auf ein Minimum zu reduzieren und dafür die ertragbringenden kurzfristigen *Finanzanlagen* zu forcieren. Das können Geldmarktpapiere von staatlichen Körperschaften, von Banken, Finanzinstituten, Anlagefonds oder anderen Unternehmungen sein. Eine weitere Anlagemöglichkeit bietet der Euromarkt, auf dem verzinsliche Guthaben in grösseren Beträgen zwischen Banken gehandelt werden, die auf eine andere Währung lauten als jene des Domizillandes der operierenden Bank.

Eine besondere Rolle spielen Finanzanlagen, bei denen es darum geht, Zinsverboten und anderen hindernden Vorschriften auszuweichen. In den USA löste ein Zinsverbot auf Bankeinlagen eine ganze Welle von Neuschöpfungen solcher Instrumente aus. Sie sind so konstruiert, dass sie auf Umwegen trotzdem eine Verzinsung ermöglichen; Not macht eben erfinderisch! (11) Nebenbei bemerkt, führte auch der Wunsch, Vorschriften über den erforderlichen Minimalbestand an liquiden Mitteln oder an Eigenkapital zu umgehen, zur Entwicklung neuer Anlageformen. So sind die Banken dazu übergegangen, Ausleihungen – im speziellen auch Hypotheken – zusammenzufassen und sie in Form von Wertschriften (deshalb der Ausdruck «securitization») an Anlagefonds und andere Finanzinstitute zu verkaufen. Für die Banken bringt das den Vorteil, dass sie diese Geschäfte nicht in der Bilanz ausweisen und dafür nicht zusätzliches Eigenkapital oder zusätzliche Liquidität aufbringen müssen.

Diese Finanzanlagen haben den Charakter von Quasi-Geld. Sie können nur unter Inkaufnahme von Umtauschkosten sowie eines gewissen Risikos von Kapitalverlusten in Geld umgewandelt werden. Doch halten sich diese Kosten und Risiken in Anbetracht der kurzen Anlagedauer meistens in einem erträglichen Rahmen, so dass die Unternehmungen auf diesen zusätzlichen Ertrag nicht zu verzichten brauchen.

Was ist dann *elektronisches Geld?* Es ist keine eigene Geldart, sondern steht für die Abwicklung des bargeldlosen Zahlungsverkehrs über den Computer. Die grenzenlos scheinende Rechenleistung des Computers wird mit der nicht minder eindrücklichen Übertragungsleistung der Telekommunikation kombiniert und in den Dienst des Geldverkehrs gestellt. Das Resultat ergibt eine Revolutionierung des Geldverkehrs in Geschwindigkeit, Sicherheit, Volumen und Vielfalt der Anwendungsmöglichkeiten. Kernstück des elektronischen Geldes ist heute der im Jahre 1977 eingeführte elektronische Überweisungs und Abrechnungsverkehr unter den Banken (SWIFT). (12) Hilfsdienste leistet die neue Technologie aber auch im Verkehr der Banken mit ihren Kunden. Heim-Computer werden mit der Bank verbunden, um die Abwicklung von Bankgeschäften von Hause aus und ausserhalb der Öffnungszeiten der Bank zu ermöglichen.

Neben solchen geschlossenen Formen des Verbundes können sich die Interessenten an offenen Netzwerken, wie dem *Internet,* beteiligen. Das Internet ist ein weltweiter Zusammenschluss von Computer-Netzen, an die eine unbeschränkte Zahl von Computern angeschlossen werden kann, sofern sie über den entsprechenden gemeinsamen Schlüssel verfügen. Es bringt neben allen möglichen Informationen aus aller Herren Ländern das Angebot von bzw. die Nachfrage nach unzähligen Gütern und Dienstleistungen auf den Bildschirm, über den auch direkt bestellt werden kann. Bezahlt wird auf verschiedene Weise, gegen Rechnung oder mit Kreditkarte, also ausserhalb des Systems. Als besonders heikel erweist sich in diesem Zusammenhang die Aufgabe, wie die Sicherheit des Datenschutzes der Benützer gegen Missbrauch gewährleistet werden kann.

Gegenwärtig sind verschiedene Versuche im Gange, um Zahlungen in der computerbezogenen Welt des Cyberspace systemkonform mit eigenem Geld, dem Cybermoney oder Cybercash, zu ermöglichen. Im Falle des E-Money erhält der Benützer, gestützt auf ein Guthaben in realem Geld bei einer angeschlossenen Bank oder einem anderen Unternehmen, ein Programm mit einem Guthaben in virtuellem Geld, das er auf der Festplatte speichern und für Überweisungen verwenden kann. Beim Einsatz einer Zahlkarte wird das virtuelle Geld auf einem Magnetstreifen oder einem eingebauten Chip gespeichert und vom Computer über einen Kartenleser aufgenommen.

Die Verwendung von virtuellem Geld bei Tauschgeschäften im Internet hat besondere Konsequenzen, weil es an keine nationalen Grenzen gebunden ist. Das bekommt einmal die Notenbank zu spüren, für die es schwieriger wird, die Geldversorgung in ihrem Hoheitsgebiet unter Kontrolle zu halten. Im weiteren stossen die Steuerbehörden bei der Erfassung der Einkommen jener Einwohner, die im Internet tätig sind, an Grenzen mit den entsprechenden Folgen für die Steuereinnahmen und den Staatshaushalt.

(2) Aus *gesamtwirtschaftlicher Sicht* bereitet es nicht weniger Schwierigkeiten, den Geldbegriff eindeutig zu fassen. Das zeigen die verschiedenen Definitionen, mit denen die Zentralbanken die *Geldmenge* zu umschreiben suchen. Zur *monetären Basis (MB)* gehören die Banknoten sowie die Guthaben der Geschäftsbanken bei der Zentralbank. Die *Geldmenge M1* berücksichtigt darüber hinaus die Guthaben bei den Banken, über die jederzeit verfügt werden kann (Sichtguthaben, Transaktionskonten). Die *Geldmengen M2* und *M3* schliessen zusätzlich die Spareinlagen bzw. die Einlagen auf Zeit ein. Diese Geldmengen lassen sich nochmals variieren, je nachdem es sich um verzinsliche oder unverzinsliche Einlagen handelt.

Die verschiedenen Geldmengen unterscheiden sich durch ihre Geldqualität bzw. ihren Liquiditätsgrad. Sie stellen auf die Fristen ab, innerhalb deren über das Geld verfügt werden kann. Der gültigste Ausdruck für Geld ist dabei M1, weil es jederzeit direkt als Kaufkraft eingesetzt werden kann; M1 ist voll liquide. Die Geldmengen M2 und M3 verfügen immer noch über einen vergleichsweise hohen Liquiditätsgrad; um zur vollen Liquidität zu gelangen, sind jedoch entweder gewisse Wartefristen einzuhalten oder Eintauschkosten in Kauf zu nehmen. Dabei ist die Zuordnung von Werten mit Geldcharakter nicht immer einfach. Gehören Anlagen am Euromarkt oder in fremden Währungen zur Geldmenge? Oder sind offene Kreditlimiten bei Banken, über die jederzeit verfügt werden kann, dem Geld gleichzusetzen? Und wie steht es mit den erwähnten Finanzanlagen der Unternehmungen?

Der Strukturwandel im Geldhaushalt der Unternehmungen macht sich vor allem in den angelsächsischen Ländern bemerkbar, während die geschilderte Tendenz im kontinentalen Europa weniger in Erscheinung tritt. Es scheint, als ob der unterschiedliche Charakter der Banken dabei eine Rolle spielt. Während in den USA und in Grossbritannien zwischen dem kommerziellen Geschäft der Banken und dem Wertschriftengeschäft spezialisierter Institute (einstweilen noch) scharf getrennt wird, pflegen die kontinentalen Universalbanken alle Sparten; damit sind aber auch die Sichtguthaben und die Finanzanlagen der Kunden leichter gegeneinander austauschbar und stehen sich nicht so exklusiv als Alternativen gegenüber.

In den angelsächsischen Ländern fehlt es nicht an Stimmen, die aus der Not einer schwindenden Geldbasis eine Tugend machen wollen und das

Geld des freien Marktes (free market money) propagieren. Eine solche Wirtschaft und Gesellschaft könnte ohne offizielles Geld auskommen. Die Vision einer Nach-Geld-Gesellschaft, einer *«post-money society»* taucht denn auch bereits am Horizont auf. (13) Ihre Befürworter verlassen sich auf die alte Erfahrung, dass sich die Wirtschaft die von ihr benötigten Tauschmittel schon selber schaffen wird. Die traditionelle Unterscheidung zwischen Geld und Finanzanlagen würde immer mehr verschwimmen und an Bedeutung verlieren. Einmal mehr käme es zu einem dialektischen Prozess: Je stärker sich der Drang nach dem Geld bzw. nach Geldertrag durchsetzt, desto mehr gefährdet er das Geld als Institution. In einer Zeit, in der sich alles aufzulösen scheint, zeigt also auch das Geld Züge der Auflösung.

Soweit ist es allerdings noch nicht. Es melden sich auch sehr ernsthafte Zweifel, ob man es wagen dürfte, die Kontrolle über das Geld aus der Hand zu geben; es hängt doch zu viel daran. Notfalls müsste die geldmässige Verankerung verstärkt werden durch den Erlass von noch zwingenderen Liquiditätsvorschriften – in der Hoffnung, dass es den Kräften des Marktes nicht umgehend gelingen würde, diesen Vorschriften durch die Schaffung neuer Alternativen wieder auszuweichen.

Und eine letzte Bemerkung in diesem Zusammenhang. Das Geld hat sich im Laufe der Jahrhunderte vom werthaltigen Metall- und Edelmetallgeld zum «versprechenshaltigen» Zahlengeld auf dem Papier und dem Bildschirm gewandelt, das Forderungen und Verpflichtungen verkörpert und letztlich auf dem staatlichen Zwang zur Erfüllung der eingegangenen Engagements beruht. Es wird immer abstrakter, bis es nur noch ein mentales Konzept darstellt. Es wird auf der einen Seite immer unwirklicher, und gleichzeitig erreicht es höchste Wirklichkeit. Das bekommt jeder umgehend zu spüren, der es nicht ernstnimmt.

Geld und Kapital

Das Geld wird zu Kapital, wenn wir es nicht für den Konsum ausgeben und nicht als liquide Reserve in der Kasse behalten, sondern es anlegen, um damit einen Ertrag zu erzielen in Form von Zinsen, Dividenden oder Renten aus Grund und Boden. Als Kapital wird somit jene Summe der Geldeinkommen bezeichnet, die wir zurücklegen, um sie *ertragbringend zu investieren.*

Eine Umwandlung von Geld in Kapital ist grundsätzlich auf zwei verschiedenen Wegen möglich. Wir können unser Geld zu einem vereinbarten Zins *ausleihen* und erhalten es in einem späteren Zeitpunkt zum vollen Nennwert wieder zurück. Das können Einlagen bei einer Bank sein, kurz- und langfristige Anlagen auf dem Geld- und dem Wertschriftenmarkt oder direkte Anlagen bei einem Schuldner. Oder wir *beteiligen* uns an einem Unternehmen, einer Liegenschaft oder einem Anlagefonds, der eine Reihe solcher Beteiligungen zusammenfasst. Damit werden wir Eigentümer und partizipieren an den Chancen, aber auch an den Risiken solcher Objekte. Die Unternehmungen und Körperschaften erwerben damit Sachkapital: Maschinen, Immobilien, Ausgangsprodukte, Beteiligungen. Wir haben Anspruch auf einen Anteil an ihrem Ertrag und machen allfällige Wertsteigerungen mit. Umgekehrt laufen wir Gefahr, ohne Ertrag zu bleiben und einen mehr oder weniger grossen Teil der Beteiligung zu verlieren.

Jedes wirtschaftliche Unternehmen und jeder private und öffentliche Haushalt lebt nun in der Spannung zwischen der Immobilisierung eines wesentlichen Teils ihrer Vermögen in Sachkapital und dem Zwang, jederzeit in liquidem Geldkapital handlungsfähig zu sein. Sie können aber davon ausgehen, dass zur Sicherung der Handlungsfähigkeit nicht der gesamte Kapitalstock in Geld umgewandelt werden muss, sondern dass dazu nach aller Erfahrung ein mehr oder weniger hoher Bruchteil genügt.

Aus dem Kapital kann man wieder in Geld umsteigen, wenn Teile des Kapitals verkauft, wenn aus dem erwirtschafteten Ertrag Ausschüttungen und Rückzahlungen vorgenommen oder wenn gegen Hinterlegung von Kapitalgütern Kredite aufgenommen werden. Die Kapitalgüter haben einen ganz unterschiedlichen Liquiditätsgrad, der von der leichten Verwertbarkeit der Finanzanlagen bis zu der praktischen Immobilisierung der Liegenschaften und Maschinen reicht. Da kommt es darauf an, die Gesamtheit der Anlagen durch eine genügende Kongruenz der Fristen mit den zu erwartenden Zahlungsverpflichtungen auf weite Sicht in Einklang zu bringen.

Durch die Forderung nach einer genügenden Liquidität der Unternehmungen, Körperschaften und Haushalte kontrolliert das Geld gleichsam auch das Kapital.

Diese Forderung wirkt wie eine *Klammer*, die Geld und Kapital zusammenhält. Die Möglichkeit der Rückführung der Anlagen in die ursprüngliche Geldform ist dabei in unserem Unterbewusstsein derart gegenwärtig, dass im allgemeinen Sprachgebrauch der Besitz von Vermögen mit Geldbesitz gleichgestellt wird. Darüber hinaus wirkt das Geld nach Massgabe der geforderten Liquidität wie ein *Hebel*, der eine entsprechend grosse Menge von Kapital trägt und bewegt.

Was heisst nun *Kapitalismus?* Darunter wird an sich jene Wirtschaftsweise verstanden, in welcher das private Eigentum an Geld und Kapital und die sich auf dieses Eigentum stützende unternehmerische Initiative die massgebende Rolle für die wirtschaftliche und soziale Entwicklung spielen. Als typischer Repräsentant dieser Art des Wirtschaftens gilt der kapitalistische Unternehmer, der das Geld und das Sachkapital in seiner Hand vereinigt und anhäuft, es «akkumuliert».

Die Bedeutung des kapitalistischen Unternehmers, dem das Kapital gehört und der über seine Verwendung in der Unternehmung entscheidet, ist allerdings immer mehr zurückgegangen; die beiden Funktionen teilen sich auf. Als Kapitalgeber, der sich an einem Unternehmen beteiligt, tritt in zunehmendem Masse der Aktionär in Erscheinung, sei es als Privatperson oder als Vertreter eines Kollektivs, etwa einer Pensionskasse oder eines Anlagefonds. Dieser Aktionär ist gar nicht mehr so sehr an der wirtschaftlichen Tätigkeit seines Unternehmens und an der Macht, welche ihm das Eigentum daran verleiht, interessiert.

Das Streben des modernen Kapitalisten zielt vielmehr allein auf einen möglichst raschen, hohen und regelmässigen Ertrag. Dieser Kapitalist verhält sich dem Unternehmen gegenüber im allgemeinen passiv. Er überlässt dessen Führung den Managern und ist zufrieden, wenn sie ihm eine befriedigende Rendite auf seiner Beteiligung verschaffen. Daneben gibt es aber auch aktive Anleger, welche die Geschäftsleitungen gegebenenfalls unter Druck setzen, den Gewinn und die Ausschüttung zu steigern. Sie drohen mit einer möglichen Übernahme des Unternehmens oder doch mit dem Erwerb einer kontrollierenden Beteiligung und machen damit, wenn nötig, auch ernst.

Jedenfalls hat sich der ursprüngliche Inhalt des Kapitalismus-Begriffes gewandelt; er meint heute die Ordnung der freien Marktwirtschaft schlechthin.

Wenn man von Kapital und Kapitalismus spricht, kommt man um das Werk von *Karl Marx* nicht herum. (14) Seine Leistung besteht vor allem in einer Analyse des geschichtlichen Prozesses der «kapitalistischen Akkumulation», also der Anhäufung von Geld- und Sachkapital in den Händen der Unternehmer-Kapitalisten. Ihnen stehen die Massen der ausgebeuteten Proletarier gegenüber, denen dann aber die Kaufkraft fehlt, um die produzierten Güter erwerben zu können, und die in der Verelendung versinken. *Marx* war überzeugt davon, dass der Kapitalismus an diesem inneren Widerspruch zugrunde gehen müsse.

Heute stellen wir fest: Der Kapitalismus ist nicht zusammengebrochen; er steht vielmehr nach seinem Sieg über den marxistisch angehauchten Sozialismus in Osteuropa unangefochtener da als je zuvor. Das Kapital ist nicht so sehr in den Händen einzelner Unternehmer-Kapitalisten akkumuliert worden. Es hat sich in riesigen Institutionen zusammengeballt, in Pensionskassen, Sozialversicherungen und Anlagefonds, die jedoch gemeinschaftliches Eigentum darstellen; daneben ist es auf ungezählte Privatpersonen, Firmen und Stiftungen aufgeteilt. Anderseits ist der erwartete «Pauperismus» nicht eingetreten; die Angehörigen der Industrieländer erfreuen sich vielmehr eines verbreiteten Wohlstandes.

Viele der düsteren Prophezeiungen von *Marx* haben sich somit nicht erfüllt. Trotzdem gibt es von ihm Voraussagen, die gerade in unserer Zeit neue Aktualität erlangen und die ernstgenommen werden sollten; man denke etwa an den Konzentrationsprozess der Unternehmungen oder die Gefahr einer ungenügenden Einkommensverteilung.

2. Kurze Geschichte des Geldgebrauchs

Die ersten Spuren von Geldgebrauch zeigen sich schon in Urzeiten und in verschiedenen Regionen der Erde. Seine weitere Ausbreitung hat indessen keineswegs kontinuierlich stattgefunden; Perioden intensiven Geldverkehrs wechselten immer wieder ab mit Stagnation und Rückfällen in den naturalen Tausch. (15) Ein gesteigerter Geldgebrauch bedeutet auch nicht, dass jeweils die gesamte Bevölkerung daran Anteil gehabt hätte. Vielmehr haben häufig nur die Machthaber davon profitiert, die weltlichen und geistlichen Fürsten, später dann die Bewohner der Städte. Die Bauern hingegen, zu denen bis in die Neuzeit hinein der überwiegende Teil der Bevölkerung gehörte und die sich zur Hauptsache selber versorgten, hatten nur geringen Anteil am Geldgebrauch.

Die unterschiedliche Intensität des Geldgebrauchs im Zeitverlauf stand nicht zuletzt mit der Qualität des Geldwesens in Zusammenhang. Münzverschlechterungen und inflationäre Geldvermehrung schreckten vom Geldgebrauch ab; ein Mangel an Zahlungsmitteln liess ihn schon gar nicht aufkommen. Die Qualität des Geldwesens war ihrerseits von den politischen Verhältnissen abhängig – und umgekehrt. Eine stabile politische Situation hat ebenso zu einem stabilen Geldwesen beigetragen, wie anderseits ein funktionierendes Geld die politische Macht gestärkt hat. Ein politischer Kollaps führte dagegen meistens auch zu einem Nachlassen und Verschwinden des Geldgebrauchs, und anderseits war eine Zerrüttung des Geldwesens häufig die Ursache für den Untergang einer politischen Macht. Nach einem Zusammenbruch des Geldwesens kam es jedoch regelmässig zu einem Neubeginn, einer Währungsreform.

Bei allen Vorbehalten können der in frühen Zeiten und an verschiedenen Orten der Erde auftretende Geldgebrauch sowie die immer wieder erneuerten Anläufe zu einem funktionierenden Geldwesen als Belege für das Bedürfnis der Menschen nach einem allgemeinen Tauschmittel und seine zeitlosen Vorteile betrachtet werden.

Der erste *Geldgebrauch* lässt sich, darin sind sich die Forscher einig, in der ersten Hälfte des dritten vorchristlichen Jahrtausends in *Babylonien* nachweisen. In den altsumerischen Städten wurde gewogenes Silber als gesetzliches Zahlungsmittel und als Recheneinheit verwendet, zunächst zur Entrichtung von Steuern und Pachtzinsen und später auch für Warenkäufe und Lohnzahlungen. Weniger eindeutige Quellen berichten von einem Geldgebrauch in jenem Zeitraum in Ägypten und in China, wobei neben Silber auch Gold und Kupfer als Tauschmittel eingesetzt worden sein sollen. Immerhin heisst es in der Bibel schon von *Abraham,* dem Stammvater der Israeliten, der vermutlich um 1800 v. Chr. nach Palästina eingewandert war, er wäre sehr reich an Silber und Gold gewesen. (16)

Zu *ersten Prägungen von Münzen* kam es im siebten Jahrhundert v. Chr. in Lydien, einem Land im westlichen Kleinasien. Die Münzen bestanden aus Elektron, einer Mischung von Gold und Silber. Reine Silber- und Goldmünzen sollen etwas später unter dem König Krösus hergestellt worden sein. Von *Lydien* gelangte die Technik der Münzprägung über die ionischen Städte Ephesus und Milet schliesslich nach Athen, möglicherweise auch nach Ägypten und Indien.

In *Athen* wurden Münzen aus Bronze verwendet. Der Geldverkehr erreichte im Laufe der Zeit einen Umfang, der die Entstehung von Banken begünstigte. Private Kaufleute und Geldwechsler nahmen Geld gegen Zins entgegen, stellten Kreditbriefe aus und sorgten für die Geldübermittlung im Giroverkehr. Die Bewohner griechischer Städte in Sizilien und Süditalien entdeckten zudem bereits im fünften Jahrhundert v. Chr., dass sie Kupfermünzen mit einem höheren Nominalwert ausgeben konnten, als ihrem Metallwert entsprach.

In Athen hat sich aber auch der Geist der Gewinnstrebigkeit bemerkbar gemacht.

Aristoteles (384 bis 322 v. Chr.) spricht von der Kunst des Gelderwerbs der Kaufleute, für die keine Grenzen zu bestehen schienen und der er die Kunst der Hausverwaltung gegenüberstellt, die sich mit dem Tausch zur Deckung des Bedarfs begnügt.

Den Kaufleuten redet er ins Gewissen, dass sie «aus alledem einen Gelderwerb (machen), als ob dies das Ziel wäre, auf das hin alles gerichtet werden müsste». (17)

Das Schwergewicht des Geldgebrauchs verlagerte sich in der Folge von Griechenland auf das *Römische Reich.* Seine Kaiser brauchten Geld, um Krieg zu führen, Sold zu zahlen und das Reich zusammenzuhalten. Das Geldwesen erlebte unter ihnen sowohl Höhe- wie Tiefpunkte. Kaiser Augustus führte im Jahre 23 v. Chr. ein einheitliches Münzsystem für das ganze Imperium ein, das für die kommenden Jahrhunderte in Europa wegweisend war. Anderseits spielten die römischen Herrscher auf dem Instrument der Münzprägung; wenn sie Geld nötig hatten, gaben sie einfach neue Münzen aus oder verschlechterten ihre Qualität durch Herabsetzung des Gold- und Silbergehaltes.

Nach dem Zusammenbruch des Römischen Reiches im fünften Jahrhundert wurde es auch um das Geld ruhig im Abendland. Dies um so mehr, als zu gleicher Zeit die Kirche ein Zinsverbot auf Geldgeschäften erliess. Solche Geschäfte wurden fortan auf vielen Plätzen und während Jahrhunderten den Juden überlassen.

Nach einer zeitweisen Belebung des Geldverkehrs im Reiche der Karolinger im achten Jahrhundert und etwas später zur Zeit der Kreuzzüge kam es zu einem eigentlichen Durchbruch im Geldgebrauch im 12. und 13. Jahrhundert in *Italien.* Ausgangspunkt des Geldverkehrs waren, wie schon bis anhin, die Fürsten weltlichen und kirchlichen Standes. Kaiser und Könige, Päpste und Bischöfe brauchten Geld für Zahlungen an ihre Wahlhelfer, ihre Beamten und Söldnerheere.

Jetzt gewannen aber auch die Städte immer mehr an Bedeutung. Für sie stand, wie man heute sagen würde, die Sicherheitspolitik im Vordergrund. Sie erforderte die Errichtung von Stadtmauern mit Wehrtürmen, die Vorratshaltung, die Besänftigung machtgieriger Nachbarn und die Pflege von Bündnispartnern, und das alles kostete Geld. Dazu kam der Kauf von Privilegien aller Art, in erster Linie des Rechtes, Märkte und Messen abzuhalten, das vom Kaiser verliehen wurde. Gleichzeitig entstanden die grossen Kathedralen und zahllose kleinere Kirchen als Manifestation klerikaler Macht und bürgerlicher Frömmigkeit. Dazu brauchte es Spenden, Beiträge und nicht zuletzt den Handel mit dem Ablass, mit dem die Vergebung von Sünden erkauft werden konnte.

Viele Städte prägten ihre eigenen Münzen. In der Regel waren jedoch Münzen verschiedener Herkunft nebeneinander im Umlauf. Baumeister, Handwerker und Söldner sorgten für ihre Verbreitung. In Venedig, Genua, Florenz und anderen italienischen Städten kam es zur Gründung von Banken. Sie nahmen Geld entgegen und gewährten Kredite, handelten mit Schuldscheinen und Wechseln. Als Sicherheit hinterlegten die Kreditnehmer meistens Pfänder: Forderungen für erbrachte Leistungen, ganze Güter, Dörfer und Städte. Durch Gutschrift und Belastung auf eigenen und fremden Rechnungen nahmen die Banken Geldüberweisungen vor; das Buch- oder Giralgeld entstand.

Ausgehend von Italien verbreitete sich der Geldgebrauch im gesamten zentralen Europa mit Schwerpunkten in den Städten Süd-Deutschlands, Flanderns und in Amsterdam. Das Leben in den Städten des späten Mittelalters war vor allem von den Zünften, den Organisationen der Handwerker, beherrscht; sie kontrollierten die Märkte und unterbanden den Wettbewerb. Damit wurde auch das Gewinnstreben in engen Grenzen gehalten.

Die Geschichte des Geldgebrauchs blieb weiterhin wechselhaft. Die Eroberung neuer Gold- und Silberminen in den europäischen Ländern und in den neu entdeckten Gebieten in Übersee steigerte den Geldverkehr; sie trug aber auch zu inflationären Preissteigerungen bei. Umgekehrt führten der Verlust von Bergwerken und der Ausfall von Tributzahlungen oft zu drückender Geldknappheit. Die dauernden Veränderungen der Herrschaftsbereiche hatten eine arge Zersplitterung des Münzwesens zur Folge und machten von Zeit zu Zeit umfassende Reformen notwendig.

Im 17. Jahrhundert setzte sich in den europäischen Ländern die Denkweise der *Merkantilisten* durch. Sie strebten im Verkehr mit anderen Ländern eine aktive Handelsbilanz an, um den Vorrat an Gold und Silber zu vermehren. Er sollte sie in die Lage versetzen, im Bedarfsfalle über Reserven zu verfügen und günstige Möglichkeiten zu Handelsgeschäften zu nutzen. Manche Anhänger dieser Politik neigten jedoch dazu, einen möglichst hohen Geldbestand als Selbstzweck zu betrachten.

Ein neues Kapitel im Umgang mit dem Geld eröffnete die Einführung der *Banknoten.* Ursprünglich von Banken als Quittung für hinterlegte Münzen ausgegeben, gewöhnte man sich an ihren Gebrauch und akzeptierte sie als Geld. Die ersten Noten mit gesetzlicher Zahlkraft stammten aus dem Jahre 1661 und wurden von der Bank in Stockholm ausgegeben; die Bank von England folgte bald darauf im Jahre 1694. Der richtige Einsatz von Papiergeld musste jedoch über viele bittere Erfahrungen – bis zum heutigen Tage – immer wieder neu erlernt werden. Denn die Versuchung war häufig allzu gross, finanzielle Engpässe in Kriegs- und Friedenszeiten mit Hilfe der Notenpresse zu überspielen.

Eine erste derartige Erfahrung war in Frankreich mit dem Namen des Schotten *John Law* verbunden. Er gründete eine Bank, die zur Staatsbank umgewandelt wurde, die über die Einlagen hinaus Kredite gewähren und in entsprechendem Umfang Banknoten ausgeben sollte. Er war überzeugt davon, dass nichts Böses passieren könne, solange sich der Notenumlauf im Rahmen des Güterangebotes halte. Als es im Jahre 1720 zu einem Sturm auf die Bank kam, erwies sie sich aber als zuwenig liquide und brach zusammen. Später verwendeten auch die Bannerträger der Französischen Revolution Papiergeld, die sogenannten Assignaten. Ihre besondere Qualität bestand darin, dass sie durch den enteigneten Besitz der Kirche gedeckt sein sollten. Doch konnte auch diese vielversprechende Deckung eine massive Entwertung innert kurzer Zeit nicht verhindern.

Allgemein durchgesetzt hat sich der Geldgebrauch dann aber mit der aufkommenden Industrialisierung seit dem 18. Jahrhundert mit dem Wachstum der Bevölkerung sowie der Zunahme der Zahl der lohnabhängigen Arbeiter und Angestellten. Umgekehrt wäre die wirtschaftliche Entfaltung ohne das Geld überhaupt nicht möglich gewesen. Seine Vorteile erlaubten die ständig weitergetriebene Arbeitsteilung, die Verlängerung der

Produktionswege vom Rohstoff bis zum Endprodukt sowie die Ausweitung der Beschaffungs- und Absatzmärkte über die ganze Erde. Die Textilindustrie, die Produktion von Kohle, Eisen und Stahl, der Bau von Eisenbahnen, Schiffen und Häusern, die Verbindungen über Telephon und Telegraph waren wesentliche Träger dieser Entwicklung.

Mit der Industrialisierung trat die Produktion um des Gewinnes willen immer deutlicher in Erscheinung.

Die Erwerbskunst (im Sinne von Aristoteles) war lebendig und feierte Triumphe.

Riesige Vermögen wurden verdient, während die lohnabhängigen Arbeiter und Angestellten eine kärgliche Existenz fristeten. *Karl Marx* diagnostizierte den Zustand der Welt als gesellschaftliche Spaltung in die beiden Klassen der Kapitalisten und der Proletarier, der Ausbeuter und der Ausgebeuteten. Und er lieferte gerade noch die Therapie dazu, die in der revolutionären Überwindung dieses Grabens durch das Proletariat bestand und die Befreiung der Menschen in der klassenlosen Gesellschaft versprach. Mit der Dynamik der kapitalistischen Wirtschaftsweise bildete sich im Laufe der Zeit jedoch eine breite Mittelschicht heraus, welche die gesellschaftliche Polarisierung aufbrach und die marxistische Konfrontation verhinderte.

Im Zentrum der um sich greifenden Industrialisierung stand *England.* Sein wirtschaftlicher Aufstieg fand einen starken Rückhalt in seinem Weltreich und dem dadurch geförderten Handel. Finanziert wurde der ungestüme Aufschwung hauptsächlich durch Wechsel und Schecks. Finanzielles Zentrum war London. Hier hatten alle wichtigen Banken und Finanzhäuser ihren Sitz; notfalls konnten sie letzte finanzielle Zuflucht bei der Bank von England finden. Die englischen Bankiers wurden auch führend in der Finanzierung – vor allem in Form von Anleihen – fremder Staaten und von Investitionen (Eisenbahnen) in aller Welt. Sie schufen ein Anlagepotential, das bis zur Zeit des Ersten Weltkrieges reiche Zinsen abwarf. Neben ihren holländischen Kollegen beteiligten sie sich auch intensiv an der Finanzierung des wirtschaftlichen Aufbaus der Vereinigten Staaten von Amerika.

Gegen Ende des 19. Jahrhunderts wurden die *USA* die grösste Industrienation. Mehr als anderswo lag hier die Initiative auf allen Gebieten bei den privaten Unternehmern. Entsprechend grosse Bedeutung erlangte das Geld als Integrationsinstrument der wirtschaftlichen und politischen Entwicklung. Allerdings hatte die Finanzierung durch die europäischen Banken zur Folge, dass die USA bis 1914 das grösste Schuldnerland waren. Das änderte sich mit dem Ersten Weltkrieg. Die Lieferung von Rohstoffen und Rüstungsgütern an die Alliierten machten die Vereinigten Staaten zum wichtigsten Gläubigerland. Das Bankenviertel der Wall-Street geriet zunehmend in den Mittelpunkt des Interesses und machte der Londoner City den Rang als führendes Finanzzentrum der Welt streitig.

Das zu Ende gehende 20. Jahrhundert ist voller politischer und wirtschaftlicher Spannungen. Zwei Weltkriege, der kalte Krieg und schliesslich, Ende der 80er Jahre, der Zusammenbruch des Sowjetreiches sind die dramatischen Höhepunkte einer bewegten politischen Geschichte. Die wirtschaftliche und finanzielle Szenerie gestaltete sich mit der Weltwirtschaftskrise der 30er Jahre und ihrer hohen Arbeitslosigkeit, mit der Vernichtung ungezählter Vermögen durch Inflationen und den Sturz von Börsenkursen und Immobilienpreisen, mit dem Kollaps von Währungssystemen, mit weltweiten Schuldenkrisen sowie mit einer atemberaubenden technologischen Erfindungs- und Rationalisierungswelle nicht weniger turbulent.

Allen diesen bedrohlichen Ereignissen zum Trotz entwickelten sich, wenigstens in den Industrieländern, ein breiter Wohlstand, soziale Stabilität und ein Lebensstandard, der kaum mehr überbietbar erscheint. Der Anteil des Geldes an diesen Errungenschaften kann nicht hoch genug eingeschätzt werden.

Die überwältigenden Vorteile des Geldgebrauchs schliessen anderseits nicht aus, dass es daneben, sei es aus freien Stücken oder aus der Not geboren, immer auch *Reservate von naturalem Tausch* geben kann. Wenn in Anstellungsverträgen freie Kost und Logis vereinbart werden, so heisst das wohl, dass hier der direkte Tausch einfacher ist und der Geldgebrauch keine Vorteile bringt. Dagegen werden Kompensationsgeschäfte im internationalen Handel nicht freiwillig abgeschlossen; sie bieten einen Ausweg aus einem akuten Mangel an fremden Währungen (Devisen). Zu unfreiwilligem naturalem Tausch kommt es zudem in Zeiten zerrütteter Währungsverhältnisse.

3. Die Geldwirtschaft – ein eigenes System

Die Spielregeln der Geldwirtschaft

Die erste Konsequenz der Einschaltung eines allgemeinen Tauschmittels in den Tauschverkehr besteht darin, dass es seine eigenen Spielregeln entwickelt.

> Die wichtigste Regel der Geldwirtschaft lautet, dass man über Geld verfügen, also zahlungsfähig sein muss, wenn man seine Bedürfnisse auf den Märkten für Waren und Dienstleistungen befriedigen will.

Bedürfnisse lassen sich nur befriedigen, wenn sie durch Geld, also durch Kaufkraft, gedeckt sind. Um diese Regel kommt niemand herum: keine Privatperson, kein Unternehmen, keine öffentliche Körperschaft und keine Volkswirtschaft; sie ist unabdingbar. Wer über das nötige Geld nicht verfügt, der bleibt vom Zugang zu den Märkten ausgeschlossen; er fällt aus der Geldwirtschaft hinaus.

Aus der zentralen Forderung nach der jederzeitigen Zahlungsbereitschaft leiten sich *weitere Regeln* für das Verhalten in der Geldwirtschaft ab. Die Teilnehmer müssen sich vor allem um folgende Aufgaben kümmern:

1. sich um die Beschaffung von Geldeinkommen bemühen;
2. notfalls versuchen, Geld zu borgen, also Kredit aufzunehmen;
3. einen gewissen Bestand an liquiden Mitteln halten;
4. im Umgang mit dem Geld strikte Disziplin üben;
5. sich über Einnahmen und Ausgaben, Vermögen und Schulden Rechenschaft geben und Buch führen.

Und eine weitere Regel ergibt sich für Schuldner, welche die zentrale Regel nicht einhalten:

6. Zahlungsunfähige Schuldner müssen mit Sanktionen rechnen.

Diese Regeln sind elementar, geradezu banal. Sie beherrschen unseren Alltag in einem Masse, dass wir sie gerne als selbstverständlich betrachten. Und doch kommt es immer wieder und überall vor, dass wir sie zu wenig ernstnehmen und dagegen verstossen.

Die Regeln der Geldwirtschaft sind derart zentral, dass sich der Staat mit seiner *Rechtsordnung* um ihr gutes Funktionieren kümmert. Zunächst legt er die Grundprinzipien für den auf Geld gestützten Tauschverkehr fest. Sie werden üblicherweise im Verfassungsrecht verankert und umfassen die Handlungs- bzw. Vertragsfreiheit sowie das private Eigentum. Darnach bleibt es jedem Einzelnen überlassen, sich um die Einhaltung dieser Regeln zu kümmern.

Im Zivil- oder Privatrecht schafft der Staat dann den Rahmen, in dem sich der Verkehr zwischen den einzelnen Tauschpartnern abwickeln soll. Er legt einheitliche Grundsätze für die Erfüllung der Verträge und die Haftung der Beteiligten fest. Verbindliche Richtlinien erlässt er sodann für die finanzielle Organisation von Unternehmungen und Betrieben. Im speziellen Privatrecht des Betreibungs- und Konkursrechtes ordnet er das Verfahren bei Zahlungsunfähigkeit. Und im Strafrecht ahndet er Verstösse gegen die guten Sitten mit Sanktionen. Mit seinem Verwaltungs- und Polizeiapparat setzt er die Gesetze durch, und zur abschliessenden Beurteilung von Rechtsfällen bestellt er unabhängige Gerichte.

Dem Staat ist daran gelegen, die Regeln der Geldwirtschaft nach vernünftigen, möglichst gerechten, also fairen Gesichtspunkten zu ordnen. Er will die Interessen der Tauschpartner angemessen schützen und im Falle mangelnder Zahlungsfähigkeit einzelner Beteiligter negative Kettenreaktionen vermeiden. Das setzt voraus, dass er die Einhaltung der Regeln gebührend überwacht.

(1) Jeder Teilnehmer an der Geldwirtschaft muss sich das nötige Geld, wenn er nicht von Vermögen – sei es selbst erworben oder ererbt – zehren kann, in Form von *Einkommen* beschaffen. «In einer Verkehrswirtschaft ist das Stre-

ben nach Einkommen die unvermeidliche letzte Triebfeder alles wirtschaftlichen Handelns.» So heisst es bei *Max Weber.* (18) Man kann Einkommen erwerben als Lohn- und Gehaltsempfänger, als Selbständigerwerbender, als Rentner einer Pensionskasse, einer staatlichen oder privaten Versicherung oder, im Falle der Not, als Begünstigter der sozialen Fürsorge.

In den *Vereinigten Staaten* entfielen im Jahre 1995 vom Volkseinkommen 72,6% auf die Arbeitnehmereinkommen, etwas weniger als 1980 (74,6%). Die Gewinne der Unternehmungen (corporate profits) betrugen demgegenüber 10,1% (7,5%), und die Geschäftseinkommen (proprietors' income) machten 8,2% (7,6%) aus. Weitere 6,9% (8,7%) waren Zinsen auf den Anlagen von Vermögen (net interest).

Für andere Länder zeigen die Zahlen ein ähnliches Bild. In *Deutschland* betrugen im Jahre 1995 die Bruttoeinkommen aus unselbständiger Tätigkeit 71,6%. Die Einkommen aus Unternehmertätigkeit werden mit 25,0% angegeben und die Einkommen aus Vermögen mit 3,4%. – In der *Schweiz* machten im Jahre 1995 die Arbeitseinkommen 68,7% des Volkseinkommens aus. Demgegenüber erreichten die Geschäftseinkommen der Selbständigerwerbenden 8,9%, wobei weitere 7,4% als unverteiltes Einkommen in den Unternehmungen verblieben, und 8,3% entfielen auf die Einkommen der Haushalte aus dem Ertrag des Vermögens und der Vermietung von Liegenschaften. (19)

Der weit überwiegende Teil der arbeitsfähigen Bevölkerung verdient somit sein Geld in Form von Arbeitslohn. Das hat Folgen für das gesellschaftliche Leben, die nicht überschätzt werden können.

Die Arbeit ist das wichtigste Organisationsmittel für die Verteilung von Einkommen.

In den Industrieländern konnte sich bisher die weit überwiegende Zahl der arbeitsfähigen und arbeitswilligen Bevölkerung auf einen sicheren Arbeitsplatz und ein sicheres Einkommen verlassen. Darüber hinaus werden ihre Angehörigen durch ein engmaschiges soziales Sicherheitsnetz – bestehend aus Alters-, Hinterlassenen-, Invaliden- und Arbeitslosenversicherung – geschützt. Doch gibt es Randgruppen, welche durch die Maschen dieses

Netzes fallen, die mit dem Etikett der «neuen Armut» umschrieben werden. Zu ihnen gehören neben ungenügend versicherten Rentnern vor allem die chronisch Arbeitslosen und viele alleinerziehende Frauen. Ihnen muss dann, quasi mit einem zweiten Netz, die staatliche Fürsorge zu Hilfe kommen. Darüber hinaus gibt es trotz der vielfältigen Möglichkeiten zur Beschaffung von Einkommen im Rahmen der Rechtsordnung immer auch Menschen, die ausserhalb der Legalität, auf kriminellem Wege zu Geld gelangen wollen.

Keinerlei soziale Sicherheit kennt dagegen ein grosser Teil der Menschen in den Ländern der Dritten Welt. Hier ist es das Schicksal von Millionen, von Tag zu Tag auf eine Gelegenheit zur Arbeit warten zu müssen, auf Sammelplätzen für Landarbeit, vor Fabriktoren, in Häfen, oder zu betteln, wo es überhaupt etwas zu betteln gibt, oder dann mit jedem anderen Mittel – innerhalb und ausserhalb der Gesetze – zu versuchen, zu Geld zu gelangen, denn für sie geht es um das blosse Überleben.

(2) Wo die Einkommen nicht genügen, kann man versuchen, durch die Aufnahme von *Krediten* Engpässe in der Zahlungsfähigkeit zu überbrücken. Die Bedeutung der Kreditgewährung für die Entwicklung der Industrieländer kann nicht hoch genug veranschlagt werden. Kaum ein privater Haushalt, der eine Liegenschaft sein eigen nennt, der diese nicht zu einem wesentlichen Teil durch Grundpfanddarlehen finanziert hätte. Daneben unzählige Haushalte, die vorübergehende Lücken in der Zahlungsfähigkeit durch Konsum- und andere Kredite zu füllen suchen. Kein Unternehmen, das nicht das Geld für den Aufbau seiner Produktion, von Erneuerungen und Erweiterungen zu einem guten Teil von Banken und anderen Geldgebern oder über den Kapitalmarkt geborgt hätte. Und kein Staat, der sich nicht für den Ausbau seiner Infrastruktur, aber auch für die laufende Verwaltung und für Militärausgaben bis an die Grenze des Tragbaren verschuldet hätte. Ein wesentlicher Teil der wirtschaftlichen Dynamik wäre ohne Kredite nicht möglich gewesen. Die hauptsächlichen Impulse wurden dabei durch Kredite ausgelöst, die für produktive Investitionen aufgenommen wurden, die neue Quellen der Wertschöpfung und neue Einkommensströme zum Fliessen brachten.

Die Bedeutung der Kreditgewährung kommt nicht weniger deutlich zum Ausdruck, wenn sie nicht stattfindet. Das Fehlen eines leistungsfähigen Kreditsystems ist ein entscheidender Grund dafür, dass viele Länder unterentwickelt bleiben. Ihre Einwohner haben es schwer, Kredite zu tragbaren Bedingungen zu finden, mit deren Hilfe sie Werkzeuge, Material oder Vieh anschaffen und sich eine bescheidene Existenz aufbauen könnten. Vielmehr müssen sie sich an die örtlichen Geldgeber wenden, ihre Grundstücke oder künftige Ernten verpfänden und sich damit in eine gefährliche Abhängigkeit begeben. Wenn sie dann mit einer Zahlung in Rückstand geraten, legen die Geldgeber ohne weitere Umstände ihre Hand auf die Pfandobjekte und nehmen damit den Betroffenen ihre oft einzige Existenzgrundlage weg – und sind dagegen auf diese Weise nicht selten zu Grossgrundbesitzern geworden.

(3) Die Erfahrung lehrt, dass man, um jederzeit zahlungsfähig zu sein, über einen minimalen Bestand an *Liquidität* verfügen muss. Sie zeigt, dass (1) die Einnahmen nicht immer kontinuierlich anfallen und die Intervalle zwischen Geldbedarf und Geldeingang überbrückt werden müssen, dass (2) jederzeit unerwartete Ausgaben entstehen können, gegen die man gewappnet sein muss, und dass sich (3) immer wieder unvorgesehene Chancen bieten können, die man nutzen möchte. In diesem Sinne unterscheidet *Keynes* zwischen dem Geschäfts- oder Transaktionsmotiv, dem Vorsichtsmotiv und dem Spekulationsmotiv zur Haltung flüssiger Mittel. (20)

Die Liquiditätsvorsorge reicht von den einfachen Verhältnissen privater Haushalte, die oft von der Hand in den Mund leben, bis zu den überaus komplexen Ansprüchen grosser Unternehmungen und Körperschaften, die ein ausgeklügeltes Liquiditätsmanagement betreiben. Die Sicherstellung einer ausreichenden Liquidität bezieht sich dabei nicht nur auf den momentanen Kassenbestand; sie ist vielmehr eine langfristige Aufgabe. Sie erfordert die Berücksichtigung der künftigen Ertragssituation ebenso wie eine genügende Abstimmung der Fälligkeiten von Guthaben und Verpflichtungen. Vor allem die Unternehmungen legen einen möglichst grossen Teil ihrer verfügbaren Mittel in zinsbringenden Finanzanlagen an. Für den Entscheid, wieweit sie dabei gehen können, spielen die erwähnten Liquditätsmotive ebenso eine Rolle wie die Höhe der Zinsen und die im Bedarfsfalle möglichen Kreditaufnahmen.

Eine besondere Bedeutung kommt der Zahlungsbereitschaft der Banken zu, die für die Liquiditätsvorsorge ihrer Kunden Pufferfunktionen ausüben. Entsprechend streng sind für sie die Anforderungen an die Liquidität. Der Anspruch gipfelt – etwas überspitzt – in der goldenen Bankregel, welche die umfassende und jederzeitige Übereinstimmung der Fälligkeiten von Guthaben und Verpflichtungen verlangt. In der Praxis schreibt das Gesetz den Banken die Einhaltung bestimmer minimaler Bestände an liquiden (also an verfügbaren und leicht verwertbaren) Mitteln im Verhältnis zu ihren Verbindlichkeiten vor.

(4) Die Forderung, jederzeit zahlungsbereit zu sein, zwingt allen Teilnehmern an der Geldwirtschaft eine strikte *Haushaltsdisziplin* auf. Sie lässt sich in die beiden ebenso lapidaren wie unabdingbaren Postulate zusammenfassen: Die Ausgaben dürfen die Einnahmen und das Vermögen nicht übersteigen und die Schulden dürfen nicht höher sein als das Vermögen und die zu erwartenden Einnahmen.

Diese Postulate müssen ebenfalls langfristig erfüllt sein. Sie bedingen, dass im Haushalt insbesondere der Unternehmungen bestimmte Relationen eingehalten werden. Zum Beispiel sollten die eigenen Mittel einen angemessenen Anteil der gesamten Verpflichtungen ausmachen. Oder die Vermögensteile sind vorsichtig zu bewerten. Oder die Verpfändung von Vermögensteilen darf bestimmte Grenzen nicht überschreiten. Ein grober Verstoss gegen die Gebote der Haushaltsdisziplin führt früher oder später in die Zahlungsunfähigkeit.

So zwingend sich die erwähnten Forderungen ausnehmen, so leicht und häufig werden sie, wie wir tagtäglich feststellen müssen, missachtet. Bei den privaten Haushalten ist dafür vielfach eine Notlage verantwortlich, hervorgerufen durch den Verlust der Einkommensquelle, also des Arbeitsplatzes, oder durch unerwartete grosse Auslagen. Häufig sind es jedoch einfach mangelnder Überblick und Leichtfertigkeit; man lebt über seine Verhältnisse und nimmt Schulden auf, ohne sie zurückzahlen zu können.

Bei den Unternehmungen führen vor allem mangelnde Konkurrenzfähigkeit und die zu späte Anpassung an Veränderungen der Marktstruktur zu einem Verlust des finanziellen Gleichgewichtes. Oft übernehmen sie sich mit Investitionen, die in keinem Verhältnis zur Ertragskraft stehen. Die Ursache kann aber auch in einer zu weitgehenden Fremdfinanzierung mit entsprechend hohen Zinslasten oder in einer Aushöhlung der eigenen Mittel durch die Eigentümer liegen.

Besonders gross ist die Versuchung zu einer Überschuldung für die Staaten. Ihre Haushaltsdisziplin wird nur allzu häufig durch schwache und verantwortungslose Regierungen und willfährige Parlamente aufgeweicht. Sie verlassen sich darauf, notfalls die Steuerschraube anziehen zu können, und haben dann, wenn es darauf ankommt, doch nicht den Mut oder die politische Fähigkeit dazu. Oder sie nehmen das Gebot der Geldwertstabilität nicht ernst genug und hoffen, dass eine gewisse Geldentwertung die Schulden von selbst tilgen werde.

(5) Die postulierte Haushaltsdisziplin macht es erforderlich, dass man sich mit einer entsprechenden *Rechnungslegung* über Einnahmen und Ausgaben, Vermögen und Schulden Klarheit verschafft. In einem einfachen Privathaushalt mögen dazu eine Rechnung im Milchbüchlein, allenfalls ein Bankauszug und die Kenntnis der zu erwartenden Einnahmen genügen.

Unternehmungen und öffentliche Körperschaften sind dagegen von Gesetzes wegen zur Buchführung verpflichtet. Sie mündet in den jährlichen Abschluss, der aus der *Gewinn- und Verlustrechnung* sowie der Bilanz besteht. In der Gewinn- und Verlustrechnung werden die in einem Zeitraum (beispielsweise einem Jahr) angefallenen Erträge und Aufwendungen einander gegenübergestellt. In der *Bilanz* sind die Aktiven und Passiven auf einen bestimmten Stichtag (meistens das Ende des Kalenderjahres) ausgewiesen. Sie ist – ganz im Sinne der zentralen Spielregel der Geldwirtschaft – nach Massgabe der Liquidität aufgebaut. Die Aktivseite (Vermögen) gibt Auskunft, wie die Mittel der Unternehmung bzw. Körperschaft angelegt sind (Investition), während die Passivseite (Kapital) über deren Herkunft (Finanzierung) orientiert. Ziel dieser Berichterstattung ist es, allen Interessierten und vor allem den Gläubigern ein möglichst getreues und wirklichkeitsnahes Bild der Vermögens- und Ertragslage der Unternehmungen und Körperschaften zu vermitteln. Die Abschlüsse müssen über alle Guthaben und Verpflichtungen sowie die Risikopositionen Auskunft geben.

Die Vergleichbarkeit der Abschlüsse wird durch die Anwendung einheitlicher Grundsätze über den Umfang, die Gliederung und die Bewertungen der Bilanz und der Ertragsrechnung im Zeitalter der Globalisierung der Finanzmärkte auch über die Landesgrenzen hinweg gefördert. Besondere Aufmerksamkeit wird dabei der Frage geschenkt, wie weit die Publizität gehen soll. Muss im Sinne des angloamerikanischen «true and fair»-Prinzips, das gegenwärtig Oberhand hat, alles offen auf den Tisch gelegt werden, oder erhalten die Unternehmungsleitungen einen gewissen Freiraum zur Bildung und Auflösung stiller Reserven, um mögliche Rückschläge ohne negative Reaktionen in der Öffentlichkeit aufzufangen?

Das Rechnungswesen dient jedoch nicht nur der periodischen Rechenschaftsablage nach innen und aussen; es ist vielmehr ein grundlegendes Hilfsmittel für die wirtschaftliche und finanzielle Führung der Unternehmungen und Körperschaften. Zu diesem Zweck werden zahlreiche weitere Instrumente eingesetzt: ein jährliches Budget, eine mehrjährige Finanzplanung sowie andere, immer differenziertere Methoden. Sie münden in ein Ertragsziel, das sich in einem bestimmten Cash-flow (Reingewinn plus Abschreibungen), einer gewünschten Rendite des Eigenkapitals oder einem angestrebten Gewinn pro Aktie niederschlagen kann.

(6) Auf den Fall von *Zahlungsunfähigkeit* von Privatpersonen, Unternehmungen und öffentlichen Körperschaften reagieren die Geldwirtschaft und die staatliche Rechtsordnung mit einem ganzen Arsenal von Hilfeleistungen und Abwehrmassnahmen. In einem ersten Schritt versucht man, durch freie Vereinbarung zwischen Schuldner und Gläubiger zu einer aussergerichtlichen Lösung zu kommen, die in einer Erstreckung der Zahlungsfristen bestehen kann und unter Umständen von einem teilweisen Schuldenerlass begleitet wird. Ist es eine Unternehmung, die in Zahlungsverzug gerät, werden sich die Gläubigerbanken je nach Beurteilung ihrer weiteren Aussichten zu einer Hilfeleistung in Form von Überbrückungskrediten bereitfinden. Sie werden den Patienten, mit mehr oder weniger sanftem Druck, eng begleiten oder nach anderen Unternehmungen Ausschau halten, die an einer Beteiligung oder einer Übernahme interessiert sein könnten. Wenn bei einem drohenden Kollaps der Verlust von Arbeitsplätzen allzu starke politische Reaktionen befürchten lässt, kann auch der Staat mit Bürgschaften und anderen Erleichterungen einspringen.

Grundsätzlich gleich ist das Verfahren, wenn *Banken* in Zahlungsschwierigkeiten geraten. Da in einem solchen Falle aber die Ersparnisse einer grossen Zahl von Einlegern gefährdet sind und damit das Vertrauen weiter Kreise der Bevölkerung erschüttert werden könnte, werden die Möglichkeiten einer Sanierung mit noch mehr Nachdruck wahrgenommen. Die staatlichen Behörden können es sich heutzutage politisch kaum mehr leisten, einen Sturm auf die Schalter grösserer Banken und eine Panik zu riskieren. Sie nehmen denn auch die Aufgabe der laufenden Aufsicht über die Banken ernster als früher und engagieren sich rascher und stärker, um mögliche Zusammenbrüche zu vermeiden. (21)

Wenn diese Alternativen erschöpft sind, nimmt das Verhängnis nach den Regeln des Betreibungs- und Konkursrechtes seinen Lauf. Dabei wird man vor Gericht noch einmal die Frage prüfen, ob ein Nachlass in Frage kommt; dabei müssten die Gläubiger auf einen Teil ihrer Ansprüche verzichten. Für eine Unternehmung in Zahlungsschwierigkeiten hätte diese Variante den Vorteil, dass sie weiterexistieren könnte. Voraussetzung ist allerdings, dass die Unternehmung als sanierungsfähig beurteilt wird und die Mehrheit der Gläubiger dem Schuldenerlass zustimmt.

Wird der Konkurs eröffnet, so werden sämtliche Forderungen aller Gläubiger fällig, damit nicht einzelne Gläubiger bevorzugt oder benachteiligt werden. Anderseits fällt das gesamte Hab und Gut des Schuldners, soweit es im Falle von Privatpersonen nicht dringend zum Leben gebraucht wird, in die Konkursmasse. Diese wird entweder direkt oder auf einer Gant verwertet. Der Erlös gelangt anschliessend zur Verteilung an die Gläubiger nach Massgabe der gesetzlichen Rangordnung ihrer Ansprüche. Eine solche Zwangsverwertung hat aber zur Folge, dass die bisherigen Fortführungswerte der Vermögensgegenstände (Maschinen, Anlagen, Liegenschaften) zu Liquidationswerten werden und damit meistens massiv an Wert verlieren; das hat für die Gläubiger entsprechende Einbussen zur Folge.

Mit dem Konkurs geht eine iuristische Person unter; mit ihr erlöschen auch alle Forderungen, die ihr gegenüber bestanden haben. Anders bei Privatkonkursen; die Gläubiger erhalten für ihre ungedeckten Forderungen einen Verlustschein, den sie geltend machen können, wenn der Konkursit später zu neuem Geld gekommen ist.

Das Betreibungs- und Konkursrecht will in erster Linie die Interessen der Gläubiger schützen. Anderseits ist es darauf bedacht, den betroffenen Privatpersonen das Weiterleben zu sichern und den Unternehmungen eine Chance zu geben, ihre Existenz fortzusetzen, solange die Aussichten dazu realistisch erscheinen. Das Konkursrecht versucht somit, den finanziellen Zusammenbruch von Privatpersonen und Unternehmungen unter einem angemessenen *Ausgleich der Interessen* von Gläubigern und Schuldnern zu regeln. Der postulierte Interessenausgleich gelingt allerdings nicht immer optimal. Von einigen nationalen Konkursgesetzen weiss man, dass sie die Schuldner gegenüber den Gläubigern eher bevorteilen. Zudem gibt es immer Lücken im Gesetz, die es Schuldnern mit zweifelhafter Moral erlauben, die Gläubiger (beispielsweise durch fortgesetzte Insolvenzerklärung) übers Ohr zu hauen.

Auch öffentliche Körperschaften, wie Staaten und Gemeinden, können zahlungsunfähig werden. Sie sind nicht mehr in der Lage, Zinsen und Tilgungen für aufgenommene Schulden zu leisten. Dann muss ebenfalls eine Lösung zwischen Schuldner und Gläubiger bzw. den Vertretern einer Gläubigergemeinschaft auf dem Verhandlungswege gesucht werden. Wenn ein Staat gegenüber Gläubigern im Ausland zahlungsunfähig wird und deren Ansprüche nicht auf dem Rechtswege durchgesetzt werden können, gilt dieser Staat nicht mehr als kreditwürdig; er kann keine neuen Kredite mehr erwarten. Das bedeutet für ihn jedoch meistens ein derartiges Opfer, dass er zu Verhandlungen bereit ist und alles in seiner Macht Stehende unternimmt, um die Zahlungen so rasch wie möglich wieder aufzunehmen.

Der Geldtrieb

Wenn wir nach dem entscheidenden Motiv in der Geldwirtschaft fragen, so liegt es ohne jeden Zweifel in der *Beschaffung von Einkommen*. Was treibt denn die Menschen dazu an, eigene Geschäfte und Unternehmungen zu gründen und weiterzuentwickeln, ihre Arbeitskraft zu Markte zu tragen oder ihre Ersparnisse anzulegen? Es ist die Aussicht auf Geldeinkommen in Form von Gewinnen, Löhnen und Zinsen. Dahinter steht die Notwendigkeit, jederzeit zahlungsfähig zu sein; das ist die Voraussetzung für die Teilnahme am wirtschaftlichen Prozess. Darüber hinaus wird der Drang nach Geld andauernd aufgeladen durch die Eigenschaft des Geldes, alle Tauschmöglichkeiten zu verkörpern, absolutes Mittel zu sein. So wenig es eine

Grenze für die Tauschmöglichkeiten des Geldes gibt, so unbegrenzt kann der Drang nach dem Geld sein. Hier liegt der Ursprung seiner Unersättlichkeit, des unstillbaren Hungers, der Gier, des Strebens nach Anhäufen, Besitz und Expansion.

> Der Drang nach dem Geld ist lebensnotwendig und zugleich so unbegrenzt, dass man geradezu von einem Geldtrieb sprechen kann.

Der Ausdruck «Geldtrieb» mag auf den ersten Blick befremden. Wir reden in der Regel von Trieb, wenn eine Verhaltensweise angeboren ist, wenn wir sie also über die Gene mitbekommen haben. Der Drang nach dem Geld ist nicht angeboren, aber er ist *angelernt.* Wir alle spüren auf Schritt und Tritt die existenzielle Notwendigkeit und den grundlegenden Anreiz der Verfügung über Geld. Dadurch wird zwangsläufig der Drang nach dem Geld ausgelöst. Er ist so stark und allgegenwärtig, dass er «in Fleisch und Blut» übergeht und uns antreibt. Wir verwenden in der Umgangssprache ähnliche Ausdrücke, wie Erwerbstrieb oder Bereicherungstrieb.

Begriffe, wie das Erwerbsstreben oder der Geldantrieb, würden wohl möglichen terminologischen Bedenken entgegenkommen. Wir kennen auch gehobenere Wortbildungen, um die in Frage stehende Kraft zu umschreiben: das Streben nach Mehrwert, das Leitprinzip der Wertschöpfung, oder dann heisst es die «systemimmanente monetäre Expansionsenergie» (22). Doch wiedergeben sie alle zu wenig die elementare Kraft, die Wirkungsbreite, die Konstanz, aber auch den emotionalen Einschlag, die sich mit dem Begriff des Geldtriebes verbinden. Der Psychoanalytiker *Ferenczi* spricht von Geldinteresse, kapitalistischem Interesse und schliesslich von kapitalistischem Trieb. (23)

Die Meinungen der Fachleute der Psychologie zur Frage, ob der Ausdruck «Trieb» für den biologischen Bereich reserviert bleiben muss oder ob er auf das soziale Milieu ausgedehnt werden darf, gehen – wie eine Konsultation der verschiedenen Wörterbücher zeigt – auseinander. Es gibt Vertreter, die zur ersten Variante neigen, während andere toleranter sind.

In der Lehre von der Wirtschaft und insbesondere in ihrer neoklassischen Richtung steht wohl der Nutzen bzw. der Gewinn im Zentrum. Das Prinzip der Gewinnmaximierung dient jedoch vor allem dazu, den Mechanismus des laufenden gesamtwirtschaftlichen Prozesses zu erklären. Das Interesse gilt hauptsächlich dem durch das Gewinnprinzip gesteuerten Wettbewerb. Wichtig ist vor allem, dass die Wirtschaft über die laufende Abstimmung der Preise immer wieder zum gesamtwirtschaftlichen Gleichgewicht zurückfindet.

Demgegenüber besteht die entscheidende Funktion des Geldtriebes darin, dass er die wirtschaftlichen Prozesse, also die Tauschvorgänge, überhaupt auslöst, und das mit der Absicht, Einkommen zu schaffen.

Es geht also im wesentlichen um die fortwährende Entstehung der wirtschaftlichen Prozesse und nicht so sehr um ihren Ablauf.

Der Geldtrieb manifestiert sich nun, wie wir gesehen haben, auf *zwei verschiedenen Ebenen.* Zunächst muss man *zahlungsfähig* sein, wenn man seinen Bedarf decken will. Insoweit ist die von der Theorie her bekannte «Liquiditätspräferenz» durchaus aktuell. Sie macht aber nur einen Teil der Anziehungskraft des Geldes aus. Denn das Geld ist nicht ein Gut wie jedes andere. Es verleiht umfassende Verfügbarkeit, Sicherheit, Geltung und Macht; es wird zum absoluten Mittel. Diese Eigenschaft reizt dazu, *möglichst viel Geld* anzuhäufen. Das Geld ist eine höchst aktive und dynamische Kraft, alles andere als neutral.

Der Geldtrieb tritt im weiteren meistens in Verbindung mit einer *produktiven Leistung* am Markt in Erscheinung. Die Unternehmer und Manager wollen mit den Produkten ihrer Betriebe Bedürfnisse befriedigen, um damit Gewinne zu erzielen; die Arbeitnehmer setzen ihre Arbeitskraft, ihr Können und ihre Erfahrung ein, um Löhne und Gehälter zu verdienen; und die Leistung der Anleger besteht darin, dass sie auf Konsum verzichten und Finanzierungen ermöglichen, die Zinsen abwerfen. Der Geldtrieb kann sich aber auch *ohne produktive Leistung* ausleben: in der Spekulation, im Zuge der staatlichen Umverteilung von Einkommen, in der Kriminalität. Das sind nicht alles negative und bedenkliche Erscheinungen. Die Spekulation kann dazu beitragen, Unsicherheiten der künftigen Preisentwicklung vorwegzunehmen und damit zu kontrollieren; anderseits führt sie unter Umständen zu einer Steigerung solcher Unsicherheiten und damit zu einer Destabilisierung. Die staatliche Umverteilung von Einkommen kann im Interesse des gesellschaftlichen Zusammenhaltes notwendig sein; umgekehrt trägt sie die Versuchung in sich, dass ohne angemessenen Grund daraus Nutzen gezogen wird. In der Kriminalität verleitet der Geldtrieb dann dazu, ausserhalb von Gesetz und Moral alles zu unternehmen, um zu Geld zu gelangen: zu schmieren, zu stehlen, zu betrügen, zu erpressen bis hin zu Mord und Totschlag.

Der Geldtrieb ist der Tendenz nach immer lebendig, aktiv und *offensiv*. Er ist die ständig sprudelnde Impulsquelle, welche die wirtschaftlichen Leistungen auslöst. Er hat geradezu den horror vacui; wo immer sich eine Chance bietet, meldet er sich. Und doch kann er sich auch *defensiv* verhalten, wenn es darum geht, einen gefährdeten Besitzstand zu verteidigen oder übermässigen Risiken auszuweichen. Die Unternehmungen betreiben dann eine vorsichtigere Geschäftspolitik; sie schränken ihren Aufwand ein, halten mit Investitionen zurück, bauen Arbeitsplätze ab; sie «restrukturieren» oder werden durch notwendig gewordene Feuerwehrübungen in Atem gehalten. Die Banken drosseln ihre Kredittätigkeit; die Anleger verharren in Wartestellung und bleiben dem Kapitalmarkt fern, und die Konsumenten halten, um ihre Zahlungsfähigkeit zu schützen, mit Käufen zurück. Schliesslich kann sich die defensive Kraft des Geldtriebes auch darin geltend machen, dass sie Unternehmungen und Haushalte dazu veranlasst, einem als übermässig empfundenen Steuerdruck auszuweichen. Unternehmungen verlegen ihren Sitz an Standorte mit günstigeren Steuerverhältnissen, und Private wählen Steuerparadiese als Domizil.

Der Geldtrieb zeigt sich praktisch bei allen Menschen, die in der Geldwirtschaft leben, allerdings mit grossen *Differenzen in der Intensität*. Sicher geschieht nicht jede wirtschaftliche Tätigkeit allein um des Geldes willen. Da sind noch andere Motive im Spiel, wie die Freude an der Arbeit, der Wille zur Leistung oder der Dienst an der Gemeinschaft. Sie kommen aber nur soweit zum Zug, als sie sich im Sinne des (in der Geldwirtschaft) übergeordneten Zieles des Gelderwerbs verhalten oder ihm doch nicht widersprechen. Die weiteren Motive sind zumindest gepaart mit der Erwartung einer angemessenen Belohnung.

Der Leser mag sich an *Aristoteles* erinnern, der die Erwerbskunst des Kaufmannes von jener des Hausverwalters unterscheidet. Der Kaufmann konzentriert sein ganzes Interesse auf den Gelderwerb; es kennt keine Grenzen. Für den Hausverwalter steht dagegen der Tausch zur Deckung des täglichen Bedarfes im Vordergrund, «anknüpfend an die naturgemässe Tatsache, dass die Menschen von den notwendigen Gütern hier zu viel und dort zu wenig haben». (24)

Die *Unternehmer* und die *Manager* unserer Zeit entsprechen in ihrer Haltung durchaus dem Bild der zitierten Kaufleute. Als Unternehmer sind sie selber Eigentümer der Unternehmung und setzen ihren Geldtrieb direkt ein. Als Manager wird ihnen der Geldtrieb dagegen von den Eigentümern bzw. Kapitalgebern (Aktionären) stellvertretend übertragen; sie üben ihn indirekt aus. Sie mobilisieren ihren eigenen Geldtrieb von Berufs wegen im Namen und zum Nutzen der Unternehmung und ihrer Eigentümer. Damit verbinden sie die Erwartung, im Falle des Erfolges auch ihren ganz persönlichen Geldtrieb befriedigen zu können in Form von Salärerhöhungen, Gewinnbeteiligungen sowie von weiteren – oft naturalen – Vergünstigungen.

Sind demgegenüber die *Arbeitnehmer* den Hausverwaltern gleichzusetzen? Es trifft zwar zu, dass die meisten von ihnen arbeiten, um sich das nötige Geld für ihren Lebensunterhalt zu verdienen. Doch ist diese Beschränkung im Geldtrieb mehr auf den Zwang der äusseren Verhältnisse zurückzuführen als auf bessere Einsicht. Der Geldtrieb kann denn auch bei den Arbeitnehmern durchaus aktuell werden, wenn sie sich auf dem Arbeitsmarkt in einer genügend starken Stellung befinden. Sie versuchen dann, als Einzelne oder gemeinsam über ihre gewerkschaftlichen Organisationen für ihre Arbeit möglichst günstige Löhne und Gehälter auszuhandeln. Notfalls gehen sie auf die Strasse, um ihren Forderungen mehr Nachdruck zu verleihen. Zudem reagieren sie positiv auf monetäre Leistungsanreize aller Art; sie machen dafür Überzeit, leisten Nachtschicht oder arbeiten am Sonntag.

Über die berufsbedingte Rolle hinaus spüren wir jedoch alle die Wirkungskraft des Geldtriebes in unserem täglichen Verhalten. Als *Anleger* sind wir darauf bedacht, aus unserem Geld möglichst mehr Geld zu machen. Als *Versicherte* von privaten und staatlichen Versicherungen erwarten wir, dass diese ihre Kapitalien im Interesse von niedrigen Prämien zu optimalen Bedingungen investieren. Als *Konsumenten* suchen wir nach den günstigsten Einkaufsmöglichkeiten; Aktionen im Verkauf wecken unsere besondere Aufmerksamkeit. Und als gelegentliche *Verkäufer,* sei es einer Liegenschaft, eines gebrauchten Autos oder anderer Gegenstände, setzen wir uns dafür ein, den höchstmöglichen Preis herauszuschlagen.

Der Geldtrieb insbesondere der Unternehmungen lässt sich *fördern* und *bremsen.* Dazu trägt jede Art der Stärkung oder Schwächung der Marktchancen und der Konkurrenzfähigkeit bei, weil sie die Aussicht auf Gewinn erhöht oder beeinträchtigt. Eine wichtige Rolle spielt in diesem Zusammenhang die Geldpolitik; sie erleichtert oder erschwert den Zugang zur Liquidität und verbilligt oder verteuert die Aufnahme von Krediten über die Höhe der Zinssätze.

Einen unmittelbaren Ansatz zur Beeinflussung des Geldtriebes bietet jedoch die *Steuer- und Abgabenpolitik.* Der Geldtrieb und damit die Bereitschaft zu Investitionen wird gefördert, wenn sich die Unternehmungen vor zu weitreichenden fiskalischen Beutezügen einigermassen geschützt fühlen können. Darauf stützte sich die angebotsorientierte Wirtschaftspolitik der 80er Jahre, und ihr Erfolg, besonders in den Vereinigten Staaten, hat ihr recht gegeben. Umgekehrt wird der Geldtrieb gedämpft, wenn die Unternehmungen damit rechnen müssen, dass ihnen ein substantieller Teil der erwarteten Gewinne weggesteuert wird. Analoge Wirkungen gehen von der Steuerbelastung auf den Geldtrieb der privaten Haushalte aus; der Arbeitswille wird angeregt oder gedämpft.

Das System der Geldwirtschaft

Die Geldwirtschaft kann als ein eigenes System verstanden werden.

Es unterscheidet sich in der marktwirtschaftlichen Ordnung vom Wettbewerb, der ebenfalls als ein eigenes System begriffen werden kann. Geldwirtschaft und Wettbewerb bilden dann Subsysteme, die sich zum System der Marktwirtschaft mit Geldgebrauch zusammenfügen.

Diese Aufteilung des marktwirtschaftlichen Tauschverkehrs in zwei

Systeme ist in der traditionellen Lehre von der Wirtschaft nicht üblich. Sie werden in aller Regel zusammengeworfen, wobei das ganze Energiepotential, das in diesem einen System wirksam ist, zur Hauptsache dem Wettbewerb zugeschrieben wird. Damit kommt aber der Anteil des Geldes ganz entschieden zu kurz; es entsteht ein verzerrtes Bild vom Anteil der massgebenden Kräfte und damit der Wirklichkeit. Erst die Vorstellung eines eigenen Systems der Geldwirtschaft rückt die Rolle des Geldes in das richtige Licht.

Unter einem System versteht man ein aus mehreren Teilen zusammengesetztes Ganzes, wobei die Teile in einer bestimmten Beziehung zueinander stehen. Zum *Bauplan* des Systems der Geldwirtschaft gehören nun die einzelnen Teile bzw. Komponenten einerseits und ein ordnendes Prinzip anderseits.

Die *Teile* des Systems bestehen aus den unzähligen Tauschvorgängen mit Geldgebrauch. (25) Dazu gehören die Käufe und Verkäufe von Waren und Dienstleistungen, die mit Löhnen und Gehältern abgegoltenen Arbeitsleistungen, die Verträge über Miete und Pacht, die Abschlüsse von Finanzgeschäften. Die Gesamtheit dieser Teile macht den Umsatz einer Volkswirtschaft aus; er wird in der nationalen Buchhaltung der einzelnen Länder im Sozialprodukt aufgerechnet.

Das *ordnende Prinzip* im System der Geldwirtschaft liegt in der für alle Teilnehmer zwingenden Einsicht, dass man über Geld verfügen, also zahlungsfähig sein muss, wenn man an den Tauschvorgängen teilhaben will, und dass es sich darüber hinaus lohnt, möglichst viel Geld anzuhäufen. Sie löst den Geldtrieb aus; er verleiht dem System Richtung und Sinn.

Luhmann sagt es deutlich: Die Systeme brauchen «Sinn», der zur Selektion zwingt. (26) *Mesarovic* drückt es abstrakter aus, wenn er vom erforderlichen «zielsuchenden Paradigma» in den Systemen spricht. (27) Soziale Systeme benötigen ein ordnendes Prinzip – und dies im Unterschied zu den natürlichen Systemen. Wenn man diese Differenzierung akzeptiert, ist es nicht angängig, die beiden Systeme – etwa Volkswirtschaften und Erdbeben – auf die gleiche Stufe zu stellen. (28)

Wie man das ordnende Prinzip aber auch umschreiben mag, im System der Geldwirtschaft ist seine Funktion eindeutig: Es geht um die Sicherung der Zahlungsbereitschaft, um die Beschaffung von Geldeinkommen und um die Anhäufung von Geld und Kapital.

Das System der Geldwirtschaft besteht somit (1) aus den einzelnen Tauschvorgängen als seinen Teilen oder Komponenten und (2) aus dem Geldtrieb als seinem ordnenden Prinzip.

Die einzelnen Tauschvorgänge kommen zustande, wenn sie Geldeinkommen – einen Gewinn, einen Lohn, einen Zins – versprechen. Die Initiative zur Organisation der Tauschakte geht vom Geldtrieb der beteiligten Menschen aus. Oder negativ ausgedrückt: Alle an sich denkbaren, unter dem Gesichtspunkt der Bedürfnisbefriedigung vielleicht erwünschten oder nötigen Tauschvorgänge kommen nicht zustande, wenn sie nicht ein Geldeinkommen erwarten lassen. Darin liegt die Selektion, die in der Deutung von *Luhmann* dem Sinn des Systems entspricht.

4. Das Geld in der Marktwirtschaft

Die Marktwirtschaft als Wirtschaftsordnung und als funktionales System

Bisher war von der Marktwirtschaft nur am Rande die Rede. Wir haben uns auf die Geldwirtschaft als dem einen ihrer beiden Subsysteme konzentriert, um den Anteil des Geldes am wirtschaftlichen Ablauf deutlich zu machen und gegen das andere Subsystem, den Wettbewerb, abzugrenzen. Jetzt wird es Zeit, dass wir uns mit der Marktwirtschaft näher befassen. Dies um so mehr, als nur sie der Geldwirtschaft die volle Entfaltung ihres Potentials erlaubt.

Marktwirtschaft wird zunächst als *Ordnungsrahmen* verstanden. Er entscheidet darüber, wie der wirtschaftliche Prozess organisiert und koordiniert wird. In der Marktwirtschaft geschieht das im freien Spiel der Kräfte von Angebot und Nachfrage. Alle Entscheidungen über Produzieren und Konsumieren, Sparen und Investieren werden dezentral von den einzelnen Unternehmungen, Körperschaften und Haushaltungen unabhängig voneinander getroffen; sie sind für ihr Tun und Lassen selber und allein verantwortlich. *Dezentralisation* ist das Schlüsselwort, das die Marktwirtschaft als Wirtschaftsordnung kennzeichnet.

Zwei Elemente machen, wie bereits erwähnt, diesen Ordnungsrahmen aus: (1) die Handlungs- oder Vertragsfreiheit und (2) das private Eigentum. Diese zweite Komponente gehört unverzichtbar dazu, weil die Teilnehmer am wirtschaftlichen Prozess ihre Leistungskraft nur dann voll einsetzen, wenn sie über ihre Produktionsmittel frei verfügen und die Früchte ihrer Anstrengungen auch möglichst ungeschmälert für sich behalten können.

Das Prinzip der Dezentralisation steht im Gegensatz zur zentralen Steuerung der Wirtschaft nach einem staatlichen Plan. An die Stelle der unabhängig getroffenen Entscheidungen der Produzenten und Konsumenten tritt dort der politische Wille der Planungsbehörden als Entscheidungsträger.

Die Marktwirtschaft ist aber nicht nur Ordnungsrahmen, sondern ebenso funktionales System für die Produktion und Verteilung von Gütern und Dienstleistungen. Sie funktioniert auch ohne Geldgebrauch, also in einer naturalen Tauschwirtschaft. Ihr Wesensmerkmal ist der Wettbewerb.

Die *Teile* eines solchen Systems bestehen aus den naturalen Tauschvorgängen. Das *ordnende Prinzip* in diesem System liegt in der Deckung des Bedarfes der Tauschpartner und stützt sich auf den *Wettbewerb.* In einem fortwährenden Biet- oder Auktionsverfahren kommen jene Bewerber zum Zuge, die mit einer günstigeren Offerte aufwarten können. Sie werden so lange mitbieten, als ihnen die Menge und Qualität der Tauschobjekte den Einsatz ihrer eigenen Güter und Dienstleistungen gerade noch lohnend erscheinen lassen, also – wie man in der Theorie sagt – bis zu ihrem *Grenznutzen.* Der Prozess setzt sich im idealen Falle so lange fort, bis sich Angebot und Nachfrage ausgleichen und die Märkte geräumt werden. Wer zum Tausch gelangen will, muss sich also anstrengen und eine im Vergleich zu den Mitbewerbern günstigere Offerte einbringen. Die Leistung der einzelnen Unternehmungen und Haushalte am Markt entscheidet darüber, wer sich im Tausch durchsetzen kann.

Der Wettbewerb ist die massgebende Kraft, welche den Tauschverkehr steuert; er stützt sich auf die Marktleistung der einzelnen Unternehmungen und Haushalte.

Das System organisiert sich ebenfalls selber. Der Antrieb zu den Tauschhandlungen entsteht aus dem Bedarf der Tauschpartner; der Tauschverkehr konzentriert sich im wesentlichen auf die Deckung des laufenden Bedarfes. Allerdings fehlt das Interesse, den Tausch zu benutzen, um Güter anzuhäufen, auch in diesem System nicht. Es zeigt sich etwa im Streben nach Landgewinn, in der Anhäufung von Reserven an Korn oder im Aufbau von Viehherden.

Das Zusammenspiel von Geldtrieb und Wettbewerb

Die Dezentralisation als Wesensmerkmal der Marktwirtschaft stützt sich auf den gemeinsamen Gebrauch von Geld. Das gilt für die moderne hochkomplexe Form der Marktwirtschaft in besonderem Masse. Sie wird überall von identischen Spielregeln geordnet und zusammengehalten und von identischen Kräften bewegt.

Das System der Marktwirtschaft mit Geldgebrauch setzt sich aus den beiden Subsystemen der Geldwirtschaft und des Wettbewerbs zusammen.

Zu seinem Bauplan gehören die *Teile* und die ordnenden Prinzipien der beiden Subsysteme. Die Teile bestehen aus den zahllosen Tauschvorgängen, und die *ordnenden Prinzipien* setzen sich (1) aus dem Geldtrieb und (2) dem Erfolg im Wettbewerb zusammen.

Geldtrieb und Wettbewerb bilden die massgebenden Kräfte der Selbstorganisation der Marktwirtschaft.

Der Geldtrieb ist die Superkraft, welche fortwährend die Gelegenheit zum Tausch sucht und schafft; er wirkt als Impulsquelle der Selbstorganisation. Die unzähligen Initiativen, die – meistens – vom Geld ausgehen, werden dann aber geprüft, gefiltert und ausgewählt im Wettbewerb. Die Bewerber bieten so lange mit, als ihnen die Menge und Qualität der Tauschobjekte bzw. der in Frage stehende Preis gerade noch lohnend erscheinen.

Der Geldtrieb wirkt als Animator und der Wettbewerb als Regulator des Prozesses der Selbstorganisation.

Oder anders ausgedrückt: Das *Ziel* der wirtschaftlichen Tätigkeit besteht im Erwerb und in der Anhäufung von Geld und Kapital; es ist *geldorientiert.* Der Weg zu diesem Ziel führt dagegen über ein erfolgreiches Abschneiden im Wettbewerb; er ist *marktorientiert.*

Der Geldtrieb und die Leistung im Wettbewerb, also die Marktleistung, *beeinflussen* sich wechselseitig. Der Geldtrieb mobilisiert die Marktleistung. Er ist wie ein Radargerät ständig auf der Suche nach gewinnträchtigen Tauschmöglichkeiten. Und er treibt die Leistung der Unternehmungen und Haushalte an bis zum erfolgreichen Zustandekommen eines Tausches. Es gibt jedoch auch Anstösse in umgekehrter Richtung. Sobald sich am Markt eine Chance abzeichnet, sei es die Entdeckung einer Marktlücke oder die Erfindung eines neuen Produktes oder einer kostensparenden Produktionsweise, wird der Geldtrieb mobilisiert.

Geldtrieb und Marktleistung sollten aber auch einigermassen *aufeinander abgestimmt* sein. Eine allzu einseitige Ausrichtung auf den Geldtrieb kann sich langfristig auf Kosten der Marktleistung auswirken. Das zeigt sich etwa, wenn in einer Unternehmung die Reservenbildung zu Gunsten der Gewinnausschüttung vernachlässigt wird; es verliert an Kraft im Wettbewerb. Oder wenn zum Zweck des raschen Gewinnes andere Unternehmungen übernommen und verscherbelt werden, wie das im Geldfieber der 80er Jahre in den Vereinigten Staaten besonders häufig der Fall war. Anderseits kann eine übertriebene Reservenbildung zur (angeblichen) Sicherung der künftigen Marktleistung den Geldtrieb lähmen; die Manager werden träge, und die Aktionäre resignieren; das Unternehmen verliert seinen Schwung.

Das *Ergebnis* des Prozesses der Selbstorganisation, der dezentral getroffenen Entscheidungen von Produzenten und Konsumenten, zeigt sich in der Summe der unzähligen Tauschvorgänge (Käufe und Verkäufe, Arbeitsleistungen, Geschäfte aller Art). Sie macht den Umsatz einer Volkswirtschaft aus und wird in der nationalen Buchhaltung im *Sozialprodukt* aufgerechnet, das in grossen Zügen dem *Volkseinkommen* entspricht. Der *Erfolg* der Selbstorganisation schlägt sich somit im *Wachstum des Sozialproduktes* nieder.

Der Geldtrieb und das Streben nach Erfolg im Wettbewerb bilden die *mikroökonomischen* Kräfte bzw. Entscheidungen, die sich gesamtwirtschaftlich, also *makroökonomisch,* auf zwei verschiedenen Ebenen auswirken: (1) in der Struktur des wirtschaftlichen Apparates und (2) der *Konjunktur,* den rhythmischen Schwankungen des Sozialproduktes. Die Selbstorganisation manifestiert sich in beiden Elementen zugleich und nicht im Konjunkturverlauf allein.

(1) Für die *Struktur* des wirtschaftlichen Apparates spielen die *Unternehmungen* die zentrale Rolle. Sie schaffen mit ihrer Tätigkeit Einkommen, das

sie vorwiegend in Form von Löhnen, Gewinnen und Zinsen an ihre Arbeitskräfte und Kapitalgeber weiterleiten. Es werden laufend neue Unternehmungen und Betriebe gegründet und erweitert; anderseits geht von ihnen im Zuge der «schöpferischen Zerstörung», wie *Schumpeter* die ständige Folge von Aufstieg und Fall der Unternehmungen charakterisiert hat, immer ein gewisser Teil wieder unter. (29) Fortwährend wird investiert und desinvestiert, das heisst Kapital eingesetzt, aber auch wieder zurückgezogen oder vernichtet.

Das wirtschaftliche Wachstum hängt nun davon ab, wie viele und wie starke Unternehmungen sich an diesem Prozess beteiligen, ihrem Geldtrieb folgen und sich im Wettbewerb durchsetzen können.

Die Selbstorganisation führt zu einer bestimmten *Streuung der Einkommen,* die von ihrem Sickereffekt abhängt. Im Zentrum des Systems finden sich die Unternehmungen als Einkommensquellen. Gegen die Peripherie hin nehmen die Einkommen ab. Peripherie ist in diesem Zusammenhang – im Unterschied etwa zum Bild der konzentrischen Kreise in der (auf die Versorgung einer Stadt durch die umgebende Landwirtschaft bezogenen) Standortslehre von *Thünen* – nur bedingt im örtlichen Sinne gemeint; das unmittelbare Nebeneinander von Luxus und Elend in vielen Agglomerationen der heutigen Welt ist dafür eine zu auffällige Erscheinung. Der Mangel an Zahlungsfähigkeit setzt der Zugehörigkeit zum System schliesslich eindeutige Grenzen.

(2) Die *Konjunktur,* das Wechselspiel von Aufschwung und Rezession, die einander in Perioden von einigen Jahren folgen, prägt in hohem Masse unsere Vorstellung vom Verlauf der Wirtschaft. Für die Wissenschaft bildet sie das bevorzugte Forschungsfeld der Makroökonomie. Sie untersucht das Zusammenwirken und die gegenseitigen Abhängigkeiten der zusammengefassten Komponenten des Sozialproduktes: von der Gesamtproduktion bzw. dem Volkseinkommen hin zu der Gesamtnachfrage nach Konsum- und Kapitalgütern, zu Sparen und Investieren und wieder zurück zur (neuen)

Gesamtproduktion. Dabei gilt das besondere Interesse jenem Investitionsvolumen, das ein ständiges Wachstum gewährleisten würde.

Zwischen den *mikroökonomischen* Kräften und dem Verhalten im *makroökonomischen* Bereich bestehen starke Wechselwirkungen. Einerseits stützt sich die gesamtwirtschaftliche Entwicklung auf die Erfolge und Misserfolge der Unternehmungen, und umgekehrt wirkt das gesamtwirtschaftliche Verhalten auf die einzelwirtschaftlichen Entscheidungen zurück. Eine wachsende Wirtschaft animiert den Geldtrieb der Unternehmungen und ihre Bereitschaft zur Marktleistung; eine stagnierende Wirtschaft lähmt dagegen die Kräfte der Selbstorganisation.

Die Makroökonomie schafft wohl mehr oder weniger günstige Bedingungen für die Fortsetzung des Kreislaufes. Sie folgt eigenen Gesetzen und scheint ein umfassenderes Bild zu zeichnen als die Summe der ohnehin nur schwer fassbaren mikroökonomischen Entscheidungen. Die Energie aber, die das ganze Geschehen immer wieder ankurbelt und in Gang hält, die auch unerwartet neue Wege einschlagen oder an Grenzen stossen kann, wirkt quasi im Unterbau der Mikroökonomie; es ist der Geldtrieb im Zusammenspiel mit dem Wettbewerb.

Die Makroökonomie allein vermittelt nur eine unvollständige Vorstellung der Wirklichkeit; beide Sichtweisen gehören zusammen.

Es ist überfällig, dass die Wissenschaft die Bedeutung der in der Mikroökonomie wirkenden Kräfte neu entdeckt.

Im übrigen darf bei der Frage nach Erfolg und Misserfolg der Selbstorganisation das politische, soziale, technologische und natürliche *Umfeld* nicht vergessen werden. Man denke an die staatlichen Rahmenbedingungen, an das Mass politischer Stabilität, rechtlicher Sicherheit und effizienter Verwaltung. Oder an Krieg und Frieden, zwischenstaatliche Bündnisse, die Entdeckung und Erschöpfung von Rohstoffvorkommen und Energiequellen, technologische Schübe und Fortschritte im Verkehrs- und Informationswesen.

Zwei weitere Präzisierungen sind im Zusammenhang mit der Umschreibung der wirtschaftlichen Selbstorganisation notwendig. Die erste bezieht sich auf den *Wettbewerb.* Das schöne Bild vollkommener Konkurrenz im Tauschverkehr ist in der Wirklichkeit allzu häufig eine Illusion. Einmal legen die Staaten eine grosse Zahl von Preisen fest oder überwachen doch deren Entwicklung. Sodann haben die Unternehmungen die an sich verständliche Neigung, ihre Stellung am Markt durch gegenseitige Preisabsprachen, durch Nachhilfen aller Art sowie durch Verdrängung und Übernahme von Konkurrenten abzusichern. Und die Arbeitnehmer sind darauf bedacht, ihre Rolle am Markt durch den Zusammenschluss in Gewerkschaften zu schützen. Der Wettbewerb hat die fatale Eigenschaft, sich von selber aufzulösen. Das System hat gegen solche Bedrohungen wenig Abwehrkraft. Gegen monopolistische Tendenzen von starken Unternehmungen ist kein Kraut gewachsen. Es hat sich deshalb als unumgänglich erwiesen, den Wettbewerb mit dem Mittel des Kartellrechtes zu schützen, um nach Möglichkeit einen «wirksamen Wettbewerb» aufrechtzuerhalten, der weder durch private Abreden noch durch die marktbeherrschende Rolle von Unternehmungen allzu sehr beeinträchtigt wird. Gewerkschaftlichen Einfluss in Grenzen zu halten ist anderseits nicht weniger schwierig. Diese Absicht scheitert an der grossen Zahl ihrer Mitglieder und damit an ihrer politischen Macht.

Die zweite Präzisierung betrifft den Prozess der *Preisbildung.* Das Austauschverhältnis zwischen den zu tauschenden Gütern und Dienstleistungen einerseits und dem Geld anderseits schlägt sich in den jeweiligen Preisen nieder. Dabei prägt – in grober Annäherung – die umlaufende Geldmenge das *allgemeine Niveau* der Preise, während das jeweilige Verhältnis von Angebot und Nachfrage auf den einzelnen Märkten die *relativen Preise* der gehandelten Güter und Dienstleistungen bestimmt. Nur darf man nicht, wie das in der Regel geschieht, zwischen den beiden Bereichen scharf trennen wollen und behaupten, das Geld beeinflusse lediglich das allgemeine Preisniveau und verhalte sich im übrigen dem realen Sektor gegenüber neutral. Zwischen den beiden Bereichen bestehen vielmehr, wie sich später zeigen wird, ganz wesentliche Wechselbeziehungen.

Der Charakter des Systems der Marktwirtschaft

Fünf Eigenschaften sind es vor allem, welche den Charakter des Systems der Marktwirtschaft mit Geldgebrauch ausmachen.

(1) *Das System orientiert sich primär an der Schaffung von Geldeinkommen und nur indirekt an der Bedarfsdeckung.*

Ein besonders hervorstechender Charakterzug des Systems besteht in seiner unbedingten Ausrichtung auf den Gelderwerb. Sie ist die Konsequenz der alles beherrschenden geldwirtschaftlichen Spielregeln, des Zwanges der jederzeitigen Zahlungsbereitschaft und des elementaren Interesses an der Anhäufung von Geld. Die Bedarfsdeckung der Bevölkerung ist im Vergleich dazu nur Mittel zum Zweck. Die Versorgungsbedürfnisse müssen sich den Produzenten als Marktchancen offenbaren, die Ertrag und Gewinn versprechen; erst damit kommen die entsprechenden Tauschakte zustande. In Bombay, Lagos oder Lima werden Luxusgüter für die Reichen hergestellt und angeboten, derweil die mittellosen Hungrigen und Kranken kaum zu ihrem Reis oder ihren Medikamenten gelangen. Die Logik des Systems ist so unerbittlich, dass nicht verkaufbares Getreide eher verbrannt oder Tomaten in den Fluss geschüttet werden, als dass man sie an Bedürftige ohne die nötige Kaufkraft verschenken würde.

(2) *Das System organisiert sich selber.*

Geldtrieb und Wettbewerb sind die ordnenden Prinzipien, welche den Tauschverkehr und damit die Marktwirtschaft zu einem autonomen System machen. Vom Geldtrieb gehen die entscheidenden Impulse aus, damit Tauschvorgänge zustande kommen, und der Wettbewerb sorgt unter all den möglichen Tauschakten für eine bestimmte Auswahl. In ihrem Zusammenspiel bestimmen sie auf dem Hintergrund eines mehr oder weniger günstigen Umfeldes über die Intensität des Tauschverkehrs, die sich im Wachstum des Sozialproduktes bzw. Volkseinkommens zeigt. Gleichzeitig entscheiden sie über die (primäre) Verteilung der Einkommen, welche neue Tauschvorgänge ermöglicht.

Die moderne Theorie der spontanen Selbstorganisation (Autopoiesis) findet hier ein weites Feld der Anwendung. Nur liegt der Ursprung der Selbstorganisation nicht im magischen Dunkel, sondern er kann im Geldtrieb und im Wettbewerb identifiziert werden. Es ist nicht notwendig, sich auf einen unbewussten Antrieb zur Selbstorganisation zu berufen, wie

Hayek, der Vordenker des modernen Liberalismus, es tut. (30) Der Prozess der Selbstorganisation spielt sich, bezogen auf die Haltung seiner Träger, wohl mehr oder weniger spontan, häufig aber auf weite Sicht geplant und in jedem Falle bewusst ab.

(3) Das System ist dynamisch und offen.

Das System ist dynamisch; seine Teile, die einzelnen Tauschvorgänge, entstehen immer wieder neu. Die Reproduktion dieser Tauschakte vollzieht sich in der Regel nicht gleichbleibend wie in einem statischen System, sondern in absoluter Freiheit. Sie kann in einer höheren oder niedrigeren Kadenz erfolgen, in einem gleichmässigen Rhythmus oder in Rhythmusbrüchen.

Das System ist offen und nicht geschlossen wie in einer Planwirtschaft oder unter bestimmten Annahmen der etablierten ökonomischen Theorie; seine Entwicklung ist ungewiss. Damit stellt sich aber auch die Frage nach dem Gleichgewicht im Systemablauf immer wieder neu.

(4) Das System ist in hohem Grade determiniert; es kann sich aber auch unbestimmbar verhalten.

Die offensive und aggressive Kraft des Geldtriebes vermittelt dem System bei all seiner Offenheit einen betont deterministischen Charakter. Es gibt durchaus einen zwingenden Zusammenhang zwischen Ursache und Wirkung, zwischen der Suche nach Geldeinkommen und der Realisierung von einkommenversprechenden Tauschvorgängen. Diese Kausalität und Linearität im Systemablauf wird durch den Wettbewerb noch verstärkt, soweit er eingespielten Bahnen folgt.

Das System kann sich anderseits aber auch unbestimmbar und unvorhersehbar entwickeln. Der Geldtrieb wirkt nicht nur offensiv und aggressiv, sondern hat auch seine defensiven Phasen. Der Wettbewerb lässt ebenso überraschend neue Konkurrenten und neue Produkte zum Zuge kommen und wirft den bisherigen Rhythmus in der Steuerung über den Haufen. Oder dann entwickelt sich das Umfeld anders als erwartet.

(5) Das System ist wertneutral.

Die Frage nach der Wertordnung im System der Marktwirtschaft beschäftigt oder beunruhigt oder empört die Gemüter immer wieder. Verwundert das, wenn man sich die Perversionen – beispielsweise die Vernichtung von andernorts dringend benötigten Nahrungsmitteln – vor Augen hält, die das System produzieren kann? Man sagt, das System sei wertneutral, und meint damit, dass Werte, wie Menschenwürde, Gerechtigkeit, Solidarität oder saubere Umwelt nicht zum System der Marktwirtschaft gehörten.

Immerhin weisen seine Verteidiger auf den Wert der Freiheit hin, dem in diesem System ein zentraler Platz zukommt. Die Individuen haben auch die Freiheit, sich im Alltag moralisch zu verhalten, und damit lässt das System doch Raum für Moral. Und die Moral erhält eindeutige Verbindlichkeit, wenn in den kodifizierten oder stillschweigend akzeptierten Spielregeln des Systems Forderungen eine Rolle spielen, wie Vertragstreue, Ehrlichkeit, Pflichtgefühl und Fair play.

5. Das Geld in der Planwirtschaft

Das System der Planwirtschaft

Das System der Planwirtschaft oder, wie es auch genannt wird, der Zentralverwaltungswirtschaft unterscheidet sich grundlegend vom System der Marktwirtschaft mit Geldgebrauch. Es ist der Versuch, die «anonymen Mächte» des kapitalistischen Systems zu überwinden und durch bewusste, «verantwortungsvolle» Planung zu ersetzen. An die Stelle der unabhängig getroffenen Entscheidungen von Unternehmungen und Haushaltungen, der dynamischen Macht des Geldtriebes, der freien Preisbildung als Informations- und Steuerungsorgan – also an die Stelle der Selbstorganisation – tritt der zentrale Plan bzw. der politische Wille der Planungsbehörden.

Wir konzentrieren uns bei der Darstellung der Planwirtschaft auf das Modell des Sozialismus, das real existierte, und lassen die allgemeinen Beispiele von Kriegswirtschaft sowie den besonderen Fall des nationalsozialistischen Staates beiseite. Das oberste Ziel der zentralen Planung in den sozialistischen Ländern war das wirtschaftliche Wachstum. Dabei wurde aus politischen Gründen dem Aufbau der Schwerindustrie als Voraussetzung für militärische Rüstung die höchste Priorität eingeräumt. (31)

Die *Teile* des Systems bestehen wiederum aus den einzelnen Tauschvorgängen. Das *ordnende Prinzip* ist dagegen der zentrale Plan. Von diesem Volkswirtschaftsplan wird die weitere Planung streng hierarchisch abgeleitet, von oben nach unten zu den immer detaillierteren Plänen der einzelnen Betriebe und staatlichen Stellen. Sie präjudizieren die Tauschvorgänge in einem Masse, dass sie quasi nur noch den Vollzug der zuvor von den Planungsbehörden gefassten Beschlüsse ausdrücken. Es entspricht diesem System allgemeiner Planung, dass die Produktionsmittel nicht mehr Privatpersonen oder privaten Institutionen gehören, sondern Eigentum der Allgemeinheit bzw. des Staates sind.

Das Geld im System der Planwirtschaft

Das Geld ist in der Planwirtschaft vor allem ein Hilfsinstrument zur Erstellung, Durchführung und Kontrolle des alles entscheidenden Planes; seine Rolle ist insoweit eine *passive.* Die wesentlichen Entscheidungen für die Produktion von Konsum-, Investitions- und Rüstungsgütern werden von den Planungsbehörden zunächst *mengenmässig,* also in naturaler Form, getroffen; sie setzen die hauptsächlichen Schwerpunkte. Alsdann bewerten sie die verschiedenen Pläne; das Geld dient dabei als Recheneinheit. Sie legen den gesamten wirtschaftlichen Ablauf in Form einer *Gesamtrechnung* sowohl langfristig für einen Zeitraum von mehreren Jahren als auch kurzfristig für jeweils ein Jahr fest. Die Vorgaben der Planungsbehörden werden von den Betrieben in Pläne über Geldeinnahmen und -ausgaben, den Bargeld- und den Kreditbedarf umgesetzt. Daraufhin werden die Teilpläne wieder zusammengefasst und mit den Ausgangsdaten abgestimmt.

Die Betriebe und *staatlichen Stellen* stehen miteinander im Verrechnungsverkehr; Leistungen und Gegenleistungen werden miteinander verrechnet. Damit wickelt sich der Zahlungsverkehr überwiegend bargeldlos ab. Lediglich die Spitzenbeträge werden unter Einsatz von Bargeld ausgeglichen. Wenn es an Zahlungsfähigkeit mangelt, wird das nötige Bargeld nachgeschossen. Zur Zahlungsunfähigkeit und zum Konkurs nach marktwirtschaftlichem Muster kommt es nicht. Dagegen führen die Betriebe eine Gewinn- und Verlustrechnung, um ihren Leistungsstand zu kontrollieren.

Der Gesamtplan enthält eine Quote für die Löhne und Gehälter, die in Bargeld ausgerichtet werden. Davon kommen die Steuerzahlungen und weitere Abgaben an den Staat in Abzug. Über den verbleibenden Betrag können die *Haushaltungen* frei verfügen, Konsumgüter kaufen und Ersparnisse bilden. Dem sogenannten Kauffonds steht der Warenfonds gegenüber. Dieser Freiraum ist allerdings nicht nur dadurch eingeschränkt, dass der Umfang der Einkommen von den Planungsbehörden festgelegt wird; auch die Höhe der Güterpreise ist fixiert. Lediglich in diesem sehr begrenzten Rahmen kann das Geld eine *aktive* Rolle spielen.

Die bei Betrieben und Haushaltungen zirkulierende *Bargeldmenge* muss auf die verfügbare Gütermenge abgestimmt werden. Das ist die Aufgabe der Staatsbank. Sie wird ergänzt durch den Auftrag der Banken, Ersparnisse zu sammeln, Kredite zu gewähren und den bargeldlosen Zahlungsverkehr abzuwickeln. Kredite werden jedoch nur für Zwecke eingeräumt, die im Plan vorgesehen sind: kurzfristige Kredite für die laufende Produktion, langfristige Kredite für Investitionen, ferner Kredite an Haushaltungen.

Damit der Plan aufgeht, müssen alle überschüssigen Geldmittel an die Staatsbank abgeliefert werden, die sie gemäss Plan neu zuteilt. Das schliesst nicht aus, dass durch die verschiedenen Lücken in der Planerfüllung immer wieder ein Geldüberhang entstehen kann. Drohen Hortungen von Bargeld, die das Gleichgewicht des Planes stören können, so werden sie durch periodische Währungsreformen oder Zwangsanleihen ausgeschaltet.

Der Zahlungsverkehr mit dem *Ausland* vollzieht sich, soweit es sich um Partnerländer mit Planwirtschaft handelt, im Verrechnungsverkehr. Mit der übrigen Welt wird der Zahlungsverkehr bei der Staatsbank und der Aussenhandelsbank konzentriert. Diese Institute sorgen auch für den Ausgleich der Differenzen zwischen den staatlich festgelegten Preisen im Inland und den Preisen auf dem Weltmarkt.

Der Charakter des Systems der Planwirtschaft

Der Charakter des Systems der Planwirtschaft lässt sich mit vier Eigenschaften kennzeichnen: (1) Es stützt sich auf die Deckung des Bedarfes; (2) es wird durch Planung organisiert; (3) es ist determiniert; und (4) es bekennt sich zu einer bestimmten Werthaltung.

Wer aber die Erfahrungen mit den Planwirtschaften im real existierenden Sozialismus mit wachem Interesse verfolgt hat, wird nie über die *abgrundtiefe Lücke zwischen Anspruch und Wirklichkeit* hinwegkommen, die für das Leben dieser Völker während Jahrzehnten Schicksal war. Kann man überhaupt von den Attributen eines Systems sprechen, die sich nur in kümmerlicher Weise realisieren liessen, oder grenzt ihre Erwähnung angesichts des oft hoffnungslosen Unvermögens nicht gar an Zynismus? Man wende nicht ein, das Verfehlen der hohen Ziele sei nicht dem System anzulasten, sondern besonderen Umständen – etwa einer stalinistischen Ausprägung des Sozialismus. Am guten Willen, die Ziele zu erreichen, hat es vielen Protagonisten sicher nicht gefehlt, und besondere Umstände, auf die man sich im Falle des Scheiterns berufen kann, gibt es immer. Der «Verlust eines Traums» – das war die Formel, mit der *Manès Sperber* den Fehlschlag dieses Systems für sich und unzählige andere umschrieb.

(1) Das System stützt sich auf die Bedarfsdeckung.

Das System strebt vom Programm her eine angemessene Bedarfsdeckung der Bevölkerung an. Was dabei als angemessen zu gelten hat, darüber entscheiden allerdings die Planungsbehörden; sie legen die Prioritäten fest. Damit beginnt aber bereits das Elend. Die Regierung bestimmt verbindlich und willkürlich, was als Bedarf zu gelten hat. Im übrigen muss die Feststellung genügen, dass es während der ganzen Zeit der unbeschränkten Herrschaft des Planes praktisch nicht gelungen ist, die Bevölkerung auch nur mit den elementarsten Gütern des täglichen Bedarfes einigermassen sicher und ohne Schlange-Stehen zu versorgen. Von einer Pflege der Umwelt, die ebenfalls zum Grundbedarf gehört, nicht zu sprechen.

(2) Das System wird durch Planung organisiert.

Die Organisation durch Planung macht das Wesen des Systems aus. Die Realisierung ist jedoch immer wieder durch Misserfolge hinter dem Plan zurückgeblieben. Mangelnde Effizienz bei der Zuteilung der verfügbaren Produktionsfaktoren, Reibungen zwischen den einzelnen Plänen, ungenügende Produktivität und Initiative, fehlende Qualität und Missernten gehörten zur Tagesordnung. Dem hierarchischen System fehlte es dann an der nötigen Elastizität und Kraft, um auf solche Fehler genügend rasch und umfassend zu reagieren.

Vor allem aber hat es sich als unfähig erwiesen, den Leistungswillen der Arbeitskräfte zu animieren. Kein ideologischer Appell, kein moralischer Druck und keine Aussicht auf Verdienstmedaillen und Auszeichnungen als «Held der Arbeit» (die ohnehin nur einzelnen zugute kamen) vermochten auf die Dauer die Erfüllung minimaler Interessen und die Entfaltung der eigenen Kräfte zu ersetzen.

(3) Das System ist determiniert.

Es gehört zum Charakter der Planwirtschaft, dass sie bestimmbar und stabil sein sollte. Schliesslich steuert der Plan ganz bestimmte Ziele an und macht die weitere Entwicklung an sich voraussehbar. Das System ist geschlossen und auf eine statische Weise auf dieses Ziel hin ausgerichtet. Produziert und angeboten wird nur, was im Plan vorgesehen ist. Alle Kräfte sind in den Plan eingebunden; sie können grundsätzlich von der vorgeschlagenen Linie nicht abweichen. Das Unglück war nur, dass die Pläne allzu oft ihre Ziele nicht erreicht haben. Die Fehlschläge waren zu massiv und zu häufig, als dass man von einem determinierten und stabilen System sprechen könnte.

(4) Das System bekennt sich zu einer bestimmten Werthaltung.

Je spürbarer sich die Mängel des Systems bemerkbar machten, desto mehr Gewicht wurde auf eine Werthaltung gelegt, die ihm den nötigen Sinn einhauchen sollte. Sowjetische und andere Ideologen bestanden darauf, dass in der sozialistischen Wirtschaft als primäre Motivation eine ethische Grundeinstellung bestimmend wäre, nämlich der Wunsch, für die Gemeinschaft nützlich zu sein und sein inneres Wesen in einer nützlichen Arbeit zu erfüllen. (32)

Mensch und Gesellschaft im Bannkreis des Geldes

6. Der Mensch und das Geld

Die Bedürfnisse als Ausgangspunkt

In seiner zweiten Konsequenz bestimmt die Einschaltung eines allgemeinen Tauschmittels in den Tauschverkehr in grundlegender Weise das Verhalten der beteiligten Menschen.

> Die Menschen brauchen das Geld, um ihre Bedürfnisse zu befriedigen.

Es ist das absolute Mittel, das die Erfüllung aller nur denkbaren Bedürfnisse und Wünsche verspricht. Damit zieht es alle Aufmerksamkeit der Menschen in seinen Bann. Entsprechend intensiv und nachhaltig ist der Drang nach dem Geld, der Geldtrieb. Er droht, von den Menschen Besitz zu ergreifen, sie zu beherrschen.

Die Bedürfnisse können nach Massgabe ihrer Dringlichkeit aufgereiht werden, wobei sich die Reihenfolge je nach den konkreten Lebensumständen immer wieder verändert. Eine weitherum bekannte und umfassende Gruppierung der menschlichen Bedürfnisse stammt von *Maslow* (33) und unterscheidet folgende Kategorien:

1. Grundbedürfnisse
2. Schutz und Sicherheit
3. Zuwendung und Zugehörigkeit
4. Achtung und Anerkennung
5. Selbstverwirklichung

Ein Vergleich mit dieser Skala macht deutlich, wie umfassend menschliche Bedürfnisse durch den Einsatz von Geld befriedigt werden können.

(1) Die Reihe beginnt mit den *Grundbedürfnissen,* zu denen die notwendigen Güter des täglichen Bedarfes gehören, also Nahrung, Kleidung, Wohnung, gesundheitliche Betreuung und elementare Ausbildung. In den Industrieländern haben wir uns daran gewöhnt, in der Deckung des Grundbedarfes kein Problem mehr zu sehen. Wir sollten jedoch nicht vergessen, dass es heute vor allem in den Entwicklungsländern Hunderte von Millionen Menschen gibt, denen es am Allernötigsten fehlt. Wir sollten auch nicht übersehen, dass in den Industriestaaten noch zu Beginn dieses Jahrhunderts ein beträchtlicher Teil des Budgets der unselbständig Erwerbenden allein für die Nahrung eingesetzt werden musste. (34) Selbst heute kann es im Bereich der Grundbedürfnisse zu Engpässen kommen, vor allem beim Wohnen.

Ist die Grundversorgung an sich gesichert, meldet sich mit zunehmendem Wohlstand das Bedürfnis nach Komfort, also nach Deckung des Grundbedarfes auf einem qualitativ höheren Niveau. Man will aus einer breiten Palette von Möglichkeiten auswählen; aus dem Grundbedarf wird Wahlbedarf. Dazu gehören differenziertes Essen, eine vielfältige und modische Garderobe, eine grosszügige Wohnung oder eine eigene Liegenschaft, ein Ferienhaus, eine intensivere medizinische Betreuung, eine höhere Ausbildung, daneben eine nahezu unbeschränkte Mobilität mit Bahn, Auto, Schiff und Flugzeug und schliesslich mehr Information, Unterhaltung und Anregung durch Abwechslung. Während sich die Grundbedürfnisse an sich bald einmal befriedigen lassen, sind ihrer Deckung auf der Ebene von Komfort und Luxus kaum Grenzen gesetzt.

(2) An zweiter Stelle nennt *Maslow* das Bedürfnis nach *Schutz und Sicherheit.* Im Zusammenhang mit dem Geld denkt man in erster Linie an die Sicherheit der Einkommen bei Krankheit, im Alter, im Falle von Arbeitslosigkeit. Diesem Ziel dient einmal die private Vorsorge in Form von zurückgelegten Ersparnissen sowie der Versicherung gegen alle möglichen Risiken. Im modernen Wohlfahrtsstaat verdrängt der Schutz durch die staatlichen sozialen Sicherheitsnetze in zunehmendem Masse die Bedeutung der privaten Vorsorge.

Mit dem einkommensmässigen Schutz ist das Sicherheitsbedürfnis aber nicht erschöpft. Es meldet sich das Bedürfnis nach Schutz von Leib und

Gut, nach Aufrechterhaltung der öffentlichen Ordnung, nach Hilfeleistung im Katastrophenfall oder nach Schutz und Verteidigung bei kriegerischen Ereignissen. Die Erfüllung dieser Aufgaben obliegt zur Hauptsache dem Staat und erfordert ebenfalls Geld, das im wesentlichen von den Bürgern auf dem Steuerwege erhoben wird.

(3) Die *Zuwendung und Zugehörigkeit* als dritter Punkt der Bedürfnisskala gehört wohl vor allem in den Bereich der zwischenmenschlichen Beziehungen. Wir möchten einer Gemeinschaft angehören, einer Partnerschaft, einer Familie, einer Gruppe. Solche Gemeinschaften erfordern aber meistens zu ihrem Funktionieren ebenfalls Geld, und die Art und Weise, wie wir unseren Beitrag leisten – man denke etwa an das Haushaltungsgeld –, kann die Harmonie von Beziehungen fördern oder sie zerstören. Wir wissen zudem, wie häufig versucht wird, Aufmerksamkeit und Sympathie durch Geldgeschenke zu wecken und zu erkaufen. Schliesslich ordnet uns die Verfügung über Geld einer bestimmten gesellschaftlichen «Klasse» zu.

(4) Auf dem vierten Platz der Pyramide figuriert das Bedürfnis nach *Anerkennung*, Achtung, Geltung, Ansehen, Prestige. Das sind psychologische Kriterien, die in der Geldwirtschaft vor allem mit der Verfügungsgewalt über Geld zum Zuge kommen. Die Durchleuchtung der hier wirksamen Kräfte ist untrennbar mit dem Namen von *Veblen* verknüpft, dessen Gesellschaftskritik sich, wie seine Übersetzer betonen, fast ausschliesslich gegen die Scheinwelt des sozialen Prestiges richtet. (35) Mit seinen eigenen Worten ausgedrückt, wird «Besitz … notwendig für eine angesehene Stellung in der Gesellschaft. Ist der Besitz einmal zur Grundlage des öffentlichen Ansehens geworden, so bildet er die Voraussetzung für Selbstachtung, denn die Grundlage der Selbstachtung besteht normalerweise in der Achtung, die einem der Nachbar entgegenbringt.» (36) Er folgert weiter, dass der angehäufte Reichtum zur Schau gestellt werden müsse, denn Hochachtung wird erst seinem Erscheinen gezollt.

Mit dem Geld werden deshalb einmal jene Güter beschafft, die sich zur Schaustellung des gehobenen sozialen Status eignen: die Luxuswohnung, die Gemäldesammlung, der erlesene Schmuck der Dame des Hauses, die Limousine und das Sportcabriolet, die Yacht, der Jet, die Dienerschaft. In unseren Tagen zeigen die Mitglieder des Jet-set mit einem aufwendigen Lebensstil, dass sie zur gesellschaftlichen Elite gehören wollen. Und die Yuppies (Young urban professional people) und die Ultras (Ultra-Consumers) versuchen, sich durch den Kauf besonders herausstechender und aufwendiger Artikel vom Geschmack der grossen Menge abzusetzen und sich durch eine entsprechende Lebenshaltung die gewünschte Geltung zu verschaffen.

Das Bedürfnis nach Anerkennung wird aber nicht nur mit dem sichtbaren Konsum kostspieliger Güter und Dienste ausgelebt, sondern auch durch andere Demonstrationen von Besitz und Reichtum. *Veblens* Buch ist erstmals im Jahre 1899 erschienen; es hat jedoch bis heute nichts an Aktualität eingebüsst. Schon damals wurden Museen, Musiksäle, Universitäten, Lehrstühle, Bibliotheken und Altersheime gestiftet und, zu ihrem grösseren Ruhm und als Denkmal für die Nachwelt, mit den Namen der hochherzigen Stifter bekränzt. Heute ist die Sammlung von Kunstwerken der Malerei, die auf Auktionen, die selber schon gesellschaftliche Ereignisse darstellen, zu extrem hohen Preisen erworben und auch wieder verkauft werden, besonders beliebt. Oder dann werden einzelne vielversprechende Künstler «gesponsert». Ein weiteres wichtiges Tummelfeld für die Erringung von Prestige bietet der Sport. Man bringt seine Pferde auf die Bahn oder unterhält seinen Fussballclub oder stellt zumindest einzelne Spieler zur Verfügung.

Eine weitere Möglichkeit, um Anerkennung und Bewunderung zu erringen, besteht in der Ausübung einer erfolgreichen und womöglich spektakulären unternehmerischen Tätigkeit – es muss ja nicht gerade der Erwerb und die Errichtung von Hochhäusern, Luxushotels, Spielcasinos und Fluggesellschaften gleichzeitig sein. Die Soziologie hat dabei den Typ des «neuen Machers» entdeckt. Besonders bei vielen jungen Menschen ist an die Stelle von Besitz und Statusprestige das Aktionsprestige getreten. (37)

(5) Das Bedürfnis nach *Selbstverwirklichung*, in der Skala an fünfter Stelle aufgeführt, bringt zum Ausdruck, dass der Mensch die in ihm angelegten Kräfte entwickeln und einsetzen möchte. Dazu braucht er meistens auch Geld. Sei es für eine wirtschaftliche Tätigkeit, wie der Betrieb eines eigenen Geschäftes, oder zur Förderung der persönlichen Interessen und zur Pflege von Hobbys. Umgekehrt kann sich das Bedürfnis nach Selbstverwirklichung gerade darin äussern, dass der Mensch zu sich selber kommen will,

ohne demonstrativen Konsum und Besitz nötig zu haben, und dass er die einseitige Ausrichtung auf das Geld ablehnt.

Ein wesentliches Motiv vermisst man in dieser Reihe; das ist die *Ausübung von Macht,* das Bedürfnis, Einfluss auf andere auszuüben. Das Geld ist ein geradezu klassisches Instrument, um dieses Bedürfnis auszuleben.

Soviel zur Skala der Bedürfnisse. Sie sind sowohl rationaler als auch irrationaler Natur, bewusst und unbewusst. Und sie beziehen sich auf den Menschen für sich, aber auch auf seine Rolle in der Gesellschaft.

Zwischen den Bedürfnissen und dem Geld besteht nun eine *Wechselwirkung.* Die Befriedigung von Bedürfnissen setzt die Verfügbarkeit über Geld voraus, und umgekehrt schafft die Verfügbarkeit von Geld neue Bedürfnisse. Es scheint in der menschlichen Natur zu liegen, dass wir Mühe haben, mit dem Vorhandenen zufrieden zu sein, und stets nach neuen Ufern Ausschau halten müssen. *Maslow* folgert daraus, dass wir Menschen offenbar am besten funktionieren, wenn wir etwas anstreben, was uns fehlt. Für viele Menschen bestehe denn auch die einzig denkbare Definition eines sinnvollen Lebens darin, «etwas Wesentliches zu vermissen und darnach zu streben». (38) Der vermisste Gegenstand ist dann meistens das Geld.

Mit den Worten *Schopenhauers* tritt an die Stelle der Gegenstände der Lüste … der abstrakte Repräsentant aller dieser Gegenstände, das Geld. (39) Und bei *Simmel* steigert sich das Geld vom Mittel zum Zweck, wobei der Endzweck sozusagen nur eine Funktion oder eine Forderung sei, der die Tatsache verdichtet, «dass der Weg des menschlichen Wollens und Wertens ins Unendliche führt…». (40)

In der Unbegrenztheit der Bedürfnisse liegt im übrigen die Chance für die Experten von Marketing und Werbung. Sie versuchen mit aller Raffinesse, neue Bedürfnisse zu wecken. Das geht so weit, dass die Meinung entstehen konnte, der Konsument hätte als eigentlicher Träger des Bedarfes abgedankt und die Initiative den produzierenden und verteilenden Unternehmungen überlassen, welche das Verhalten der Verbraucher mit den Verführungskünsten der Werbung und Verkaufstechnik ihren eigenen Bedürfnissen anpassten. (41)

Mit zunehmender Bedürfnisbefriedigung kann sich aber eine allmähliche Sättigung in Form eines abnehmenden Grenznutzens der nachgefragten

Güter und Dienstleistungen bemerkbar machen. Je mehr unsere Bedürfnisse befriedigt sind, desto weniger trägt eine zusätzliche Versorgung zur Zufriedenheit und Erfüllung bei. Schliesslich kann es zu einer eigentlichen «Pathologie der Bedürfnisbefriedigung» kommen. (42) Viele Fälle von Reichen und Superreichen belegen, dass eine grenzenlose Bedürfnisbefriedigung Leere und Langeweile nicht verhindern kann, sondern nicht selten geradezu die Selbstzerstörung durch Alkohol und Drogen provoziert.

Motive des Geldtriebes

Die *Befriedigung der Bedürfnisse* der einzelnen Menschen und damit – wirtschaftlich gesprochen – der Haushalte ist das umfassendste Motiv für den Drang nach dem Geld, den Geldtrieb. Die Psychologie identifiziert verschiedene Motive, die bei der Bedürfnisbefriedigung am Werke sind, als angeborene Triebe: der Selbsterhaltungstrieb, der Geltungstrieb, der Machttrieb. Sie verschaffen sich als Bedürfnisse Geltung, die mit Vehemenz zur Erfüllung drängen und auf den «Geldtrieb» übertragen werden. Ich nehme aber nicht an, dass diese genetisch bedingten Triebe mit dieser Übertragung auch dem Geldtrieb einen genetischen Charakter verleihen würden. Es scheint mir vielmehr so zu sein, dass sie im Geld ein adäquates Medium zu ihrer Entfaltung finden und dem Drang nach dem Geld – eben dem Geldtrieb – eine besonders hohe Intensität vermitteln.

Die Bedürfnisbefriedigung kann *bewusster* und *unbewusster* Natur sein. Die Welt des Unbewussten teilt sich wiederum auf in die Bereiche des individuell und des kollektiv Unbewussten. Das individuell Unbewusste entwickelt sich in Verbindung mit den verschiedenen Bedürfniskategorien; wir streben auch unbewusst nach der Erfüllung entsprechender Wünsche.

Die *Psychoanalyse* greift zur Deutung der hier wirksamen Kräfte auf Muster des kleinkindlichen Verhaltens zurück. (43) Einige Vertreter dieses Wissenszweiges gehen sogar so weit, dass sie daraus eine umfassende psychoanalytische Geldtheorie entwickeln. (44) Gestützt auf die Gleichstellung von Geld bzw. Gold mit Kot durch *Freud* interpretieren sie die Attraktivität des Geldes als direkte Fortsetzung der Wertschätzung, die das Kind seinen Exkrementen entgegenbringt. *Freud* selbst beurteilt diese analerotische Wertung des Geldes allerdings als neurotisch und pathologisch; sie müsse überwunden werden, denn der Mensch könne nicht immer Kind bleiben. (45)

Im kollektiv Unbewussten sammeln sich gemeinschaftliche Erfahrungen, Wünsche und Vorstellungen im Umgang mit dem Geld. Hierher gehören auch die unzähligen Mythen, Märchen und Magien, in denen sich die Wünschbarkeit und Machbarkeit von Geld widerspiegeln.

Der Geldtrieb kann aber auch im *religiösen* Glauben begründet und gerechtfertigt sein. Vor allem in protestantisch-puritanischen Kreisen war die Meinung verbreitet, die Grösse des erreichten Besitzes und damit die Menge des erworbenen Geldes sei Ausdruck einer Gott wohlgefälligen Lebensführung. Noch heute finden sich hie und da Spuren dieser Mentalität, deren Deutung eng mit dem Namen von *Max Weber* verbunden ist. (46)

Und schliesslich ist es oftmals nicht einmal so sehr der angestrebte Besitz von Geld an sich, der den Geldtrieb mobilisiert, sondern der Prozess des Gelderwerbs und die Spannung, in die das *Spiel mit Risiko und Chance* versetzt. Es fordert die Kräfte heraus, und dies um so mehr, als der Gelderwerb in aller Regel Sinn macht. Selbst wenn ich es heute nicht brauche, weiss ich ja nie, wozu es morgen gut sein kann.

Angesichts der Macht und Vielfalt der Motive kann es nicht erstaunen, dass es vielen Menschen schwerfällt, ein angemessenes Verhältnis zum Gelderwerb zu finden. *Störungen* im Umgang mit dem Geld sind vorprogrammiert. Viele können nie genug davon bekommen; andere haben Mühe, sich davon wieder zu trennen. Dass in solchen Fällen infantile Erfahrungen mitbeteiligt sein können, ist naheliegend.

Alle diese Motive zusammen, physiologisch und sozial bedingte, rationale und irrationale, bewusste und unbewusste, lösen die geballte Kraft des Geldtriebes aus.

Wir haben den Geldtrieb umschrieben als den angelernten Drang nach Geld, der von der Notwendigkeit und Wünschbarkeit der Verfügung über Geld ausgelöst wird. Der Einfluss des Milieus ist so stark und allgegenwärtig, dass wir zur Beschaffung von Geld gleichsam «getrieben» werden. *Maslow* nimmt eine provozierende Position ein, wenn er die menschliche Natur als extrem formbar beurteilt und die These aufstellt, für Kultur und Umwelt wäre es ein leichtes, das genetische Potential zu vernichten oder doch zu vermindern.

(47) Wie dem auch sei: Dass die wirtschaftlichen und gesellschaftlichen Einflüsse unser Verhalten in hohem Masse dominieren können, lässt sich kaum bestreiten; und das Geld nimmt im Kreise dieser Kräfte eine herausragende Stellung ein.

Im übrigen bringen die Neurobiologen *Maturana* und *Varela* zusätzliches Licht in den Vorgang des Lernens. Sie warnen davor, diesen Prozess als Verinnerlichung des Milieus aufzufassen. Sie verstehen ihn vielmehr als strukturelle Koppelung zwischen der Arbeitsweise des Organismus und jener des Milieus, in welcher die Verträglichkeit zwischen den beiden Bereichen ununterbrochen aufrechterhalten wird. (48)

Der Geldtrieb wird aber, so stark er ist, durch andere Motive konkurrenziert, korrigiert und begrenzt.

Veblen sieht die Geschichte der westlichen Zivilisation gekennzeichnet durch den grundlegenden Konflikt zwischen dem aggressiven räuberischen Instinkt, der vorwiegend dem egoistischen Interesse dient und der – im Sinne des vorliegenden Konzeptes – vor allem im Geldtrieb zum Zuge kommt, und anderseits dem Bedürfnis nach nützlicher Arbeit, das allen Menschen eigen sei und das allein die Interessen der gesamten Gesellschaft fördern könne. (49)

Es gibt auch heute zahllose Repräsentanten von Tugenden wie Pflichtgefühl und Dienstbereitschaft oder von Freude an einer sinnvollen Arbeit, welche die oft provozierenden Manifestationen des reinen Geldtriebes mildern. Verschiedene Untersuchungen über Arbeitslose unserer Tage zeigen zudem, dass für sie nicht nur und oft nicht einmal so sehr die Einkommensfrage im Vordergrund steht, sondern dass sie vor allem den Lebensinhalt vermissen, den ihnen die Arbeit vermittelt, oder die Gliederung ihrer Zeit und die kollegialen Kontakte. Die Arbeit verhilft ihnen ebenso zu einem Selbstwertgefühl wie die Verfügung über Geld.

Schliesslich kann auch das kollektiv Unbewusste Gegenkräfte auslösen, die sich aus einem überbordenden Geldtrieb entwickeln. In diesem Sinne könnte man jene Psychohistoriker verstehen, welche in der Geldvernichtung durch Inflationen, Börsenzusammenbrüche und kriegerische Zerstörungen

Instrumente einer nötigen kollektiven Selbstbestrafung erblicken. (50) Darnach gehört es auch zu den Funktionen des Geldes, «Gift-Behälter» zu sein, in den wir unsere Schuldgefühle für allzu üppigen Genuss projizierten. Diese unerträglichen Schuldgefühle müssten in ungeheuren Vernichtungs- und Reinigungsritualen abgetragen werden. Diese Interpretation monetärer Unglücksfälle grossen Stils erinnert an das Klima christlich-puritanischer Askese oder an die biblische Institution des Hall-Jahres, nach der die Schuldner- und Gläubigerverhältnisse alle 50 Jahre aufgehoben werden, um einen Neubeginn zu ermöglichen. (51)

Erscheinungsformen des Geldtriebes

Der Geldtrieb meldet sich einmal bei den *einzelnen Menschen.* Er kann aber auch ganze *Gruppen* – Familien, Berufskollegen, Zweckverbände – erfassen. Und schliesslich wird er *institutionalisiert* in erwerbsstrebigen Unternehmungen und kollektiven Anlageorganisationen (Anlagefonds, Versicherungen, Pensionskassen), in denen sich der Geldtrieb der einzelnen Kapitalgeber, Einleger und Versicherten sammelt. Diese Institutionen stehen unter entsprechendem Erfolgszwang; sie müssen die «Performance» steigern, die Erwartungen ihrer Mitglieder erfüllen und im Konkurrenzkampf überleben. Das ist die Aufgabe der Manager, auf die der Geldtrieb der Teilnehmer übertragen wird und die in der heutigen Wirtschaft die zentrale Rolle spielen.

Die Logik des Systems verlangt nun vom Geldtrieb ein *rationales Handeln.* Und das heisst: Respektierung der geldwirtschaftlichen Spielregeln, Erfolg im Wettbewerb und Anhäufung von Geld. Rationales Handeln weckt die Vorstellung von Sachlichkeit, von Wissenschaftlichkeit, von nüchterner, emotionsloser Berechnung. Das ist es – zunächst – auch. Es ist eine instrumentelle Vernunft; sie wird als Instrument eingesetzt auf das eine Ziel hin: den Geldertrag zu steigern. In diesem Sinne wird geplant, kurzfristig und langfristig, in den Unternehmungen, aber auch in den Haushalten. Nach der Lebenszyklustheorie wird über einen ganzen Lebenszyklus hinweg eine bestimmte Einkommensgestaltung angestrebt.

Dieses Verhalten wird sanktioniert durch das Zeugnis der Propheten des wirtschaftlichen Liberalismus, welche das Glück der grössten Zahl verheissen, wenn sich nur jeder nach dem eigenen Vorteil richtet, und das heisst: nach dem höchstmöglichen Geldgewinn. Es wird zu einem Gebot der ökonomischen Vernunft, Gewinnchancen wahrzunehmen, wo immer sie sich bieten.

Die Dominanz des Geldtriebes steigert zusammen mit dem Zwang zum Erfolg im Wettbewerb das *eigennützige Interesse* und den Egoismus im Zusammenleben der Menschen. Eigennutz ist das Gegenteil von Gemeinsinn und Solidarität. Übertriebener Eigennutz bedeutet Kampf, Krieg, Beherrschung: der Mensch als des Menschen Wolf! Für viele ist das massive Übergewicht an Eigennutz in der menschlichen Gemeinschaft, das vom Geldtrieb ausgeht, ein Grund zu grossem Kummer und tiefer Abscheu. Aber es ist nicht nur schlecht. Es war *Keynes,* der darauf aufmerksam gemacht hat, dass das Ausleben des Geldtriebes (er nennt es: die Gelegenheit, Geld zu machen) als Ventil für Aggressionen heilsam sein kann, da sich diese sonst auf eine grausamere Weise Geltung verschaffen würden. (52)

Der Geldtrieb appelliert dabei über die Vernunft hinaus an die *Charaktereigenschaften* des Menschen und mobilisiert sie, handle er für sich allein, als Beauftragter oder im Kollektiv. Die Palette dieser Eigenschaften ist weit; sie umfasst alle Tugenden und Laster: Pflichtgefühl, Verantwortungsbewusstsein, Cleverness, Schlitzohrigkeit, Machttrieb, Rücksichtslosigkeit, Skrupellosigkeit. Die angesprochenen «räuberischen Instinkte», die vom Geldtrieb ausgehen, sind jedenfalls lebendig und verlangen, dass ein *gesetzlicher Rahmen* für die Einhaltung allgemein anerkannter Regeln der Sittlichkeit sorgt. Aber selbst im Rahmen der Legalität wird das sittliche Verhalten oft genug strapaziert. Gegen rücksichtslose Machtausübung und masslose Spekulation lässt sich mit gesetzlichen Mitteln meist nichts ausrichten.

Überblickt man den Umgang mit dem Geld im Laufe der *Geschichte,* so erhält man den Eindruck, dass es immer wieder Perioden eines ungezügelten Geldtriebes gab; denken wir an die Ausbeutung in der aufkommenden Industrialisierung oder zur Zeit der Kolonialisierung. Sie wechselten jedoch ab mit Phasen grösserer Zurückhaltung, sei es, dass der Respekt vor dem Geld, eine gewisse Scheu oder ein Schamgefühl eine grössere Rolle spielten oder dass es einfach an substantielleren Gelegenheiten zur Auslebung des Geldtriebes fehlte! Es fällt jedoch auf, dass sich der Geldtrieb noch nie in dieser Breite von bisherigen Hemmungen gelöst hat wie in den 80er Jahren unseres Jahrhunderts, der «Dekade der Gier»; der ungebremste und unverhüllte Geldtrieb ist gesellschaftsfähig, ja geradezu zum Gegenstand der Auszeichnung geworden.

Wie im geschichtlichen Verlauf zeigen sich wesentliche Unterschiede in der Manifestation des Geldtriebes in den *einzelnen Ländern.* Am unverblümtesten beherrscht er die Szene in den *Vereinigten Staaten von Amerika.* Das zeigt sich schon im Sprachgebrauch. «To make a dollar» ist das verbreitete Sinnbild für die grundlegende Motivation; «he is a million worth» definiert untrüglich die Position eines Menschen in der gesellschaftlichen Hierarchie. Es scheint, als ob die Amerikaner weniger von Rücksichten auf Kategorien, wie Kultur, Pflichterfüllung oder Dienstleistung, belastet würden als die Europäer oder die Japaner und sich dafür um so offener und ungenierter dazu bekennen, worauf es überall ankommt: zur umfassenden Geltung des allgemeinen Tauschmittels.

Das Ringen um den eigenen Vorteil bindet die Kräfte der Einzelnen in einem Masse, dass für ihr soziales Bewusstsein nicht mehr allzu viel übrigbleibt. Das soziale Netz ist dürftig, die Zahl der Obdachlosen beschämend, und die öffentliche Empörung darüber hält sich in Grenzen. Die Fixierung auf raschen Gewinn unter dem Einfluss der angebotsorientierten Wirtschaftspolitik von Präsident *Reagan* (Reagonomics) hat die Amerikaner in den 80er Jahren sogar daran gehindert, deutliche Alarmsignale in bezug auf ihr nationales Schicksal ernstzunehmen: die massive Verschuldung ihres Staatshaushaltes und ihrer Aussenwirtschaft, eine entsprechend hohe Abhängigkeit von den – meist japanischen – Gläubigern sowie die direkte Besitznahme einer grossen Zahl von bekannten Unternehmungen und repräsentativen Liegenschaften durch diese Gläubiger. Die Amerikaner mussten sich aber gerade von einem Japaner ins Gewissen reden lassen, ihre Fixierung auf kurzfristigen Profit könne ihre Wettbewerbsfähigkeit nur schwächen. (53) (In der Zwischenzeit ist ein erheblicher Teil des japanischen Kapitals in das Herkunftsland zurückgeflossen, was zu einem markanten Druck auf den Dollarkurs und zur Stärkung des Yen beigetragen hat.)

Im Vergleich mit den Vereinigten Staaten ist das Interesse am Geld in *Japan* nicht weniger dringlich; es bekundet sich indessen mit grösserer Distanz. Es ist in die massgebenden Strukturelemente von Gruppe und Gemeinschaft eingebettet. Die Chance zu einem besseren Leben liegt nicht so sehr beim Einzelnen und schon gar nicht in einem egoistischen Vordrängen, sondern im Kollektiv. Die Geschlossenheit der japanischen Gesellschaft hat ihre tiefen Wurzeln im Glauben an eine auserwählte Abstammung, der in der Shinto-Religion fortlebt. Er wird durch Loyalität und ritualisierte Lebensform nachhaltig gestützt.

Die führende Rolle der Kollektive hat sich auf eindrückliche Weise bestätigt durch die überwältigenden Erfolge der japanischen Wirtschaft, die sich in gewaltigen Überschüssen der Ertragsbilanz niederschlugen und Japan innert weniger Jahre zum grössten Gläubigerland der Welt werden liessen. Das hat dem nationalen Selbstgefühl enormen Auftrieb verliehen. In diesem Klima wird die Bedeutung des Geldes, über das man ohnehin reichlich verfügt, etwas heruntergespielt; jedenfalls hat die Auslebung des Geldtriebes mit der gebotenen Diskretion zu erfolgen.

Europa nimmt zwischen den Vereinigten Staaten und Japan eine mittlere Stellung ein. Die Europäer haben weniger Mühe als die Japaner, die dominierende Stellung des Geldes offen zu anerkennen. Anderseits zeigen sie sich resistenter als die Amerikaner gegenüber der Versuchung, das Geld als höchstes Ziel zu akzeptieren. Das war sogar in den 80er Jahren zu spüren, als der monetäre Geist mächtig nach Europa übergriff und im englischen Thatcherismus einen starken Vorposten besass. Offenbar entwickelt hier die Tradition der Ideen eine stärkere Widerstandskraft gegenüber dem ausschliesslichen Interesse am Geld.

Selbstbestimmung und Fremdbestimmung

Das Geld verschafft dem Menschen einen Aktionsradius an Tauschmöglichkeiten, der beinahe unbegrenzt ist. Damit gewährt es ihm die Chance freier Entfaltung, gesteigerter Individualität und hoher Lebensqualität. Es ist geradezu zum Sinnbild für individuelle Freiheit geworden. Dabei überlässt das Geld dem Menschen die Entscheidung, in welchem Masse er von dieser Freiheit Gebrauch machen und auf welche Weise er sich um den Gelderwerb bemühen will. Es trägt dazu bei, dass er die Gestaltung seiner Lebensverhältnisse *selber bestimmen,* seine Identität finden und ausleben kann. Zur Selbstbestimmung gehört aber auch die *Selbstverantwortung,* die bedeutet, dass jeder für sich und seine Angehörigen selber verantwortlich ist und niemandem zur Last fallen soll. Diese liberale Grundhaltung setzt in der hochgradig arbeitsteiligen Wirtschaft allerdings voraus, dass der Einzelne eine faire Chance hat, eine Erwerbsmöglichkeit zu finden.

Freiheit erfährt der Mensch noch in einem anderen Sinne. Er gehört zum grösseren Ganzen einer auf Tausch angelegten Gesellschaft. Mit der Einschaltung eines allgemeinen Tauschmittels haben sich die engen persönlichen Kontakte, wie sie sich in der naturalen Tauschwirtschaft zwangsläufig ergeben, weitgehend gelöst. Dementsprechend ist der Mensch von persönlichen Abhängigkeiten frei geworden. Das Geld verbindet ihn im Rahmen seiner Spielregeln in hygienischer Distanz mit seinen Mitmenschen.

Der Mensch ist in der Geldwirtschaft aber nicht nur *Subjekt;* er wird auch zum *Objekt,* da sie ihm ihre Spielregeln aufzwingt. Er muss sich nach diesen richten und sich vor allem und jederzeit über eine genügende Zahlungsfähigkeit ausweisen. Gelingt ihm das nicht und verstösst er gegen die Spielregeln, so wird er mitunter in brutaler Weise bestraft. Er kann nicht nur Hab und Gut verlieren, sondern auch sein Ansehen; er gilt nichts mehr und wird zur Unperson.

Diese Chancen und Zwänge sind so stark, dass es dem Menschen schwerfällt, ein angemessenes Verhältnis zum Geld zu finden. Die Versuchung ist gross, dass er sich an das Medium Geld verliert und es verabsolutiert. Nicht genug damit, ist er der Gefahr ausgesetzt, die geldwirtschaftlichen Spielregeln nicht nur zu akzeptieren, sondern sich mit ihnen zu identifizieren; er wird zu ihrem Produkt. Er passt sich dem Charakter der Geldwirtschaft bedingungslos an, der dadurch gekennzeichnet ist, dass alle tauschbaren Werte, Güter und Dienstleistungen, einschliesslich ihrer Qualität, auf das allgemeine Tauschmittel bezogen und auf ihre Verwertbarkeit reduziert werden; sie werden verdinglicht und versachlicht.

Der Mensch läuft dabei Gefahr, selber in diesen Prozess der umfassenden Verdinglichung einbezogen zu werden und in seinen eigenen Augen wie in der Meinung seiner Mitmenschen nur noch das zu sein, was er hat, also was er verdient und besitzt. Er wird allein nach seinem Einkommen und Vermögen und – in seiner Arbeit – nach seinem Beitrag zum erzielten Umsatz beurteilt und eingestuft. Damit hat die Fremdbestimmung durch das Geld wohl ihren letzten Ausdruck gefunden.

Das Geld gewährt dem Menschen beinahe unbegrenzte Freiheit. Gleichzeitig raubt es ihm die Freiheit, indem es ihn an die Spielregeln der Geldwirtschaft fesselt und dazu verleitet, sich vom Medium Geld vereinnahmen zu lassen.

Wie kann sich der Mensch unter einem solchen Druck seine Fähigkeit zur Selbstbestimmung bewahren und ein angemessenes Verhältnis zum Geld finden? Voraussetzung ist erstens, dass er die Bedrohung der Selbstbestimmung überhaupt wahrnimmt und als Gefahr und Mangel empfindet. Und zweitens muss ihm die Sicherheit seines Einkommens die Freiheit verschaffen, den überwältigend starken Zwängen und Versuchungen zu widerstehen; er muss sich den Widerstand leisten können.

7. Die Gesellschaft und das Geld

Einkommensverteilung und Gesellschaftsstruktur

Das Geld ist ein zentrales Mittel zur Organisation der Gesellschaft. Es übt gemeinschaftsbildende, integrierende Kräfte aus und kann anderseits eine Gesellschaft auflösen und zerstören. (54)

Die *gemeinschaftsbildende* Kraft stützt sich auf den gemeinsamen Geldgebrauch und das übereinstimmende Verhalten der Mitglieder einer Gesellschaft nach den Spielregeln von Geldwirtschaft und Wettbewerb. Die Einkommen werden in der gewählten Währung erwirtschaftet und ausgehandelt, die Preise für Güter und Dienstleistungen in deren Einheiten festgelegt, Forderungen und Verpflichtungen auf deren Basis eingegangen; das verbindet. Die gemeinsame Ausrichtung nach den geldwirtschaftlichen Spielregeln vermittelt dem Leben in der Gemeinschaft einen festen Rahmen. Ihre Kodifizierung in einer Rechtsordnung verleiht ihnen ein höchstmögliches Mass an Verbindlichkeit.

Damit bildet das Geld zugleich einen wichtigen Baustein der *nationalen Identität.* Der amerikanische Dollar, das britische Pfund, die Deutsche Mark und wie sie alle heissen, sind wichtige Symbole für die betreffenden Länder; sie beziehen alle Einwohner in das gemeinschaftliche Leben ein. Die gemeinsame Deutsche Mark war, abgesehen von den einkommensmässigen Konsequenzen, eine massgebende Grundlage der Wiedervereinigung der beiden deutschen Staaten im Jahre 1990. Viele der nach dem Zusammenbruch des früheren Ostblocks selbständig gewordenen Länder, wie die baltischen Staaten, die Ukraine, Slowenien, Kroatien u.a.m., legten grossen Wert auf die rasche Einführung einer eigenen Währung. Die Bereitschaft zur Übernahme einer einheitlichen Währung (Euro genannt) in den Mitgliedstaaten der Europäischen Union ist ein wichtiger Test für den Willen zu einem gemeinschaftlichen Europa.

Innerhalb der nationalen Gesellschaften kommt es aufgrund der Verteilung von Einkommen und Vermögen zur Bildung von *Klassen* oder *Schichten,* welche einer Gesellschaft ihre Struktur verleihen. Bevölkerungsgruppen mit gleichen oder ähnlichen Interessen schliessen sich zusammen, um ihre Errungenschaften in der Einkommensgestaltung und in ihrem Besitz und damit ihren Anteil an den Gütern dieser Welt zu verteidigen oder entsprechende Forderungen durchzusetzen. Aus der Verfolgung gemeinsamer materieller Interessen bilden sich eigene Mentalitäten, ideologische Überzeugungen sowie soziale und politische Verhaltensweisen. Je nachdem, ob die Schichten und Klassen in der ständigen Auseinandersetzung um die Einkommensverteilung zu den Bevorzugten oder Benachteiligten gehören, liegt ihnen an einer Bewahrung (= conservare) oder Veränderung der bestehenden Verhältnisse.

Das Geld kann anderseits *gemeinschaftsauflösend* wirken. Das ist vor allem der Fall bei Inflationen, die nicht mehr unter Kontrolle gehalten werden können; das Geld als Organisationsmittel funktioniert nicht mehr. Dann können ganze Bevölkerungsschichten, die ihr Eigentum in nominellen Geldwerten, beispielsweise in Staatspapieren, anlegten, ihre wirtschaftliche Grundlage verlieren und als gesellschaftliches Element untergehen. Bevorzugt sind anderseits jene Gruppen, die über Sachgüter verfügen, also die Produzenten, ihre Kapitalgeber und die Landbesitzer.

Daneben schafft das Geld über den Prozess der Einkommensbildung neue Konfliktmöglichkeiten. Übertriebene Unterschiede in den Einkommen können das Gemeinschaftsgefühl untergraben. In der früheren Sowjetunion versuchte der damalige Präsident *Gorbatschew* im Jahre 1989, die wirtschaftlichen Kader durch starke Lohnerhöhungen zu grösseren Leistungen anzuspornen. Das erlaubte es diesen im Unterschied zu der übrigen Bevölkerung, sich in der allgemeinen Versorgungsmisere auf dem Schwarzmarkt einzudecken. Es liegt nahe, dass sich diese einseitige Begünstigung eines Teils der früher einkommensmässig weitgehend gleichgeschalteten Bevölkerung demotivierend auf die übrigen Arbeitnehmer auswirkte und ihren Teil zum endgültigen Kollaps der sowjetischen Wirtschaft beigetragen hat. Nicht weniger provozierend wirkt heute das Auftreten verschiedener Gruppierungen von Neureichen in den Nachfolgestaaten.

Damit stellt sich die Frage: Wieviel Unterschied in den Einkommen und Vermögen kann eine Gesellschaft ertragen? Die Toleranzbereitschaft dürfte desto grösser sein, je grösser der Anteil der Bevölkerung ist, dem es gut geht und der bei einer Änderung der gesellschaftlichen Verhältnisse Verteilungsverluste riskiert. Dagegen werden sich jene Gruppen, die sich benachteiligt fühlen, zur Wehr setzen. Ihre Reaktion wird sich zumindest in der Verweigerung, in einem Nachlassen des Arbeits- und Leistungswillens äussern, also in einer Abnahme der Produktivität, die sich der Tendenz nach in einem Preisanstieg bzw. einer Geldentwertung niederschlägt.

Der Prozess der Einkommensverteilung vollzieht sich im System der Marktwirtschaft im Zusammenspiel von Geldtrieb und Wettbewerb. Die Initiative liegt beim Geldtrieb der Unternehmungen und der Selbständigerwerbenden. Sie müssen sich, um den erwünschten Ertrag zu erwirtschaften, im Wettbewerb behaupten. Die Aussichten der Lohn- und Gehaltsempfänger auf Einkommen sind vom Erfolg der Unternehmung abhängig. Dabei stehen sich Arbeitgeber und Arbeitnehmer als Parteien mit unterschiedlichen Interessen gegenüber.

In der *Frühzeit des Kapitalismus* waren die Unternehmer-Kapitalisten allmächtig. Sie konnten es sich leisten, ihren Arbeitnehmern nur gerade so viel an Lohn auszurichten, als diese zur Erhaltung ihrer Arbeitskraft brauchten; die Löhne bewegten sich an der Grenze des Existenzminimums. Die Empfänger der kargen Löhne mussten froh sein, überhaupt Arbeit und Einkommen zu finden. Daraus ergab sich das Bild einer einfachen, in *zwei Klassen* aufgespaltenen Gesellschaft. Nach *Marx* waren dies die Kapitalisten, welche über die Produktionsmittel verfügten, und das Proletariat, die abhängigen Lohnarbeiter, die sich unversöhnlich im Klassenkampf gegenüberstanden. Die Herrschaft der ersten Gruppe und die Ausbeutung der zweiten machten im wesentlichen die «Verhältnisse» aus, die nach seiner Meinung zur Selbstentfremdung der betroffenen Menschen führten und auf revolutionärem Wege abgeschafft werden mussten, damit die Ausgebeuteten frei werden konnten.

Diese gesellschaftliche Struktur hat sich entscheidend verändert. Die Einkommen der Arbeitnehmer und damit ihre Stellung in der Gesellschaft verbesserten sich grundlegend. Zu dieser Wende haben verschiedene Faktoren beigetragen.

Zunächst organisierten sich die Arbeitnehmer in *Gewerkschaften* und traten auf dem Arbeitsmarkt geschlossen als eine Macht auf, die ernstgenommen werden musste. Der frühere Wettbewerb zwischen den Arbeitnehmern um Arbeit und Einkommen wurde dadurch entscheidend eingeschränkt. In vielen Betrieben bildeten die Gewerkschaften zudem Betriebskommissionen, die bei der Gestaltung der Arbeitsbedingungen mitsprechen konnten.

Auf der anderen Seite sind viele grosse Unternehmungen *Publikumsgesellschaften* geworden, die von Managern geleitet wurden. An die Stelle der allmächtigen, oft wenig sozial denkenden Unternehmer-Patriarchen sind Funktionäre getreten, denen an möglichst reibungslosen Beziehungen zu den Mitarbeitern gelegen war. Die beiden Parteien begegneten und verstanden sich als «Sozialpartner». Zudem wurde mit der Entwicklung des sozialen Bewusstseins an Stelle von Konfrontation und Hierarchie mehr Gewicht auf Teamgeist, kooperativen Führungsstil und Mitbestimmung gelegt.

Mit dem technologischen Fortschritt und der allmählichen Verbreitung des Wohlstandes hat ferner eine markante *Verschiebung der Einkommensquellen* von der Landwirtschaft und später der Industrie auf den Dienstleistungssektor stattgefunden. Allein zwischen 1960 und 1994 ist der Anteil der Erwerbstätigen in den 25 Industriestaaten, die in der OECD (Organisation for Economic Cooperation and Development) zusammengeschlossen sind, in der Landwirtschaft von 21,6 auf 8,2% gefallen; in der Industrie ist er von 35,3 auf 27,5% zurückgegangen, im Bereich der Dienstleistungen dagegen von 43,1 auf 64,3% gestiegen. (55)

Begleitet wurde dieser Wandel von einer sprunghaften *Zunahme der Zahl der Unternehmungen.* Die Möglichkeiten, sich selbständig zu machen, den Geldtrieb direkt auszuleben und die Chancen im Wettbewerb wahrzunehmen, erweiterten sich mit dem wachsenden Wohlstand der Bevölkerung fortwährend.

Gleichzeitig sind viele *neue Berufe* entstanden, besonders mit dem Siegeszug der elektronischen Datenverarbeitung. Ausbildung und ständige Weiterbildung, Arbeit und Leistung gehören zum allgemeinen Lebensstil und stellen die selbstverständliche Voraussetzung für angemessene Einkommen dar. Mit den sich steigernden Ansprüchen an die berufliche Qualifikation sind die Aussichten auf eine Verbesserung der Einkommen nochmals günstiger geworden. Die erwerbstätige Bevölkerung fächert sich jedoch immer mehr in Untergruppen auf.

Die moderne Gesellschaft ist entsprechend *komplex* geworden. Die in Gesamtarbeitsverträgen ausgehandelten Löhne für die Angestellten und Arbeiter ganzer Wirtschaftszweige, grosser Unternehmungen und öffentlicher Körperschaften geben wohl einen allgemeinen Trend für die Einkommensverteilung an. Dabei nähern sich diese Löhne immer mehr der Mittelschicht an. Mit wachsendem Wohlstand und zunehmender sozialer Sicherheit schwächt sich aber das Bedürfnis nach Rückhalt in einer Gruppe, der man sich zugehörig fühlt, ab. Die früheren Proletarier, die eine Besserstellung nur über die Aufstiegschance ihrer Klasse erwarten konnten, werden immer mehr zu Bürgern, die ihre individuelle Chance erkennen und sie wahrnehmen. Die Grenzen zwischen den einzelnen Klassen und Gruppen verwischen sich und werden durchlässiger. Erscheinungen im übrigen, welche die Organisierungsbereitschaft der Arbeitnehmer deutlich schwächen und den Gewerkschaften das Leben schwermachen.

Es ist schwierig geworden, in der modernen Gesellschaft eine klare Schichtenbildung auszumachen. *Beck* spricht denn auch von einer «Nachklassengesellschaft». (56) Immerhin kann man unterscheiden zwischen einer Oberschicht der Reichen, einer Unterschicht der neuen Armut und einem weiten Feld der Mitte mit einem breitgestreuten Einkommensspektrum; ihm gehört heute in den Industrieländern der überwiegende Teil der Bevölkerung an.

Vom Sinn der Arbeit

Mit der Verbreitung des Wohlstandes und dem Ausbau der sozialen Sicherheit hat sich die Einstellung zur Arbeit gewandelt. Die Bedeutung der *Arbeit als Einkommensquelle* war zwar immer vorrangig und wird es immer sein. Arbeit ist notwendig, um den Lebensunterhalt zu bestreiten. Sie ist für die meisten Menschen das wichtigste und oft das einzige Tauschgut, das sie anzubieten haben, um im System von Geldwirtschaft und Wettbewerb zu Geld zu gelangen. Daneben treten jedoch noch weitere Motive der Arbeit in Erscheinung, die bereits kurz angesprochen worden sind und die je nach den Umständen die Hauptfunktion überdecken können.

Der Sinn der Arbeit kann in der *Pflichterfüllung* gesehen werden, aus welcher der Gelderwerb als verdiente Belohnung gleichsam von selbst entspringt. Von der ständischen Ordnung im Mittelalter, in der das Pflichtbewusstsein selbstverständlich war, über das protestantische Arbeitsethos im Gefolge der Reformation – ora et labora – bis zur Pflichtethik der Aufklärung haben alle wesentlichen gesellschaftlichen und geistigen Bewegungen der Neuzeit allen Nachdruck auf das Gebot der Pflichterfüllung gelegt.

Die Gewichte verschoben sich mit der industriellen Revolution und der Ausbreitung eines am Existenzminimum vegetierenden Proletariates, mit der Organisation der Arbeitnehmer in Gewerkschaften und dem Aufkommen der sozialistischen Ideologie. Diesen Institutionen und Bewegungen kam es vor allem darauf an, die Lebensbedingungen der Arbeiter zu verbessern, was nur über eine Erhöhung der Löhne geschehen konnte. Das *Geldmotiv* erhielt Priorität; dem Gebot der Pflichterfüllung und der Leistung tat das jedoch keinen Abbruch.

Heute ist die grosse Mehrheit der arbeitsfähigen Bevölkerung in den Industrieländern nach wie vor gezwungen, einer Arbeit nachzugehen, um die für den Lebensunterhalt erforderlichen Mittel zu beschaffen. Es geht dabei aber nicht mehr so sehr um das Überleben, sondern um besser zu leben, den erreichten Lebensstandard aufrechtzuerhalten oder zu erhöhen und am allgemeinen Wohlstand teilzuhaben. Eine Untersuchung über verschiedene «Soziotypen» in Deutschland hat gezeigt, dass die Entwicklung einer materialistischen und auf Sicherheit bedachten Gesinnung überwiegt; sie verbindet sich allerdings nicht mit einem entsprechend gestiegenen Arbeits- und Leistungswillen. (57) Das früher selbstverständliche Motiv der Pflichterfüllung und der ausgewiesenen Leistung macht immer mehr dem *Anspruchsdenken* Platz. In der Konsum- und Anspruchsgesellschaft wird der Beruf zum Job.

Daneben entfaltete sich ein Trend, der sich in der alternativen Bewegung der 60er Jahre ankündigte. Viele Arbeitnehmer geben einer Verkürzung der Arbeitszeit den Vorzug und nehmen dafür auch Einbussen in ihrem Einkommen in Kauf. Einzelne Vordenker der Gesellschaftslehre sehen (oder sahen?) bereits eine Ablösung der «*Geldkultur*» voraus, die vom Geldverdienen und Geldausgeben beherrscht wird, durch die «*Zeitkultur*», in der es darauf ankommt, mehr Zeit für sich selber zu haben, und in der die Frage wichtiger ist, wofür man lebt. (58) Es ist von der «Krise der Arbeitsgesellschaft» die Rede, in welcher die Erwerbsarbeit ihre dominierende Stellung als Strukturzentrum der Gesellschaft verloren und an die Ansprüche auf ein «gutes Leben» abgetreten hat. (59)

Die Widerstandskämpfer gegen das Leistungsprinzip mochten in ihren Motiven bestärkt worden sein durch die Auswüchse der Einkommensbildung: die masslosen Spitzeneinkommen und das auf clevere Weise rasch verdiente Geld. Ein Vergleich mit solchen Exzessen stellt in der Tat die Glaubwürdigkeit der Pflichterfüllung und der landesüblichen Entlöhnung für ehrliche Arbeit in Frage und unterminiert den Respekt vor dem Geld.

Auf diesem Hintergrund soll Arbeit nicht nur Fron sein, sondern *Spass* bereiten. (60) Wir scheinen also auf gutem Wege zu sein, von der bisherigen Arbeits- und Leistungsgesellschaft zur Spass- und Erlebnisgesellschaft zu werden – wenigstens solange eine einigermassen günstige wirtschaftliche Entwicklung und erträgliche Umweltbedingungen solche Phantasien erlauben und uns der Spass nicht vergeht.

Trotz dem Gewicht, das den verschiedenen weiteren Funktionen zugemessen werden kann, bleibt die Rolle der *Arbeit als Mittel für die Organisation der Einkommensverteilung* grundsätzlich dominierend. Das zeigt sich besonders deutlich, wenn der Arbeitsplatz gefährdet ist. Arbeitslosigkeit untergräbt das Selbstwertgefühl. Man wird nicht mehr gebraucht; man ist nicht fähig, die für den elementaren Lebensunterhalt benötigten Mittel aus eigener Kraft aufzubringen. Warum gehen die Kumpels wohl auf die Strasse, wenn ihre Zeche geschlossen werden soll? Etwa aus Spass an ihrer Arbeit? Erst recht ernst wird es jedoch, wenn sich die von Arbeitslosigkeit Betroffenen nicht auf ein genügendes soziales Auffangnetz verlassen können. Der Verlust des Arbeitsplatzes bedeutet dann nackte existentielle Not.

Bisher hat ein genügendes wirtschaftliches Wachstum als Garant für Beschäftigung und sichere Einkommen gegolten. Diese Rolle des Wachstums wird nun durch die sich ständig ausweitende Rationalisierung, Konzentration und Verlagerung der Produktion in Frage gestellt.

Wie soll aber in Zukunft die Arbeit organisiert werden, damit eine genügende Streuung der Einkommen gewährleistet wird, wenn die Wirtschaft mit immer weniger Arbeitsplätzen auskommt?

Der Ausweg über eine *Verkürzung der Arbeitszeit* liegt nahe: kürzere Wochenarbeitszeit, Teilzeitarbeit, Jobsharing, längere Ferien, frühere Pensionierung. Um dabei das Risiko ungenügender Einkommen auszuschliessen, werden diese Optionen oft mit dem Postulat nach einem vom Staate garantierten *Mindesteinkommen* begleitet. – Auf die wirtschaftlichen Aspekte dieser Vorschläge kommen wir später zurück; hier beschränken wir uns auf eine kurze Betrachtung ihrer gesellschaftlichen Konsequenzen.

Natürlich hat eine Verkürzung der Arbeitszeit ihre *positiven Seiten.* Der Mensch wird damit immer mehr von der Last der Arbeit, die schwer, sinnentleert und selbstentfremdend sein kann, befreit. Er gewinnt mehr Zeit für sich selber. Ist es nicht das, was wir uns im Grunde unter Fortschritt vorstellen und herbeiwünschen?

Doch hat die Verkürzung der Arbeitszeit ihren Preis. Er deutet sich vor allem in einer *neuen Spaltung der Gesellschaft* an. Auf der einen Seite finden sich die hochmotivierten Führungskräfte und die hochqualifizierten Fachleute, welche die Abgeltung ihrer Leistung in entsprechend hohen Einkommen erwarten. Ihnen stehen die übrigen Mitarbeiter gegenüber, die wohl über mehr Zeit verfügen, sich aber mit bescheideneren Aufgaben und Einkommen zufriedengeben müssen. Damit entsteht ein wachsendes *Missverhältnis zwischen Leistungsträgern und Mitläufern.*

Der Konflikt zwischen ihnen ist vorprogrammiert. Die Leistungsträger werden sich dagegen wehren, allzu sehr zur Kasse gebeten zu werden, um den Mitläufern ein menschenwürdiges Dasein zu ermöglichen. Die Mitläufer werden anderseits mit kritischen (und scheelen) Augen das Leben im Wohlstand der Leistungsträger beobachten. Es darf nicht übersehen werden, dass sich in dieser Gruppe nicht nur die «Zeitpioniere» befinden, die sich aus freien Stücken mit einer Schmälerung ihrer Einkommen abfinden; zu ihnen gehören ebenso alle jene, die sich unfreiwillig mit einer Mitläuferrolle begnügen müssen und die mit ihrem Schicksal nicht zufrieden sind.

Es verwundert denn auch nicht, wenn die linke Alternative eine Gesellschaftsspaltung in «vollberechtigte Dauerbeschäftigte und Ausgeschlossene» ablehnt. Sie unterstützt nicht einmal die von jeder Arbeit abgekoppelte Einkommensgarantie, sondern betont die «unauflösliche Verbindung zwischen dem Recht auf Einkommen und dem Recht auf Arbeit». (61) Sie legt offenbar nicht weniger Wert auf die Funktionen der Arbeit als Mittel der gesellschaftlichen Integrierung, der Identitätsfindung und Sinnerfüllung als auf ihre Rolle als Trägerin der Einkommensverteilung.

Die Ziele auf der einen Seite: Sicherheit des Einkommens, Anspruch auf ein gutes Leben, Recht auf Arbeit, Befreiung von der Fron der Arbeit. Und ihnen gegenüber die Realität der Gefahr zunehmender Arbeitslosigkeit und abnehmender Einkommenssicherheit. Statt zu einer Krise der Arbeitsgesellschaft im zitierten Sinne könnte es zu einer schwerwiegenden Krise der Einkommensverteilung kommen. Die Spannungen könnten dabei ein Ausmass annehmen, das der Vorstellung einer auseinanderfallenden Gesellschaft nahekommt.

Der Charakter der Gesellschaft

Versucht man, in der Vielfalt der Erscheinungen einen einheitlichen Charakter der Gesellschaft auszumachen, so scheinen dafür vor allem folgende Merkmale vorherrschend zu sein: (1) ihre freiheitliche Ausrichtung, (2) ihr materialistisches Wesen, (3) das eigennützige Verhalten ihrer Mitglieder und (4) die bestimmende Rolle dieser Elemente für den Verlauf des gesellschaftlichen Prozesses.

(1) Das Prinzip der Freiheit hat in dieser Gesellschaft einen zentralen Stellenwert.

Das System von Geldtrieb und Wettbewerb verlangt zu einem guten Funktionieren ein Höchstmass an Freiheit. Dieses Erfordernis deckt sich grundsätzlich mit dem Ziel einer offenen Gesellschaft. Das ist ein Ziel, das besonders nach den bitteren Erfahrungen mit den autoritären Systemen in unserem Jahrhundert nicht hoch genug eingeschätzt werden kann. Das Prinzip der Freiheit hat somit unter einem doppelten Aspekt einen zentralen Stellenwert. Es ist im Interesse einer humanen Gesellschaft ein ständiges und vorrangiges politisches Anliegen, und gleichzeitig bildet es die massgebende Bedingung für einen effizienten Verlauf der Selbstorganisation.

(2) Die Gesellschaft ist ihrem Wesen nach materialistisch.

In einer solchen Gesellschaft kommt alles darauf an, über Geld zu verfügen.

Wer kein Geld hat, wird an den Rand gedrängt und stürzt ab. Das wichtigste Ziel besteht deshalb darin, sich das benötigte Geld zu beschaffen. Und das geschieht, wie wir wissen, über den Einsatz des Geldtriebes und den Erfolg im Wettbewerb. Gelderwerb ist dabei nicht nur ein funktionales Erfordernis im Dienste einer ökonomischen Rationalität *(Parsons);* das Geld ist nicht nur eine Voraussetzung bürokratischer Herrschaft *(M. Weber)* oder ein Regulativ der bürgerlichen Gesellschaft zur Überwindung von Knappheit *(Luhmann)* oder ein Medium aus dem System der Wirtschaft *(Habermas).* (62)

Die Verfügung über Geld und damit der Gelderwerb ist in dieser Gesellschaft das wesentliche Ziel.

Die ökonomische Rationalität steht im Dienste dieses Zieles, nicht umgekehrt. Die gemeinsame Werteskala in der Gesellschaft wird vom Interesse am Geld dominiert. Nicht von Ideen, wie sie etwa die Französische Revolution mit ihren Postulaten der Freiheit, Gleichheit und Brüderlichkeit verkündet hat. Eine Gesellschaft, in welcher die Verfügung über Geld die Rolle ihrer Mitglieder bestimmt, ist aber in ihrem Kern materialistisch.

Die umfassende Geltung des materialistischen Prinzipes begegnet uns schon im äusseren Bild des gesellschaftlichen Lebens, jeden Tag und überall. Von morgens bis abends sind wir dem Einfluss der «geheimen Verführer» ausgesetzt, die dem Erfolg im Wettbewerb und damit dem Geldtrieb dienen. Werbung in den Städten auf Schritt und Tritt, Werbung auf den Landstrassen, in der Zeitung, im Radio und besonders im Fernsehen. Alle grossen Veranstaltungen, sei es im Sport oder in der Kunst, leben vom Sponsoring durch die Unternehmungen. Sie suggerieren durch ihre finanzielle Unterstützung ihre Nähe zu solchen Ereignissen und versprechen sich davon günstige Assoziationen, die den Absatz ihrer Produkte fördern sollen. Turniere und Meetings in allen Sportarten, aber auch die Aufführungen von Opern und Konzerten werden zu gewaltigen Geldmaschinen. Sie werden oft nur organisiert, um Gelegenheit zur Werbung zu erhalten und Geld zum Fliessen zu bringen; die Attraktivität der Veranstaltungen bürgt in unserer Spass- und Unterhaltungsgesellschaft für den Erfolg. Die Übertragungsrechte im

Fernsehen werden den Veranstaltern teuer bezahlt und über die Werbespots finanziert. Kunst und Sport werden in den Dienst von Wettbewerb und Gelderwerb gestellt.

Das Geld hat schon immer seine Herrschaft ausgeübt. Es gibt ganze Sammlungen von entsprechenden Zitaten, sei es aus der Bibel oder der Literatur aus allen Jahrhunderten. Doch erst in der neuesten Zeit sind die Manifestationen dieser Herrschaft geradezu explodiert. Das hat vor allem mit dem wachsenden Wohlstand breiter Schichten der Bevölkerung zu tun, der dem Ausleben des Geldtriebes immer neue Nahrung bot. Die Entwicklung des Fernsehens hat dann zu seiner allgegenwärtigen Zur-Schau-Stellung beigetragen. Die Ausbreitung des Geldtriebes ist dann durch den Zusammenbruch der Sowjetunion und das Verschwinden der weltpolitischen Polarisierung sowie durch die Öffnung aller Grenzen im Zuge von Deregulierung und Globalisierung erst recht gefördert worden.

Dazu kommt, wie bereits angedeutet, das Schwinden des Einflusses bisheriger Träger des geistigen Lebens, besonders der christlichen Kirchen. Ihr Rückzug hinterlässt ein zunehmendes Vakuum, in das die materialistischen Kräfte ungehindert einbrechen können. Die Vertreter der Kultur – von Literatur und bildender Kunst – sind in dieser Situation gespalten. Sie arrangieren sich, um zu überleben oder um gut zu leben, und überlassen die Aufgabe, für die Unversehrtheit ihrer Reservate zu sorgen, einzelnen Widerstandskämpfern.

(3) Die Gesellschaft wird durch das eigennützige Verhalten ihrer Mitglieder geprägt.

Geldtrieb und Wettbewerb steigern im System der Marktwirtschaft den Eigennutz und Egoismus seiner Teilnehmer zu einer hervorstechenden Charaktereigenschaft. Entsprechend eigennützig ist der Charakter der Gesellschaft. Jeder ist für sich selber verantwortlich; er hat die Chance und trägt das Risiko. Die Gesellschaft anerkennt den finanziellen Erfolg und applaudiert ihm. Solidarität wird der Einzelne, der sich um Gelderwerb bemüht, nur jenen Individuen und Gruppen gegenüber bekunden, die ihn in seinen materiellen Interessen unterstützen. In dieser Welt ist, so sagt man, kein Platz für übergreifende Loyalität und Gefühle. Wir begegneten uns in unpersönlichen Rollen, die im Drehbuch der Geldwirtschaft durch deren Spielregeln festgelegt sind; dadurch würden die Menschen sich selber und einander entfremdet.

Das Ziel, über Geld zu verfügen, ist so beherrschend, dass die Versuchung für viele zu gross ist, um des Geldes willen auch vor *kriminellen Handlungen* nicht zurückzuschrecken. Das zeigt sich etwa in der nicht abreissenden Kette von Korruptionsfällen und Finanzskandalen. Sie legen auch Zeugnis ab für die oft enge und fatale finanzielle Verflechtung von Wirtschaft und Politik. Das ist wohl das Bedenklichste an diesen Machenschaften, dass die Kräfte der organisierten Kriminalität die wirtschaftlichen Unternehmungen, aber auch die gesellschaftlichen und staatlichen Institutionen in verschiedenen Ländern immer mehr unterwandern.

Eine der frühen, heute aber nicht weniger aktuellen Formen des Verbrechens besteht in der Quasi-Gewährung von Schutz gegen Bezahlung von Schutzgeld; ohne die euphemistische Umschreibung heisst das schlicht Erpressung. Sie ist eine der Grundmethoden der organisierten Kriminalität. In den Vereinigten Staaten hat dann die Mafia besonders durch die Prohibition, das ab 1917 geltende Alkoholverbot, und ihre Umgehung starken Auftrieb erhalten. Und heute sitzen die Mafia, die Yakuza, die Triaden und andere Gruppen und Gangs fest im Sattel. Nach den Schätzungen des Deutschen Bundesnachrichtendienstes soll sich der weltweite Jahresumsatz an illegal erworbenen Geldmitteln im Jahre 1992 auf rund 500 Milliarden Dollar belaufen haben; die Hälfte davon stammte aus dem Drogenhandel. (63) Der Geldtrieb animiert die Kriminalität; sie gehört geradezu zum System.

Wer könnte bestreiten, dass es alle diese Erscheinungen gibt und dass man sie tief bedauern muss, wenn man vom Bild einer humanen Gesellschaft ausgeht? Und doch: Die Gesellschaft erschöpft sich nicht in solchen fragwürdigen und abstossenden Aspekten. Sie eröffnet ihren Mitgliedern ebenso grosse Chancen. Sie ermöglicht ihnen die Entfaltung von Individualität und Autonomie; sie führt sie zum Wohlstand und erleichtert den zwischenmenschlichen Kontakt im Tauschverkehr. Zugegeben, sie stellt eine abstrakte und weitgehend wertneutrale Plattform dar. Sie ist aber auch eine weiträumige und tragfähige Bühne für das grosse Welttheater, in dem Moral, Gewissen, Dienstbereitschaft und Solidarität ebenso vorkommen wie Unmoral, Kälte und Ausbeutung.

(4) Materialismus und Egoismus bestimmen den gesellschaftlichen Prozess.

Wer über genügend Geld verfügt, ist in der geldwirtschaftlich orientierten Gesellschaft oben. Er befiehlt und übt Macht aus. Im Gegensatz zu einer feudalistischen Ordnung ist die Hierarchie dieser Gesellschaft nicht von Geburts wegen abschliessend geregelt, auch wenn Vermögen, Macht und Stellung in der Regel in der eigenen Familie vererbt werden. Sie ist vielmehr grundsätzlich für alle offen. Aufsteigen können die Tüchtigen wie die Skrupellosen, einzelne wie ganze Gruppen; sie können aber auch wieder abstürzen. Der gesellschaftliche Prozess ist dynamisch und *selektiv.*

Der gesellschaftliche Aufstieg setzt einen starken Geldtrieb sowie den Willen und die Fähigkeit zum Erfolg im Wettbewerb voraus. Wenn sie fehlen, ist die Einteilung oder Relegierung in die Liga der Mitläufer oder dann die Verbannung in die Armut unvermeidlich. Man mag sich in diesem Zusammenhang an *Darwin* und *Spencer* erinnern, welche das Überleben der Starken und das Ausscheiden der Schwachen im Existenzkampf als naturbedingt und notwendig betrachtet und propagiert haben. In der Tat weisen so alltägliche Erscheinungen, wie der sich weiter zuspitzende Verdrängungswettbewerb, die Schliessung und Übernahme von Unternehmungen, der Abbau von Arbeitsplätzen aufgrund von forcierter Rationalisierung und – eben – die Ausscheidung zwischen Leistungsträgern, Mitläufern und Ausgestossenen unverkennbare Züge von *sozialem Darwinismus* auf.

Der dynamische Prozess ist aber auch von *Bremsen* durchsetzt. Nicht alle Mitglieder der Gesellschaft haben die gleichen Startbedingungen; Ausbildungsmöglichkeiten und Startkapital sind ungleich verteilt. Und wer einmal oben ist, wird mit allen Mitteln versuchen, seinen Platz zu halten. Individuen und Unternehmungen trachten darnach, ihre Stellung durch Unterbindung des Wettbewerbes und den Kampf gegen zu weitgehende Abgaben an den Staat zu verteidigen. Die Gesellschaft ist damit offen und dynamisch, gleichzeitig aber auch verkrustet.

Zunehmend kritisch wird die Lage für alle jene, die das Geld vorwiegend als Instrument zur Bedürfnisbefriedigung betrachten wollen. Sie sehen sich vor die Wahl gestellt, entweder mitzumachen, ihren Geldtrieb zu mobilisieren und sich dem Wettbewerb zu stellen, oder sich mit einer Mitläuferrolle zu begnügen. Ein Dosieren in dem Sinne, dass sie den Geldtrieb und

Wettbewerb nur so weit ausleben, als zur Befriedigung ihrer Bedürfnisse gerade notwendig ist, wird immer schwieriger. Allzu oft heisst es: Voll mitmachen oder verzichten. Diese schwierige Wahl, welche die meisten wohl spüren, nicht aber bewusst erkennen, ruft empfindliche Reaktionen hervor. Sie entladen sich mit Vorliebe im Zorn auf die unfähigen Politiker.

Gesellschaft und Politik

Das Bild der Gesellschaft wird nun durch die staatliche Politik ergänzt und korrigiert. Die Gesellschaft hat dem Staat die Aufgabe übertragen, das Zusammenleben ihrer Mitglieder über gemeinschaftliche Regeln zu ordnen, und sie hat ihm die nötige Macht verliehen, um entsprechende Entscheidungen durchzusetzen. Im Katalog der staatlichen Aufgaben haben dann auch die Ideen und Werte von Gerechtigkeit und Solidarität, die zusammen mit dem Prinzip der Freiheit eine humane Gesellschaft ausmachen, grundsätzlich ihren Platz.

Wie weit diese Werte realisiert werden und welche konkrete Gestalt sie annehmen, ist in der modernen Demokratie Gegenstand der täglichen politischen Auseinandersetzung. In der öffentlichen Diskussion sowie in Wahlen und Abstimmungen setzen sich jene Forderungen durch, die von der Mehrheit der Bürger als notwendig und richtig empfunden werden.

Dabei zeichnet sich allerdings immer deutlicher ab, dass die Handlungsfähigkeit der nationalen Staaten vorab in Europa mit dem weltweiten Zusammenwachsen der Märkte (Globalisierung) untergraben wird. Die Ausweichsmöglichkeiten von international ausgerichteten Unternehmungen wie von Privatpersonen und die Schwächung des heimischen Arbeitsmarktes beeinträchtigen das Steuerpotential und zwingen die Staaten, sich nach der Decke zu strecken. Damit schrumpft aber auch der Spielraum, um den Werten der Gerechtigkeit und Solidarität Geltung zu verschaffen.

8. Der Staat und das Geld

Die Aufgaben des Staates

Zu den Aufgaben des Staates gehört es in erster Linie, dass er einen *Ordnungsrahmen* errichtet und durchsetzt, eine Rechtsordnung, in welcher die Menschen so reibungslos wie möglich zusammenleben können. Dabei geht es darum, ein optimales Verhältnis zwischen der Freiheit der einzelnen Bürger und der staatlichen Ordnung zu finden. So viel Freiheit wie möglich, so viel Ordnung wie nötig.

Darüber hinaus fällt dem Staat die Aufgabe zu, für die *Sicherheit und das Wohl* seiner Bürger besorgt zu sein. Das Gebot der Sicherheit umfasst die Aufrechterhaltung der öffentlichen Ordnung, die Wahrung der Menschenrechte und der Schutz der physischen Existenz seiner Bewohner; dazu kommt die militärische Verteidigung gegen Angriffe von aussen. Der Auftrag, das Wohl seiner Bürger zu fördern, ist demgegenüber ein weites und umstrittenes Feld.

Das System der Marktwirtschaft stützt sich, wie wir wissen, auf die Selbstorganisation durch Geldtrieb und Wettbewerb.

> Es liegt deshalb nahe, der Selbstorganisation im Sinne des Subsidiaritätsprinzipes soviel wie möglich zu überlassen und von Staates wegen nur dort einzugreifen, wo die Aufgaben im allgemeinen Interesse sonst nicht zu lösen sind.

Wenn nun der Geldtrieb bei der Erfüllung dieser Aufgaben zu wenig Anreiz findet, weil sie zu wenig interessant erscheinen, oder wenn der Geldtrieb einseitig animiert wird, dass er sich auf die ertragsmässig attraktiven Aufgaben konzentriert und die Versorgung im übrigen vernachlässigt, dann ist es Sache des Staates, dafür zu sorgen, dass die entsprechenden Lücken geschlossen werden.

Im öffentlichen Interesse liegt sicher eine genügende Grundversorgung, zu der ein ausreichendes Angebot an Nahrung, Kleidung und Wohnungen, eine fortschrittliche Ausbildung, eine verlässliche gesundheitliche Betreuung, die Bereitstellung wesentlicher Teile der Infrastruktur sowie die Errichtung eines sozialen Auffangnetzes für die Bedürftigen gehören. Weitere Aufgaben kommen dazu, wie der Schutz der natürlichen Umwelt.

Die *Praxis der staatlichen Tätigkeit* geht heute jedoch weit über das hinaus, was vom Staat dringend geleistet werden müsste. Das ist bis zu einem gewissen Grade auch verständlich. Während der langen Zeit, in der sich der Wohlstand allmählich in die Breite entwickelte, musste die Grundversorgung gesichert werden. Darüber hinaus hat der Staat die verschiedenen Wirtschaftszweige mit Subventionen, Preisfestsetzungen, Steuervergünstigungen, Schutz an der Grenze und Exportbeihilfen unterstützt. Deren Schicksal kann ihm auch nicht gleichgültig sein, denn von ihrer Entwicklung hängt eine genügende Einkommensbildung und -verteilung ab. Gleiches gilt für die staatliche Hilfe zur Überwindung konjunktureller Wellentäler und bei strukturellen Schwächen einzelner Branchen und Regionen.

Unter dem Druck einer übermässigen staatlichen Verschuldung und auf dem Hintergrund eines allgemeinen Deregulierungsdranges wird dieses Mass an staatlicher Tätigkeit gegenwärtig jedoch in Frage gestellt. Über viele Länder geht geradezu eine *Privatisierungswelle* hinweg. Diese Versuche stützen sich auf die Erwartung, dass die Aussicht auf den notwendigen Gewinn, also der Geldtrieb möglicher privater Betreiber, für einen effizienteren Einsatz der wirtschaftlichen Mittel sorgen wird, als dies der öffentlichen Verwaltung gelingt. Dazu kommt, dass die Kontrolle der Erledigung solcher Aufträge der öffentlichen Hand leichter fällt, wenn sie nicht auch noch für ihre Durchführung verantwortlich ist.

Die Privatisierungswelle macht auch nicht vor Bereichen der Infrastruktur halt, die man bisher wie selbstverständlich der Zuständigkeit des Staates bzw. der Gemeinden zuordnete, wie die Wasserversorgung oder die Abfallentsorgung. Doch soll die periodische Ausschreibung solcher Aufträge den nötigen Wettbewerb unter den Interessenten gewährleisten; schliesslich wird ja die Beseitigung besonders gefährlicher Abfälle schon bisher meist privaten Betrieben überlassen. Um eindeutig unternehmerische Aufgaben würde es sich bei der Übernahme von Betrieben, wie der Telecom, den Eisenbahnen oder der Elektrizitätsversorgung, handeln.

Ein besonders heikles Kapitel staatlicher Aufgaben bildet die Korrektur der Verteilung des Volkseinkommens, die *Umverteilung*. In der Marktwirtschaft gibt es verschiedene Randgruppen, die bei der Einkommensverteilung leer ausgehen oder eindeutig zu kurz kommen und die Hilfe brauchen. Das gilt vor allem für jene Menschen, die infolge von Alter, Krankheit, Behinderung oder aus einem anderen Grunde zur Erwerbsarbeit nicht fähig sind. In wachsendem Masse kommen nun jene Menschen dazu, die über eine kürzere oder längere Frist trotz ernsthafter Anstrengung keine Arbeit finden können. Es ist ein elementares Gebot zwischenmenschlicher Solidarität, diesen Benachteiligten eine einigermassen menschenwürdige Existenz zu sichern.

Die Praxis der Umverteilung geht aber vielfach über dieses Ziel hinaus. Es soll etwa die gewohnte Lebenshaltung gesichert und versichert werden. Oder es werden ganze Gruppen begünstigt, ohne dass die Bedürftigkeit der einzelnen Mitglieder beachtet würde. Und vielfach kommt die Unterstützung gar nicht jenen Kreisen der Bevölkerung zugute, die eigentlich begünstigt werden sollten. Die entsprechenden Ausgabenbeschlüsse müssten, auch wenn sie von ihrem ursprünglichen Motiv her noch so überzeugend erscheinen, periodisch und kritisch überprüft werden. Auch die wertvollsten Bäume treiben laufend neue Äste und gewinnen an Qualität, wenn sie im Herbst geschnitten werden.

Die Gründe für das Ausufern der staatlichen Tätigkeit liegen aber nicht nur im Bestreben, eine Grundversorgung sicherzustellen, die bedürftigen Mitglieder der Gesellschaft zu unterstützen und der Wirtschaft einen minimalen Schutz zu gewähren, damit sie die Arbeitsplätze und eine umfassende Einkommensverteilung aufrechterhalten kann.

> Der mächtige Topf staatlicher Gelder, die in unzählige, schwer zu überblickende grosse und kleine Kanäle geleitet werden, reizt den Geldtrieb verschiedenster Interessengruppen.

Sie machen Jagd auf staatliche Subventionen, Bürgschaften, Verlustübernahmen und Aufträge. Nicht zu reden von den kriminellen Beutezügen, den Betrügereien und Bestechungen, die praktisch in allen Ländern wie in überstaatlichen Organisationen immer wieder für Skandale und Aufregung sorgen.

Ein nicht geringer Teil der angedeuteten Übermarchungen hat mit dem *demokratischen System* zu tun. Es liegt in der Natur kollektiver Entscheidungen (public choice), dass der Konsens in Regierung und Parlament vielfach nur über Gegengeschäfte zustande kommt und den Staat mehr in Anspruch nimmt, als unbedingt notwendig wäre. Den gleichen Effekt hat die Rücksichtnahme auf die Wähler. Die Gewählten müssen Erwartungen, die sie durch Herkunft und Versprechen geweckt haben, erfüllen und sich für erwiesene Dienste – die Wahl oder Wahlspenden – erkenntlich zeigen. Dabei denken die politischen Akteure bereits an die nächste Wahl; sie wollen ja wiedergewählt werden. Und schliesslich trägt auch die Bürokratie zum Wachstum der staatlichen Tätigkeit bei mit ihrer Neigung, ihren Einfluss ständig zu erweitern und ihre Unentbehrlichkeit zu bestätigen.

Dazu kommt, dass alle Ausgabenbeschlüsse auf dem Hintergrund voneinander abweichender *politischer Glaubensbekenntnisse* getroffen werden. Während das liberale Staatsverständnis einen minimalen Staat fordert, steht im sozialistischen Konzept das Ziel des Interessen- bzw. Einkommensausgleichs im Vordergrund. Ein starker staatlicher Einfluss vermag die Anhänger dieses Glaubens nicht zu erschrecken, im Gegenteil.

Es ist schwierig, diesem *Teufelskreis* Einhalt zu gebieten. Der frühere amerikanische Budgetdirektor *David Stockman* hatte 1981 sein Amt mit der Absicht einer umfassenden Bereinigung der Ausgaben angetreten; er musste jedoch – in einer republikanischen Regierung! – mit wachsendem Entsetzen den «Triumph der Politik» erleben. (64)

Das Gebot der Haushaltsdisziplin

Die Tätigkeit des Staates stösst nun früher oder später an *Grenzen;* er kann sich nicht alles leisten. Diese Grenzen werden gezogen durch das Gebot eines *ausgeglichenen Finanzhaushaltes* und durch die *Tragbarkeit der Steuern,* mit denen die Aufgaben auf weite Sicht finanziert werden müssen.

Der Staat muss sich grundsätzlich ebenso an die *Spielregeln der Geldwirtschaft* halten wie alle seine Bürger. Die Ausgaben dürfen auf die Dauer nicht höher sein als die Einnahmen und die Schulden nicht grösser als das Vermögen. Allerdings bezeichnet der Hinweis auf den «grundsätzlichen» Charakter dieses Gebotes eine wesentliche Einschränkung. Ein ausgeglichener Haushalt muss kein kurzfristiges Ziel sein. Der Staat verfügt über verschiedene Möglichkeiten, die ihm im Vergleich mit Privatpersonen mehr *Flexibilität* in seinem Finanzhaushalt erlauben. Er kann sich einen zusätzlichen finanziellen Freiraum schaffen, indem er (1) weitere Steuern einfordert, (2) Kredite aufnimmt oder (3) auf dem Instrument der Inflationierung spielt.

In Anbetracht dieser Möglichkeiten der finanziellen Flexibilität ist die Versuchung gross, in der Ausgabenpolitik die Zügel etwas schleifen zu lassen. Kein Staat kommt indessen auf die Dauer ungestraft um eine genügende Haushaltsdisziplin herum. Keine Tricks führen letztlich an der Gültigkeit der geldwirtschaftlichen Spielregeln vorbei.

(1) Es stimmt zwar, dass der Staat über die *Steuerhoheit* verfügt und weitere Steuern erheben kann, um seine Einnahmen zu steigern. Er wird auch darauf achten, mögliche Lücken in der vertretbaren Besteuerung zu stopfen, handle es sich um offensichtliche Lücken in der geltenden Gesetzgebung oder die chronischen Lücken bei der Ausführung der Gesetze (Steuerhinterziehung).

Es gibt jedoch für die steuerliche Belastung ein Optimum, das nicht überschritten werden darf, wenn nicht die Selbstorganisation der Wirtschaft darunter leiden soll. Es kommt der Punkt, wo die steuerliche Belastung den Geldtrieb so weit lähmt, dass die Unternehmungen in ihrer Investitionstätigkeit nachlassen, ihre Betriebe ins Ausland verlegen oder in die Schattenwirtschaft ausweichen und die Haushalte ihr Arbeitsangebot abbauen. In allen diesen Fällen gehen die Steuereingänge zurück.

Allerdings ist die Wirkung auf den Geldtrieb unterschiedlich, je nachdem es sich um direkte oder indirekte Steuern handelt. Die indirekten Steuern auf dem Umsatz treffen alle Beteiligten in gleicher Weise, unbekümmert um ihre individuelle Einkommens- und Vermögenssituation. Die direkten Steuern belasten dagegen die Steuerpflichtigen nach ihrem Einkommen und Vermögen. Der Tarif erhöht sich vielfach mit steigenden Veranlagungswerten in progressiver Weise. Um den Geldtrieb zu schonen, wird für die Unternehmungen oft aber auch eine proportionale Gewinnsteuer gewählt. Zudem kann über eine entsprechende Veranlagungspraxis besondere Rücksicht auf die jeweiligen Verhältnisse genommen werden. In diesem Sinne spielt es etwa eine grosse Rolle, ob Abschreibungen vom steuerbaren Ertrag abgezogen oder ob Erträge mit früheren Verlusten verrechnet werden können.

(2) Fehlbeträge im Staatshaushalt lassen sich in einem gewissen Umfange durch *Kredite* überbrücken. Der Spielraum hiefür geht im Hinblick auf die Möglichkeit zusätzlicher Steuern viel weiter als bei privaten Schuldnern. Es ist meistens auch nicht notwendig, dass die Kredite bei Verfall zurückbezahlt werden; sie können erneuert und auf künftige Generationen überwälzt werden.

Doch hat auch die Kreditaufnahme ihre Grenzen. Mit der Anhäufung von Schulden steigt die jährliche Belastung des Staatshaushaltes durch die Zinsen. Das ist erst recht der Fall, wenn die Zinssätze aufgrund einer veränderten Marktlage steigen. Es kommt alles darauf an, eine zu weitgehende Kumulierung des Schuldendienstes zu vermeiden. Sonst ist der Staat eines Tages nicht mehr in der Lage, die fälligen Zinsen zu bezahlen; er wird zahlungsunfähig.

Solche Beispiele sind uns leider aus der jüngeren Vergangenheit von der internationalen Schuldenkrise Anfang der 80er Jahre, dem Nachbeben der Mexiko-Krise von Ende 1994 sowie von den Nachfolgestaaten des früheren Ostblockes her wohlvertraut. In einem solchen Fall muss zwischen Schuldnern und Gläubigern verhandelt werden, um die Fristen der fälligen Zahlungen zu erstrecken. Oft geschieht das aber nur um den Preis, dass die Schuldnerländer bis auf weiteres keine neuen Kredite mehr erhalten, wodurch sich ihre Entwicklung häufig in dramatischer Weise verschlechtert.

(3) Eine grosse Versuchung für geldhungrige Staaten liegt im *Rückgriff auf den Kredit der Notenbank;* man druckt einfach mehr Geld. Eine leichte Inflation kann auf die Wirtschaft in der Tat belebend wirken wie eine Droge. Sie regt die Konjunktur an, erhöht die Steuereinnahmen und senkt das lastende Gewicht der Schulden. Das Rezept der Defizitfinanzierung durch Notenbankkredit ist von den konjunkturtheoretischen Therapeuten aus dem

Lager von *Keynes* denn auch geradezu als Tugend empfohlen worden. Nach der Packungsbeilage zu dieser Arznei sind als Folge einer entsprechenden wirtschaftlichen Belebung höhere Steuereingänge zu erwarten, welche die Rückzahlung der eingegangenen Schulden erlauben.

Das Unglück ist nur, dass es selten bei der leichten Inflationierung bleibt; die Droge macht süchtig und verlangt nach immer stärkerer Betäubung. Die Defizitfinanzierung über den Notenbankkredit war denn auch die hauptsächliche Ursache der grossen Inflationen. Die Schulden werden durch die Geldentwertung gleichsam entmaterialisiert – meist auf dem Buckel der loyalen geldgebenden Bürger, für deren Wohl der Staat an sich zu sorgen hätte! Das ist die andere Form des Staatsbankrottes.

Der Respekt vor den geldwirtschaftlichen Spielregeln und der Stabilität des Geldwertes bildet zusammen mit der gebotenen Rücksichtnahme auf die mögliche Selbstorganisation der Wirtschaft den abschliessenden Rahmen für die staatliche Tätigkeit.

In diesem Rahmen hat die tägliche politische Auseinandersetzung darüber zu entscheiden, wie weit die Ansprüche der verschiedenen wirtschaftlichen und gesellschaftlichen Gruppierungen befriedigt werden können und wie die Prioritäten zu setzen sind.

Das Ausmass, in dem die verschiedenen Aufgaben in einem Land wahrgenommen und die gestellten Ansprüche erfüllt werden, schlägt sich in seiner *Staatsquote* nieder, im Anteil der staatlichen Leistungen am Bruttoinlandprodukt. Alle Staaten der westlichen Welt sehen sich mit der leidigen Tatsache konfrontiert, dass sich diese Quote im Laufe der Jahre ständig ausgeweitet und eine Grössenordnung erreicht hat, die alarmierend wirkt. Der Anteil der Staatsausgaben der 25 Industrienationen, die in der OECD zusammengeschlossen sind, an ihrem Bruttoinlandprodukt hat sich von 28% im Jahre 1960 auf 51% im Jahre 1994 erhöht. (65) In einzelnen Ländern steigt die Quote auf 70%. Es will offensichtlich nicht gelingen, bei den Ausgabenentscheidungen die nötige Disziplin einzuhalten. Die Europäische Union (EU) schreibt unter dem Eindruck dieser unaufhaltsam scheinenden Entwicklung ihren interessierten Mitgliedstaaten als Bedingung für die Aufnahme in die geplante Europäische Währungsunion (EWU) vor, dass das jährliche Budgetdefizit die Grössenordnung von 3% und die gesamte Verschuldung eine solche von 60% des Bruttoinlandproduktes nicht übersteigen darf.

Die Kluft zwischen Geld und Gütern

9. Das erforderliche Gleichgewicht zwischen Geld und Gütern

Stabiler Geldwert als Ausdruck des Gleichgewichts

Die *dritte Konsequenz* der Einschaltung eines allgemeinen Tauschmittels in den Tauschverkehr besteht darin, dass die naturalwirtschaftliche Einheit des gütermässigen Tauschvorganges, der gegenseitige Tausch von Waren und Dienstleistungen, aufgelöst wird. Die Güter werden nicht mehr gegen Güter, sondern gegen Geld getauscht. Und dieses Geld kann auf irgendwelchen anderen Märkten, an jedem beliebigen Ort und zu jedem Zeitpunkt eingesetzt werden. Dadurch wird der Tauschverkehr in die Geld- und die Güterseite aufgespalten; zwischen ihnen entsteht eine Kluft. Es geht nun darum, diese Kluft zu überwinden und die beiden Seiten in ein Gleichgewicht zu bringen.

Im Tausch von Geld und Gütern sind die beiden Seiten über die *Preise* miteinander verbunden. Die Preise widerspiegeln, in welchem Verhältnis Geld und Güter zueinander stehen. Die Entwicklung des allgemeinen Preisniveaus (bezogen auf die Konsumentenpreise oder die Grosshandelspreise) signalisiert, wie weit zwischen ihnen ein Gleichgewicht erreicht ist bzw. wie weit sie auseinanderliegen.

> Die Geld- und die Güterseite befinden sich im Gleichgewicht, wenn das allgemeine Preisniveau stabil ist.

Stabile Preise bedeuten, dass mit der gleichen Menge Geld die gleiche Menge Güter gekauft werden kann; der Wert des Geldes bleibt sich gleich. Jedes anhaltende Steigen oder Fallen des allgemeinen Preisniveaus zeigt demgegenüber eine Störung im Gleichgewicht an; der Geldwert wird schwächer oder stärker.

Eine Ausnahme verdient jedoch Beachtung. Die Produktivität kann steigen; das heisst, die Herstellung der Güter ist dank dem technologischen

Fortschritt zu günstigeren Kosten möglich und lässt niedrigere Preise erwarten, die keine Störung des Gleichgewichts bedeuten. Ein Blick in die Wirtschaftsgeschichte zeigt indessen, dass ein Anstieg des Preisniveaus die Regel und ein Sinken die Ausnahme bilden. Der technologische Fortschritt hat sich wohl immer wieder in niedrigeren Preisen bemerkbar gemacht; sie sind jedoch durch die allgemeinen Preissteigerungen laufend überspielt worden.

Um das nötige Gleichgewicht herzustellen, müssen die Zentralbanken der einzelnen Länder die Geldmenge auf die Gütermenge abstimmen.

Die Geldpolitik ist die Klammer, welche die Geld- und die Güterseite letzten Endes zusammenhält.

Sie gewährleistet das Gleichgewicht, von dem weder inflationäre noch deflationäre Einflüsse auf das wirtschaftliche Geschehen ausgehen, wenn der verfügbare Geldbestand gerade gross genug ist, um das verfügbare Angebot an Gütern und Dienstleistungen zu insgesamt gleichbleibenden Preisen aufzunehmen.

Stabile Preise sind unter verschiedenen Gesichtspunkten ein höchst dringendes Gebot.

Der wichtigste Grund für Preisstabilität liegt darin, dass das Geld seine Funktionen auf weite Sicht nur erfüllen kann, wenn es seinen Wert behält.

Jede allgemeine Preissteigerung trägt die Tendenz zu einem sich kumulierenden Wertverlust in sich. Der Geldtrieb in seiner offensiven und defensiven Wirkungsweise sowie die nötige Leistungsfähigkeit im Wettbewerb zwingen die betroffenen Unternehmungen und Haushalte, die nachteiligen Folgen einer solchen Preissteigerung durch laufende oder periodische Anpassungen von Preisen und Löhnen abzuschieben. Dadurch verstärken sie die Selbstbeschleunigung des inflationären Prozesses. Von einem bestimmten Moment an gerät er ausser Kontrolle. Eine allgemeine Preissteigerung muss deshalb früher oder später gestoppt werden.

Eine solche Bremsung ist jedoch mit schmerzhaften Entzugserscheinungen verbunden, besonders für die Unternehmungen. Die Erfolgsaussichten im Wettbewerb und die Chancen für den Geldtrieb nehmen ab. Die Nachfrage lässt insgesamt nach; es kommt zu einem Bruch des wirtschaftlichen Rhythmus. Da empfiehlt es sich mit Rücksicht auf eine möglichst kontinuierliche Entwicklung, es erst gar nicht zu einer fortgeschrittenen Inflation kommen zu lassen und eine Steigerung des allgemeinen Preisniveaus so früh wie möglich einzudämmen.

Der Geldtrieb und die Leistungsfähigkeit im Wettbewerb können sich *auf weite Sicht* am besten entfalten, wenn das Preisniveau einigermassen stabil bleibt. Damit verfügen die Unternehmungen über eine feste Grundlage für die Beurteilung ihrer Absichten. Sie können sich auf ihre unternehmerischen Aufgaben konzentrieren und werden nicht ständig durch Rücksichtnahmen auf die Entwicklung des Geldwertes abgelenkt. Und sie werden nicht dazu verleitet, unter dem Eindruck inflationärer Preissteigerungen Investitionen vorzunehmen, die sich nach einer Abkühlung des Preisfiebers als falsch erweisen.

Ein weiteres wichtiges Motiv für stabile Preise liegt in den verhängnisvollen Konsequenzen inflationärer Prozesse auf die Verteilung von Einkommen und Vermögen. Sie schaffen Gewinner und Verlierer. Zu den Verlierern können die Arbeitnehmer gehören, deren Löhne zu spät und nur ungenügend an die Geldentwertung angepasst werden, oder die Sparer, die ihr Geld in nominellen Werten anlegen. Derartige willkürliche und bedenkliche Einkommens- und Vermögensverschiebungen untergraben das Vertrauen in die Stabilität der sozialen und politischen Ordnung.

Erwünscht ist indessen nicht nur ein stabiler Geldwert. Das Gleichgewicht zwischen Geld und Gütern sollte vielmehr auf einem *möglichst hohen Niveau* des wirtschaftlichen Prozesses gewährleistet sein. Ein hohes Sozialprodukt und eine intensive Einkommensbildung stehen sich dann gegenüber. Dieses Ziel wird erreicht, wenn sich die Wirtschaft auf Wachstumskurs befindet.

Ein Wachstum im Gleichgewicht, also zu stabilen Preisen, ist denn auch das erklärte Ziel jeder Wirtschaftspolitik.

Nicht genug damit, sollte das Wachstum mit Vollbeschäftigung gekoppelt sein, damit eine breite Streuung des erzielten Einkommens gewährleistet ist.

Wenn man den Wohlstand aufrechterhalten und weiter fördern will, muss man also wirtschaftliches Wachstum wollen. Zugegeben, gegen diese These lassen sich schwerwiegende Vorbehalte ins Feld führen; wir kommen darauf zurück. Das ändert jedoch nichts daran, dass das Grundmuster nach wie vor gültig ist. Das Wachstum verlangt nach Fortsetzung um jeden Preis. Sonst fallen die Einkommen zusammen, Arbeitsplätze gehen verloren, Nachfrage fällt aus, Unternehmungen geben auf; ein kumulativer Prozess abwärts setzt ein. Keine Regierung eines Industriestaates kann es sich leisten, sich nicht zum Ziel des wirtschaftlichen Wachstums zu bekennen; sie würde nicht lange am Ruder bleiben.

Das wirtschaftliche Wachstum muss finanziert bzw. monetisiert werden. In diesem Prozess spielt die *Geld- und Kreditschöpfung* durch die Notenbank und das Bankensystem eine besondere Rolle. Die Geldseite darf solange expandieren, als sie durch die Güterseite, die Verfügbarkeit über reale Produktionsmittel, genügend gedeckt ist. In der Praxis kann sich die Geld- und Kreditschöpfung auf eine hohe Elastizität des Produktionsapparates stützen, bis sie mit zunehmender Auslastung seines Potentials an ihre Grenzen stösst.

Die Konkurrenz anderer Ziele

Zum Ziel der Preisstabilität bzw. der Erhaltung der Kaufkraft können andere Ziele der Geldversorgung in Konkurrenz treten:

(1) die Anregung von Konjunktur und Wachstum;
(2) die Korrektur von Ausschlägen der Wechselkurse;
(3) die Verhinderung von Liquiditätsengpässen und
(4) die Finanzierung von Defiziten im Staatshaushalt.

(1) Wenn die Schubkraft der Wirtschaft erlahmt, wird jeweils rasch an die Geldbehörden appelliert, *Wachstum und Beschäftigung* mit einer expansiven Geldpolitik anzuregen. Diese Forderung fand in den 60er Jahren nachhaltigen Sukkurs durch die Entdeckung der *Phillips-Kurve,* die darauf hinauslief, dass ein gewisses Mass an Inflation mithelfe, die Arbeitslosigkeit zu reduzie-

ren. Diese These provozierte eine entsprechend expansive Geldpolitik. Sie führte jedoch in die Sackgasse der Stagflation mit anhaltender Inflation und Arbeitslosigkeit und diskreditierte die Theorie. Um so mehr erstaunt es, wenn immer wieder prominente Vertreter der Wissenschaft und der Wirtschaftspolitik erklären, die Wahrung eines stabilen Preisniveaus sei keine eigenständige Aufgabe, sondern die Geldpolitik müsse als Helferin im Dienste eines übergeordneten Zieles betrachtet werden, definiert als «ausreichend hohes Wachstum, um steigende Einkommen bei niedriger Arbeitslosigkeit zu garantieren».(66)

Eine expansive Geldpolitik kann zwar auf kurze bis mittlere Frist einen anregenden Einfluss auf Produktion und Beschäftigung ausüben. Sie kann aber ebenso gut in einer Stagflation verpuffen. Zudem müssen inflationäre Prozesse über kurz oder lang gebremst werden, was nicht ohne Opfer möglich ist; die Expansionspolitik fordert immer ihren Preis.

(2) Der Anlass zu einer *Korrektur von Ausschlägen der Wechselkurse* ist meistens weniger ein frei gesetztes Ziel als ein aus der Not geborenes dringendes Postulat. Auf der internationalen Ebene kann es zu turbulenten Kapitalbewegungen kommen, welche die Struktur der Wechselkurse über den Haufen werfen und die betroffenen Länder zum Eingreifen veranlassen.

Eine Hausse des eigenen Wechselkurses gefährdet die Konkurrenzfähigkeit der heimischen Exportwirtschaft. Der Kauf von fremden Währungen am Devisenmarkt durch die Notenbank mit dem Ziel, den Kurs der eigenen Währung zu drücken, kommt deshalb den Interessen der bedrohten Unternehmungen entgegen. Er bedeutet jedoch, wenn dafür neu geschaffene eigene Währung eingesetzt wird, eine Ausweitung der Geldmenge im Inland mit den bekannten inflationären Konsequenzen. Demgegenüber führt eine Baisse der eigenen Währung zu einer Verteuerung der Importe, zu einem (weiteren) Geldwertverlust im Inland und allenfalls zur Kapitalflucht. Um einer solchen Entwicklung entgegenzusteuern, muss die Notenbank Devisen aus ihrem eigenen Bestand am Markt zur Stärkung der heimischen Währung einsetzen. Das führt jedoch zur Aushöhlung der eigenen Währungsreserven und – in der direkten Folge – zu einer Schrumpfung des Geldvolumens.

(3) Eine weitere Aufgabe für die Geldpolitik kann darin bestehen, *Liquiditätsschwierigkeiten* in der Wirtschaft und im besonderen im Bankensystem aufzufangen. Eine solche Notwendigkeit kann sich aus verschiedenen Gründen ohne Vorwarnung ergeben. Um einer Kettenreaktion mit unabsehbaren Konsequenzen für die ganze Wirtschaft und Gesellschaft vorzubeugen, können die Notenbanken als letzte Quelle der Liquiditätsversorgung («lender of the last resort») gezwungen sein, die Rolle der Feuerwehr zu übernehmen und den betroffenen Banken und Unternehmungen mit Liquiditätsspritzen zur Seite zu stehen, unbekümmert um die sich daraus ergebende Aufblähung der Geldversorgung.

(4) Besonders heikel ist das Begehren des *Staates*, die Notenpresse zu benutzen, um die Defizite in seinem Haushalt zu decken. Selbst im vergleichsweise soliden monetären Klima der grossen Industriestaaten ist es für eine Notenbank, auch wenn sie formell von der Administration unabhängig ist, nicht immer einfach, sich solchen Wünschen und Einflüssen zu entziehen. Der Widerstand gegen eine derartige Geldexpansion ist um so schwieriger, als sie der Wirtschaft im Moment durchaus entgegenkommt. Der Katzenjammer kann jedoch nicht ausbleiben, wenn dann später einmal mit der Inflationsbekämpfung ernstgemacht werden muss.

Die zulässige *Toleranz* gegenüber solchen Sünden wider den Geist monetärer Disziplin ist eine Frage des Masses und der jeweiligen Umstände. Das Ziel der Preisstabilität bzw. des Gleichgewichts zwischen Geld und Gütern ist indessen von so überragender Bedeutung für die Gesundheit des Geldwesens und damit für die Wirtschaft und Gesellschaft, dass sich Abweichungen von der stabilitätsorientierten Geldversorgung, die von der Verfolgung konkurrierender Ziele ausgehen können, immer nur in einer nicht zu weiten Bandbreite abseits vom Pfad der Tugend bewegen dürfen. Die Geschichte des Geldwesens bis in unsere Tage und bis hin zu den grossen Industrienationen zeigt jedoch, dass dieses Ziel immer wieder verfehlt wird.

Geldbedarf und Geldangebot

In der sogenannten *Verkehrsgleichung* werden die Geldseite und die Güterseite einander direkt gegenübergestellt. Die Geldseite wird verstanden als Produkt aus der Geldmenge (englische Initiale: M) und der Umlaufgeschwindigkeit des Geldes (V); die Güterseite besteht aus dem Volumen der getauschten Waren und Dienstleistungen (T), multipliziert mit den Preisen (P). Daraus ergibt sich die Gleichung: M x V = T x P. Die beiden Seiten stimmen im Rückblick (ex post) definitionsgemäss immer miteinander überein; sie befinden sich zwangsläufig im Gleichgewicht. Die Verkehrsgleichung sagt aber nichts darüber aus, was in diesem Kräftespiel Ursache und was Wirkung ist; damit befasst sich die Quantitätstheorie.

Unter der *Geldmenge* wird der durchschnittliche Bestand an Geld in einer Periode, in der Regel in einem Jahr verstanden. Dabei muss aus der Vielfalt der möglichen Geldmengen (Monetäre Basis, M1, M2 u.a.) eine bestimmte ausgewählt werden. In der *Umlaufgeschwindigkeit* kommt die Kadenz des Geldeinsatzes zum Ausdruck. Bei einem gleichmässigen Verlauf des wirtschaftlichen Geschehens bleiben die Zahlungsgewohnheiten unverändert; die Umlaufgeschwindigkeit ist konstant. Wenn sich dagegen ein akuter Geldbedarf geltend macht, wird auf raschere Zahlung gedrängt; die Umlaufgeschwindigkeit nimmt zu. Ihre Steigerung stösst jedoch aus technischen Gründen einmal an Grenzen; alsdann würde eine Ausdehnung der Geldmenge notwendig. Auf der Güterseite umfasst das *Geschäftsvolumen* die Käufe von Fertigprodukten und Dienstleistungen. Sie werden zum *Durchschnittspreis* der gekauften Güter, aufgerechnet in einem Index, bewertet.

Die kritische Grösse in dieser Gleichung ist die Geldversorgung. Die Notenbank kann wohl grundsätzlich die Geldmenge bestimmen; dagegen hat sie keinen Einfluss auf die Umlaufgeschwindigkeit. Wie stellt sie dann aber fest, welche Geldmenge bzw. welches Geldangebot in einer künftigen Rechnungsperiode dem Gleichgewicht entsprechen würde?

Der hauptsächliche Ansatz zur Bestimmung der erforderlichen Geldmenge liegt in der grundlegenden Spielregel der Geldwirtschaft: der *Zahlungsbereitschaft.* Jedes Unternehmen und jeder Haushalt spürt die Notwendigkeit, einen genügenden Bestand an liquiden Mitteln zu halten, um den Forderungen der jederzeitigen Zahlungsfähigkeit gerecht zu werden. Diesem Bedürfnis nach Liquidität entspricht der Geldbedarf, der dem Geldangebot gegenübersteht.

Im monetären Sektor ist dann ein Gleichgewicht erreicht, wenn das Geldangebot den Geldbedarf gerade deckt.

Zur Erinnerung: Liquidität ist etwas ganz anderes als der Geldtrieb. Die Liquidität ist im besonderen für die Unternehmungen ein *Instrument im Dienste des Geldtriebes und der Marktleistung.* Er ist ein Mittel, um die wirtschaftlichen Leistungen zu ermöglichen, zu denen der Geldtrieb den Anstoss gibt. Unter diesem Aspekt sind auch die vielfältigen Bemühungen zur Ermittlung einer optimalen Kassenhaltung zu verstehen.

Die *Theorie der Kassenhaltung,* welche eng mit dem Namen von *Keynes* verbunden ist, interessiert sich für die Motive, welche Produzenten und Konsumenten veranlassen, einen bestimmten Bestand an Kasse aufrechtzuerhalten oder ihn zu verändern, sowie für die Folgen, die sich aus solchen Veränderungen ergeben. Wir sind diesen Motiven bereits begegnet. Sie lassen sich aus den Bedürfnissen ableiten, die sich im täglichen Geschäftsverkehr, in der Vorsorge für alle Wechselfälle und in der Absicht zur Nutzung unerwarteter Gewinnchancen geltend machen; sie werden mit den Stichworten Geschäfts-, Vorsichts- und Spekulationsmotiv umschrieben.

Dabei ist das Liquiditätsbedürfnis – *Keynes* nennt es die Liquiditätsvorliebe – von verschiedenen Faktoren abhängig: vom erwarteten Einkommen, vom vorhandenen Vermögen, von der Höhe der Zinssätze. Es wird angenommen, dass sich die gewünschte Kassenhaltung proportional zum Volkseinkommen verändert. Im weiteren spielt die Höhe des Vermögens eine Rolle, das in liquide, aber ertragslose Aktiven einerseits und beschränkt liquide, dafür ertragbringende Anlagen anderseits aufgeteilt werden kann. Die Ertragsaussichten dieser zweiten Kategorie werden dem Zeitbedarf, den Kosten und den Verlustrisiken gegenübergestellt, die mit ihrer Rückführung in reine Liquidität verbunden wären. Schliesslich steht die Neigung zur Kassenhaltung in engem Zusammenhang mit der Höhe der Zinssätze, die am Geld- und Kapitalmarkt bezahlt werden. Je höher die Zinsen, desto grösser die Attraktivität zinsbringender Anlagen und desto geringer der Drang nach Liquidität.

Die Unternehmungen und Haushalte versuchen, einen *optimalen* Bestand an Kassenmitteln zu halten. Er soll so gering wie möglich sein, um das Zinsopfer entgangener Erträge zu minimieren. Gleichzeitig muss er so gross wie nötig sein, um die laufende geschäftliche Entwicklung, die gewünschte Sicherheit und die Nutzung unerwarteter Chancen zu gewährleisten. Sicher wird diese Aufgabe mit unterschiedlichem Eifer und Geschick wahrgenommen. Zwischen dem ausgeklügelten Cash-Management grosser Firmen und den auf Erfahrung gestützten oder mehr gefühlsmässigen Entscheidungen durchschnittlicher Haushalte liegen Welten.

Das Ziel der Notenbank, ein Geldangebot zu schaffen, das dem Geldbedarf der Wirtschaft entspricht, kann nun mit dem Ziel eines Gleichgewichts zwischen Geld und Gütern in Konflikt geraten. Der Geldtrieb kann Chancen wittern und einen Geldbedarf geltend machen, der die gütermässigen Möglichkeiten übersteigt. Eine Geldversorgung, die dann den gesamten Geldbedarf decken wollte, würde auch allen inflationären Ansprüchen stattgeben.

Grundsätzlich muss die Abstimmung der Geldversorgung auf das mögliche Güterangebot gegenüber der Deckung des Liquiditätsbedarfes der Wirtschaft Priorität beanspruchen.

Das Ziel der Sicherung einer genügenden Zahlungsbereitschaft lässt sich damit nur im Rahmen einer stabilitätsorientierten Geldpolitik verwirklichen.

Das ändert nichts daran, dass sich die Geldpolitik zur Bestimmung des Geldangebotes grundsätzlich auf die Geldnachfrage stützt. Der Haken liegt aber darin, dass man den Geldbedarf in Wirklichkeit nicht messen kann. Die entsprechenden Entscheidungen werden in unzähligen Unternehmungen und Haushalten unabhängig voneinander getroffen und fortwährend angepasst. Zwar kann man davon ausgehen, dass die aktuelle Geldmenge, soweit die Preise stabil sind, den Geldbedarf der betreffenden Periode recht zutreffend zum Ausdruck bringt. Der *künftige* Geldbedarf lässt sich dagegen nur auf indirektem Wege abschätzen. Man nimmt an, dass sich der Geldbedarf in einer bestimmten Relation zum Gesamtvolumen der Tauschakte, also zum Bruttosozialprodukt, entwickelt. Wenn es gelingt, das künftige Sozialprodukt zu schätzen, so lässt sich auf der Grundlage der aktuellen

Relation auch der künftige Geldbedarf feststellen; Voraussetzung ist allerdings, dass sich diese Relation zwischen Geldmenge und Sozialprodukt einigermassen stabil verhält.

Wie kommt nun aber die Geldmenge zustande? Wird das Geldangebot autonom durch die Geldpolitik bestimmt? Oder folgt die Geldpolitik einfach den Bedürfnissen der Wirtschaft? Was ist Ursache und was Wirkung?

Diese Frage wird diskutiert, seitdem die *Banking*-Theorie und die *Currency*-Schule im England des frühen 19. Jahrhunderts darüber gestritten haben, ob das Preisniveau die Geldmenge bestimme oder umgekehrt die Geldmenge das Preisniveau. Soweit der wesentliche Impuls vom Preisniveau bzw. von der Güterseite ausgeht, passt sich die Geldmenge dem Bedarf an; die Quelle der Geldschöpfung ist dann endogener Natur. Soweit dagegen die Geldmenge als massgebend für das Preisniveau betrachtet wird, muss sie selbständig – exogen – geschaffen werden.

In der neueren Diskussion wiederholt sich diese Kontroverse in der Auseinandersetzung zwischen den *Keynesianern* und den *Monetaristen.* Während die erste Gruppe zum bankingtheoretischen Konzept der passiven Anpassung der Geldmenge neigt, bekennt sich die zweite Gruppe zur aktiven, exogenen Festlegung der Geldversorgung durch die Notenbank im Sinne der Currency-Schule.

Wie verläuft aber der Mechanismus der Geldschöpfung in der Praxis? Die wirtschaftlichen Unternehmungen sind die wichtigsten Impulsquellen im wirtschaftlichen Kreislauf. Wenn sie Geld brauchen, um ihre Produktion auf- oder auszubauen, so wenden sie sich an ihre Banken und nehmen Kredite auf. Die Banken können sich, wenn der Geldbedarf ihre eigenen Möglichkeiten der Deckung übersteigt, bei der Notenbank refinanzieren. Die Notenbank hat die Fähigkeit, neues Geld zu schaffen; dieses bildet zugleich die Grundlage dafür, dass auch das Bankensystem in einem gewissen Umfang zusätzliches Geld produzieren kann. Nach diesem Mechanismus reagiert die Notenbank einfach auf den Geldbedarf der Wirtschaft und passt das Geldangebot auf endogenem Wege an – ganz im Sinne der Banking-Theorie. Man kann dann sagen: Die Wirtschaft schafft sich das benötigte Geld selber. Dabei spielt es keine Rolle, ob ein grösserer Geldbedarf der Wirtschaft durch ein höheres Tauschvolumen oder durch Preiserhöhungen verursacht wird.

Soweit die Notenbank dagegen ein bestimmtes Geldmengenziel anstrebt, setzt sie dem Geldbedarf einen festen, abschliessenden Rahmen. Dabei kann es durchaus geschehen, dass sie innerhalb dieses Rahmens eine grössere oder kleinere Geldmenge bereitstellt, als dem aktuellen Geldbedarf entsprechen würde; insoweit handelt sie im Sinn und Geist der Currency-Schule.

Die beiden Konzepte der Banking- und der Currency-Theorie wirken somit bei der Geldschöpfung zusammen; sie haben beide ihre Gültigkeit.

Realität und Illusion des Geldes

Das Geld ist dann real, wenn es seine Kaufkraft behält, und es wird zur Illusion, wenn es seinen Wert verliert. In einem engeren Sinne wird von Geldillusion gesprochen, wenn die betroffenen Menschen trotz der Gefahr einer schleichenden Inflation so tun, wie wenn der Geldwert stabil bliebe: Die Arbeitnehmer legen das Hauptgewicht auf die Erhaltung ihrer nominellen Löhne, und die Anleger investieren ihre Ersparnisse in Nominalwerten.

Es ist die Aufgabe der Geldpolitik, den Geldwert stabil zu halten, indem sie die Geldseite und die Güterseite aufeinander abstimmt. Diesen Auftrag kann sie jedoch immer nur kurzfristig wahrnehmen.

Die Realität des Geldes auf weite Sicht stützt sich deshalb auf die Kontinuität einer stabilitätsorientierten kurzfristigen Geldpolitik.

Die Kontinuität einer erfolgreichen Geldpolitik setzt voraus, dass (1) eine genügend stabile politische Ordnung aufrechterhalten bleibt, damit sich die nötige monetäre Disziplin durchsetzen kann, dass (2) die Wirtschaft funktioniert und imstande ist, die nachgefragten Güter und Dienstleistungen rechtzeitig bereitzustellen und dass (3) – damit im Zusammenhang – die erforderlichen Ressourcen verfügbar sind. Umgekehrt wird die Kontinuität einer solchen Geldpolitik in Frage gestellt, wenn sich die politische Ordnung auflöst und die monetäre Disziplin schwindet, wenn die Wirtschaft erlahmt oder gar zusammenbricht und wenn sich schliesslich die Vorräte an Rohstoffen und Nahrungsmitteln der Erschöpfung nähern.

Aus der Sicht der beteiligten Menschen kommt es darauf an, ob sie Vertrauen in den Staat haben, dass es ihm gelingt, die Aufgabe der Abstimmung befriedigend zu lösen und für ein gesundes Geldwesen besorgt zu sein; Vertrauen aber auch in die Wirtschaft, dass sie imstande sein wird, die mit dem Geld nachgefragten Güter rechtzeitig bereitzustellen. Das Vertrauen erweitert sich um die Toleranzmarge der «Geldillusion», die allen Unsicherheiten zum Trotz auf ein Gelingen der nötigen Abstimmung setzt.

Könnte aber nicht von den Riesensummen an geldmässigen Forderungen, die gegenwärtig bei Sozialversicherungen, Pensionskassen, privaten Versicherungsgesellschaften und Anlagefonds, bei Banken, Unternehmungen und Haushalten angehäuft und vorwiegend in Wertpapieren angelegt sind, plötzlich ein beträchtlicher Teil als Nachfrage auf die Märkte für Waren und Dienstleistungen drängen und den Geldwert sprengen?

Diese Sicht der Dinge geht von der Aktivseite dieser Vermögen, also vom gewaltigen Volumen der Anlagen aus. Dabei sind einmal die Kündigungsfristen der einzelnen Anlagen zu berücksichtigen, die sich in der Regel über einen längeren Zeitraum erstrecken. Noch wichtiger ist aber die Passivseite; der überwiegende Teil der Ansprüche ist in den angeführten Institutionen zeitlich gebunden. Sie bestehen in Form von Renten, die nicht aufs Mal fällig werden, sondern in einer regelmässigen Abfolge über eine längere Frist hinweg. Soweit diese Kapitalien am Markt für Güter und Dienstleistungen eingesetzt werden sollen, müssen sie zudem zuerst in Geld zurückgeführt werden; sie müssen das «Nadelöhr» von M1 passieren. Diese Umwandlung kann immer nur im Rahmen der jeweiligen Geldversorgung stattfinden. Ist der Geldbedarf im Verhältnis zur angebotenen Geldmenge zu gross, so wird er durch steigende Zinsen und sinkende Wertpapierkurse gebremst und letztlich auf das Volumen der festgelegten Geldmenge zurückgestutzt.

Schliesslich ist noch auf eine andere Art von Geldillusion hinzuweisen. Häufig hört man den Vorwurf, es solle weniger Geld in die militärische Rüstung gesteckt und das gesparte Geld statt dessen für soziale Zwecke oder für die Hilfe an die Dritte Welt verwendet werden.

Soweit die Geldschöpfung auf endogenem Wege zustande kommt, schafft sich aber jede Produktion ihr eigenes Geld. Werden weniger Rüstungsaufträge ausgeführt und nicht durch mehr zivile Produktion ersetzt, so wird das Geldvolumen entsprechend kleiner. Das Geld, das gespart werden soll, gibt es dann gar nicht! Im übrigen müssen alle Vorkehrungen zur Hebung der sozialen Sicherheit oder zur Hilfe an die Dritte Welt, wie erwähnt, im festen Rahmen eines gesunden Staatshaushaltes, eines stabilen Geldwertes sowie der gebotenen Rücksichtnahme auf die Selbstorganisation der Wirtschaft Platz haben.

10. Selbstorganisation und wirtschaftliches Gleichgewicht

Die massgebenden Kräfte der Selbstorganisation

Die Wirkungsweise der massgebenden Kräfte der Selbstorganisation und ihre Bedingungen seien nochmals im Zusammenhang wiederholt und ergänzt.

1. *Geldtrieb und Wettbewerb bewirken gemeinsam die Selbstorganisation.*

- Der Geldtrieb sucht und schafft fortwährend die Gelegenheit zum Tausch; er bildet die Impulsquelle der Selbstorganisation.
- Der Geldtrieb zielt auf ein Einkommen, das existenzsichernd und darüber hinaus so gross wie möglich sein soll.
- Der Geldtrieb führt zur Gründung von Unternehmungen; er löst ihre Marktleistung aus und steht hinter allen ihren Anstrengungen im Wettbewerb.
- Die Unternehmungen geben das erzielte Einkommen vorwiegend in Form von Löhnen, Gewinnen und Zinsen weiter.
- Der Geldtrieb drängt die erwerbsfähigen Mitglieder der Haushalte zur Arbeitsleistung.
- Der Geldtrieb veranlasst die individuellen und kollektiven Sparer, ihre Ersparnisse mit der Aussicht auf Zinsen und Gewinne anzulegen.
- Der Wettbewerb regt den Geldtrieb an, wenn er Tauschmöglichkeiten sichtbar macht.
- Der Wettbewerb entscheidet über Erfolg und Misserfolg der Marktleistung von Unternehmungen, Arbeitnehmern und Anlegern und steuert damit die Selbstorganisation.
- Geldtrieb und Wettbewerb fördern den technischen Fortschritt und suchen nach seiner Nutzanwendung.

- Geldtrieb und Wettbewerb forcieren die Marktleistung der Unternehmungen auf einen höchstmöglichen Stand.
- Geldtrieb und Wettbewerb zwingen die Unternehmungen zur Ausnützung aller Rationalisierungsmöglichkeiten.

2. *Geldtrieb und Wettbewerb sind auch auf widersprüchliche Weise wirksam.*

- Der Geldtrieb wirkt nicht nur offensiv, sondern auch defensiv, wenn es darum geht, einen bedrohten Besitzstand zu verteidigen.
- Der Geldtrieb kann den Wettbewerb untergraben, wenn er zum Zwecke der monopol- oder oligopolartigen Marktbeherrschung eine Verdrängung oder den Zusammenschluss von konkurrierenden Unternehmungen auslöst.
- Der Geldtrieb kann die Existenz einer Unternehmung gefährden, wenn er im einseitigen Streben nach kurzfristigem Gewinn ihre langfristige Fähigkeit zur Marktleistung vernachlässigt.
- Ein Mangel an Geldtrieb kann die Existenz einer Unternehmung beeinträchtigen, wenn dadurch zu wenig Druck auf die Marktleistung ausgeübt wird.
- Der Geldtrieb beschränkt sich nicht auf die Schaffung produktiver Marktleistungen; er kann das Heil in der Bildung von Finanzanlagen suchen.
- Der Geldtrieb kann sich in der Jagd nach kurzfristigen Spekulationsgewinnen oder der Teilhabe an der staatlichen Umverteilung ausleben oder dann in die Kriminalität abgleiten.
- Ein extrem gesteigerter Wettbewerb kann den Geldtrieb lähmen.

3. *Geldtrieb und Wettbewerb brauchen zu ihrer Entfaltung ein günstiges Umfeld.*

Dazu gehören vor allem die folgenden Bedingungen:

- eine verlässliche Rechtsordnung, welche die geldwirtschaftlichen Spielregeln durchsetzt;
- geordnete monetäre Verhältnisse mit einem stabilen Geldwert;

- ein funktionierendes Kartellrecht, welches langfristig ein genügendes Mass an Wettbewerb sichert;
- möglichst wenig Behinderungen des Wettbewerbes durch Regulierungen;
- eine starke, durch Kaufkraft gedeckte Nachfrage nach Konsum und Investitionsgütern; Deregulierung und Globalisierung tragen zur Ausweitung der Absatzmärkte bei;
- ein günstiger Zugang zu den für die Produktion benötigten Rohstoffen und Ausgangsprodukten sowie zu qualifizierten und kostengünstigen Arbeitskräften;
- eine leistungsfähige Infrastruktur;
- vorteilhafte Finanzierungsmöglichkeiten durch eine ausreichende Geldversorgung, funktionierende Geld- und Kapitalmärkte und ein leistungsfähiges Bankensystem;
- die Kontinuität des technischen Fortschrittes, der sowohl dem Angebot als auch der Nachfrage immer wieder neue Impulse vermittelt;
- eine tragbare Belastung der erwirtschafteten Gewinne durch Steuern und Sozialabgaben.

Um ein günstiges wirtschaftliches Klima zu schaffen, müssen die Bedingungen in allen Bereichen stimmen: in der politischen und rechtlichen Ordnung, in den monetären Verhältnissen sowie auf der Angebots- und der Nachfrageseite.

Die Chance für Gleichgewicht und Stabilität

Wie sind die Aussichten für Gleichgewicht und Stabilität des wirtschaftlichen Prozesses unter dem Einfluss der massgebenden Kräfte der Selbstorganisation zu beurteilen? Zunächst aber die Frage: Von welchem Gleichgewicht und welcher Stabilität sprechen wir? Das Ziel allen Wirtschaftens besteht im Wohlstand, an dem möglichst alle Angehörigen einer Nation oder einer Gemeinschaft von Ländern teilhaben. Es wird erreicht, wenn ein hohes Sozialprodukt für ein hohes Volkseinkommen sorgt und die Vollbeschäftigung gewährleistet, dass alle erwerbsfähigen Mitglieder über ihr Erwerbseinkommen daran beteiligt sind. Dieser glückliche Zustand soll möglichst anhalten; das ist der Inhalt des Wunsches nach Stabilität.

Früher fasste man das Postulat des Gleichgewichts in der Vorstellung des *magischen Dreiecks* zusammen. Man verstand darunter das Gleichgewicht zwischen einem stabilen Preisniveau, der Vollbeschäftigung sowie einer ausgewogenen Aussenwirtschaft. Das Verhältnis zwischen diesen drei Zielen wurde als magisch empfunden, weil sie sich widersprechen können und oft nur schwer miteinander in Einklang zu bringen sind. Später ist dieses Dreieck mit dem Streben nach Wachstum und dem Wunsch nach einer gerechten Einkommensverteilung ergänzt worden.

Unter dem Einfluss des Verdrängungswettbewerbs sowie einer forcierten Rationalisierung hat sich die Schere zwischen Produktion und Beschäftigung in beängstigender Weise geöffnet; die langfristige Arbeitslosigkeit ist besonders in den meisten europäischen Staaten zum beherrschenden Thema geworden. Auf diesem Hintergrund muss auffallen, dass die Theorie in neuerer Zeit die Vollbeschäftigung als Ziel ausgeklammert hat. So einfach darf man es sich aber nicht machen. Es steht zu viel auf dem Spiel für den sozialen Frieden und gesellschaftlichen Zusammenhalt, als dass sich die Theorie um die Auseinandersetzung mit der Beschäftigungsfrage drücken dürfte.

Wenn man diese Meinung akzeptiert, so stehen vier *Ziele der Wirtschaftspolitik* im Vordergrund, für welche gesamthaft Gleichgewicht und Stabilität angestrebt werden: (1) das Wachstum des Sozialproduktes, (2) eine möglichst hohe Beschäftigung, (3) die Stabilität des Preisniveaus und (4) das Gleichgewicht gegenüber dem Ausland.

(1) Das wirtschaftliche Wachstum ist notwendig, weil es Einkommen schafft.

Das Volumen des Einkommensstromes entscheidet über Wohlstand und Armut. Ein hohes Wachstum, das ein grosses Gesamteinkommen bedeutet, ist Voraussetzung für neue Produktion und weiteres Einkommen, für eine genügende Verteilung und notfalls für eine Umverteilung zu Gunsten jener, die ohne Erwerbsmöglichkeit bleiben.

Auf der mikroökonomischen Ebene verleiht der Geldtrieb der Unternehmungen dem Wachstum einen mächtigen und anhaltenden Rückhalt. Er ist eine aggressive und offensive Kraft, die an sich immer und überall wirksam ist. Doch kann er sich auch defensiv verhalten und das Wachstum bremsen. Damit ist die Harmonie der Entwicklung aber in Frage gestellt.

Der Wettbewerb setzt sich unter dem Einfluss des Geldtriebes im idealen Falle so lange fort, bis die Märkte geräumt sind. Doch kann er durch das Auftreten neuer Konkurrenten mit günstigeren Produktionsbedingungen, durch Versuche zur Marktbeherrschung, durch staatliche Kontrollen oder durch neue Produkte über den Haufen geworfen werden. Das bedeutet eine weitere Bedrohung des anhaltenden Wachstums.

In einer günstigen Konstellation der mikroökonomischen Dynamik, der makroökonomischen Aggregate sowie des Umfeldes sind kürzere oder längere Phasen anhaltenden Wachstums durchaus denkbar. Doch wird es ständig durch Störungen bedroht, die in konjunkturellen Schwankungen – Überhitzungen und Rezessionen – und in strukturellen Schüben auftreten.

Wenn die staatliche Wirtschaftspolitik das Wachstum fördern will, muss sie für ein günstiges Klima besorgt sein. Das bedeutet vor allem, dass sie dem Geldtrieb zu seinen Chancen verhilft und dem Wettbewerb freie Bahn schafft. Im Vordergrund solcher Bemühungen stehen eine erträgliche Steuerbelastung und ein Minimum an Regulierungen, wie es die angebotsorientierte Wirtschaftspolitik auf ihr Banner geschrieben hat.

(2) Eine hohe Beschäftigung ist notwendig, weil sie für eine breite Streuung der Einkommen sorgt.

Die Arbeit ist das wichtigste Organisationsmittel der Einkommensverteilung. Auf die Arbeit entfällt in allen Industrieländern der weitaus grösste Anteil am Volkseinkommen. Über die Löhne und Gehälter wird dieser Anteil in die Breite gestreut.

Geldtrieb und Wettbewerb forcieren jedoch die Rationalisierung sowie die Konzentrierung und Standortverlagerung von Betrieben und Unternehmungen. Alle diese Erscheinungen sind, wie wir von unserer Alltagserfahrung her zur Genüge wissen, mit einem Abbau von Arbeitsplätzen in den angestammten Regionen verbunden. Für die Wirtschaftspolitik, welche die Beschäftigung steigern will, ist kein anderes Rezept sichtbar als die Steigerung des Wachstums in der Hoffnung, dass sie allen erwähnten Bedrohungen zum Trotz zu einer Zunahme der Beschäftigung führt; eine Garantie hiefür gibt es indessen nicht.

(3) *Die Stabilität des Preisniveaus ist notwendig, weil sich das Wachstum nur dann ungebrochen entfalten kann.*

Die gesamte Dynamik der wirtschaftlichen Selbstorganisation wird durch das angestrebte Gleichgewicht zwischen Geld und Gütern, letztlich also durch die staatliche Geldpolitik unter Kontrolle gehalten. Die Abstimmung der Geldversorgung auf das mögliche reale Wachstum begrenzt zwangsläufig alle wirtschaftlichen Initiativen. Nur in diesem Gleichgewicht wird die weitere Entfaltung der Selbstorganisation und damit des Wachstums gewährleistet und nicht durch Überhitzungen und in der Folge durch Notbremsungen in Frage gestellt.

(4) *Das Gleichgewicht gegenüber dem Ausland ist notwendig, weil grössere Ausschläge der Wechselkurse das Wachstum gefährden.*

Störungen des Gleichgewichts im grenzüberschreitenden Tauschverkehr lösen Ausschläge der Devisenkurse aus, welche den weiteren Austausch und damit das Wachstum bedrohen.

> Das System der Marktwirtschaft hat je nach Konstellation seiner massgebenden Elemente wohl die Chance, Phasen von Gleichgewicht und Stabilität zu erreichen; es ist aber auch ständig dem Risiko der Instabilität ausgesetzt.

Die prästabilierte Harmonie gibt es nicht. Das ist im übrigen auch das Bild, das uns die Wirtschaftsgeschichte vermittelt.

11. Das Manko der etablierten Theorien

Die Monetaristen

Zur Erklärung der Beziehungen zwischen Geld und Gütern haben die massgebenden Theorien der Volkswirtschaftslehre unterschiedliche Thesen entwickelt, welche das Hauptgewicht entweder auf die Geldseite oder die Güterseite legen. Zur ersten Gruppe gehören die Monetaristen, während die zweite Gruppe im wesentlichen von den Keynesianern und den Neoklassikern gebildet wird.

Die *Monetaristen* stützen sich auf die *Quantitätstheorie.* Diese geht von der Verkehrsgleichung aus und bringt deren vier Komponenten – die Geldmenge, die Umlaufsgeschwindigkeit, das Geschäftsvolumen und die Preise – in kausale Beziehungen zueinander. Für die Anhänger des Monetarismus ist nun die *Geldmenge* in diesem Kräftespiel das ausschlaggebende Element.

Der Bannerträger der Monetaristen, *Milton Friedman,* hat aufgrund von eingehenden historischen Untersuchungen festgestellt, dass eine enge Relation zwischen der Wachstumsrate der Geldmenge und jener des nominellen Sozialproduktes bzw. des nominellen Einkommens besteht. Den Ausgangspunkt dafür sieht er in Veränderungen der Geldmenge; sie sind für die Entwicklung von Produktion und Preisen verantwortlich. Die Geldmenge wird dabei von der Zentralbank auf exogenem Wege, also autonom, festgelegt.

Demgegenüber betrachtet *Friedman* die Umlaufsgeschwindigkeit des Geldes als relativ konstant. Er glaubte einmal, solcherart verlässliche Relationen entdeckt zu haben. Er meinte, die Produzenten und Konsumenten wünschten, einen Anteil von ihrem Einkommen von 4 bis 5 Wochen in bar und von 3 bis 5 Monaten in bar sowie in Bankeinlagen zu halten. (67)

Veränderungen der Geldmenge haben unterschiedliche Auswirkungen auf die beiden Elemente der Güterseite. Sie machen sich mit erheblicher zeitlicher Verzögerung von mehreren Monaten bemerkbar, zuerst auf die

Produktion und später auf die Preise. Die Produktion beeinflussen sie in einem Zeitraum von 5 bis 10 Jahren; über die Jahrzehnte hinweg, wenn alle Anpassungsvorgänge abgelaufen sind, würden sie sich jedoch vor allem in den Preisen niederschlagen. (68) Eine Ausdehnung der Geldmenge geht somit à la longue im Preisniveau auf. Diese Sicht der Dinge verführt *Friedman* zu der Behauptung, das Geld verhalte sich gegenüber dem realen Sektor neutral.

Zur Begründung seiner These, dass zwischen der Geldmenge und dem Bruttosozialprodukt bzw. dem nominellen Einkommen eine enge Beziehung besteht, weist *Friedman* einmal auf das empirische Ergebnis seiner Studien hin. Darüber hinaus führt er eine theoretische Erklärung ins Feld. Ausgehend von der Annahme eines stabilen Geldbedarfes, setzt er auf den Wunsch von Produzenten und Konsumenten, einen bestimmten realen (preisbereinigten) Kassenbestand zu halten. Wenn nun die Geldmenge durch Operationen der Zentralbank erhöht wird, werden sie entdecken, dass sie über höhere Kassenmittel verfügen als gewünscht. Sie werden versuchen, diesen Bestand abzubauen durch den Erwerb von Finanzanlagen oder die Erhöhung ihrer Ausgaben für Konsum und Investitionen, bis er mit ihrem Bedarf wieder übereinstimmt. Die Anpassung der realen Kasse (real balance effect) übt nun einen wesentlichen Einfluss auf Produktion und Preise aus.

Auf dem Hintergrund derart stabiler Beziehungen zwischen Geldmenge und Sozialprodukt bzw. Volkseinkommen sowie der Stabilität des realen Geldbedarfes liegt es nahe, dass die *Empfehlung an die Wirtschaftspolitik* lautet: Lasst das nominelle Geldangebot mit einer gleichbleibenden, stetigen Rate wachsen, dann erhält ihr ein stetiges wirtschaftliches Wachstum. Die Empfehlung schien um so mehr gerechtfertigt, als sie der Geldpolitik eine sichere und sichtbare Richtung verleiht und dadurch für ein koordiniertes Verhalten aller Beteiligten sorgt. Selbst wenn sich der Geldbedarf nicht so stabil wie angenommen verhalten sollte, hat der Ratschlag seine Berechtigung, denn so werden ein ungebührlicher Aktivismus und die Übertragung von Fehlern in der Beurteilung auf das jeweilige Geldangebot vermieden.

Notwendig ist lediglich, dass die Wirtschaft nicht durch staatliche Einflussnahmen gestört wird. Der Staat soll sich höchstens bemühen, durch eine angemessene Wettbewerbspolitik für ein möglichst freies Funktionieren der Märkte zu sorgen. Unfreiwillige Arbeitslosigkeit passt nicht in dieses Bild marktwirtschaftlicher Harmonie. Sie lässt sich nur dadurch erklären, dass die unbeschäftigten Arbeitnehmer nicht dazu bereit sind, zu marktgerechten Löhnen zu arbeiten.

Die Monetaristen glauben, dass die Wirtschaft *stabil genug* ist, um über die Anpassung von Preisen und Löhnen immer wieder zum gesamtwirtschaftlichen Gleichgewicht zurückzufinden. Hinter ihrem Weltbild steht der tief verwurzelte Glaube an die genügende Selbststabilisierungskraft des marktwirtschaftlichen Systems.

Die Lehre der Monetaristen hat einen nachhaltigen Einfluss nicht nur auf die Theorie, sondern auch auf die Wirtschaftspolitik der Industrieländer ausgeübt. Sie löste aber auch Kritik aus und ist in der Praxis kaum während langer Zeit konsequent angewendet worden. Die wichtigsten *kritischen Einwendungen* können wie folgt zusammengefasst werden:

- Das Verhältnis zwischen dem Wachstum der Geldmenge und jenem des nominellen Sozialproduktes ist nicht immer und nicht überall so stabil, wie die Monetaristen es annehmen.
- Die Geldmenge ist mit dem Aufkommen konkurrierender Finanzanlagen, die nur schwer unter Kontrolle zu halten sind, keine eindeutige Grösse mehr.
- Wenn das Wachstum des Sozialproduktes zur vollen Auslastung des Produktionspotentials führt, so lässt sich eine inflationäre Entwicklung nicht mehr vermeiden.
- Das Problem der strukturellen Arbeitslosigkeit lässt sich nicht einfach unter den Tisch wischen.

Eine monetäre Kraft findet sich im System der Monetaristen neben der Geldmenge in der Steuerung der gewünschten realen Kassenhaltung samt den entsprechenden Anpassungsvorgängen. In gewissem Sinne könnte man in solchen Korrekturen das Wirken des Grundmotivs der jederzeitigen Zahlungsbereitschaft erblicken.

Im übrigen leiten die Monetaristen ihr Vertrauen in die Fähigkeit der Wirtschaft zur Selbststeuerung vom Mechanismus der relativen Preise auf den verschiedenen Märkten für Güter und Dienstleistungen ab. Diese Preise bilden sich nach Massgabe des jeweiligen Verhältnisses von Angebot und Nachfrage. Insofern bauen die Monetaristen gar nicht so sehr auf die Geldseite als vielmehr auf den realen Bereich. Die für sie zentrale Geldmenge stellt dann lediglich den Rahmen dar, in dem die verborgenen Kräfte der Selbststeuerung sich ausleben können. Dagegen fehlen, über die gewünschte Kassenhaltung hinaus, nähere Hinweise darauf, welches diese verborgenen Kräfte sind – und das ist wohl das grösste Manko dieser Lehre.

Keynes und seine Anhänger

Zwei Bedingungen, die gleichzeitig erfüllt sein müssen, sind für *Keynes* und seine Anhänger von zentraler Bedeutung, um das Gleichgewicht zu erreichen.

(1) Das Geldangebot muss dem Geldbedarf entsprechen.
(2) Im Rahmen des Kreislaufmodells müssen Sparen und Investieren übereinstimmen.

(1) Vom *Geldbedarf* und seinen Motiven war bereits die Rede. Wir wissen auch, dass er mit wachsendem Einkommen und Vermögen zunimmt und mit steigenden Zinsen fällt, und umgekehrt. In der Lehre von *Keynes* dient nun der *Zins* als wesentliches Steuerungselement, um das *Geldangebot* auf den Geldbedarf abzustimmen. In einer Kurve werden alle jene Zinssätze aufgetragen, welche bei verschiedener Höhe des nominellen Gesamteinkommens für den Ausgleich von Geldangebot und Geldbedarf sorgen (Liquidity-preference/money- oder LM-Kurve). Die besten Aussichten, um zu den angestrebten Gleichgewichtszinsen zu gelangen, bietet dabei eine Geldpolitik, welche die Geldmenge in passiver Weise an den geltend gemachten Geldbedarf anpasst; die Geldmenge wird dann in endogener Weise durch die Bedürfnisse der Wirtschaft bestimmt.

(2) Die zweite Bedingung für Gleichgewicht ergibt sich aus der Vorstellung des wirtschaftlichen *Kreislaufes.* Die wichtigste Impulsquelle in diesem Kreislauf bilden die Unternehmungen. Sie produzieren Güter und Dienstleistungen und verkaufen sie für den Konsum oder für Investitionen. Aus dem Ertrag ihrer Verkäufe zahlen sie ihren Mitarbeitern Löhne, ihren Geld-

gebern entrichten sie Zinsen und ihren Eigentümern schütten sie Gewinne aus; darüber hinaus liefern sie dem Staat Steuern ab. Die Einkommen fliessen den Haushalten zu, die damit Konsumgüter kaufen oder Ersparnisse bilden. Die Ersparnisse gelangen über die Banken und den Kapitalmarkt zu den Unternehmungen, die damit ihre Investitionen finanzieren; der Kreislauf schliesst sich.

Über diesen Prozess wird periodisch, meistens jährlich, in der *volkswirtschaftlichen Gesamtrechnung* abgerechnet. Sie bildet einen Querschnitt durch den Kreislauf analog der Verkehrsgleichung. Und wie in dieser, stimmen die beiden Seiten im Rückblick immer miteinander überein. Die Güterseite umfasst das Bruttosozialprodukt; es ist – ohne die Steuern und die Abschreibungen – gleich gross wie die Gesamtheit der ausgerichteten Einkommen, die im Volkseinkommen aufgerechnet werden. Daraus ergeben sich folgende Gleichungen:

- Das Bruttosozialprodukt entspricht im grossen ganzen dem Volkseinkommen.
- Dem Güterangebot steht die gesamte Nachfrage in Form von Einkommen gegenüber.
- Der Entstehung von Einkommen auf der einen Seite (der Güterseite) entspricht die Verwendung der Einkommen auf der anderen Seite (der Geldseite).

Im täglichen *Kreislaufprozess* ist das Gleichgewicht aber nicht selbstverständlich. Damit die Rechnung aufgeht, muss jener Teil des Gesamteinkommens, der nicht für den Kauf von Konsumgütern ausgegeben, sondern gespart wird, voll für Investitionen eingesetzt werden; er darf nicht in einer höheren Kassenhaltung aufgehen, also gehortet werden. *Das Sparen muss mit dem Investieren übereinstimmen.* Nur dann entsprechen sich die gesamte Nachfrage und das gesamte Angebot. Das ist die zweite Gleichgewichtsbedingung in diesem System. Und drittens muss das Gleichgewicht auch die Vollbeschäftigung umfassen. Keynes nimmt an, dass der Markt von selbst zur Ausnützung eines verfügbaren Arbeitspotentials tendiert.

Es ist wiederum der *Zins,* der Sparen und Investieren zur Übereinstimmung bringen soll. In einer zweiten Kurve werden die Zinssätze aufgeführt, welche bei verschiedenen Einkommen die Investitionsvorhaben auf das vorhandene Sparvolumen abstimmen (investment/saving- oder ISKurve). In einem weiteren Schritt werden die beiden Zinskurven miteinander kombiniert (LM/IS-Kurven); wo sie sich schneiden, liegt der Zinssatz, der das System im Gleichgewicht hält.

Zur Finanzierung der Investitionen stehen nicht nur die Ersparnisse aus der vorangegangenen Einkommensperiode zur Verfügung. Die Geld- und Kreditschöpfung durch die Notenbank und das Bankensystem erweitert den Spielraum für neue Investitionen über diese Ersparnisse hinaus. Die neuen Investitionen lösen jedoch zusätzliche Einkommen aus, die zusätzliche Ersparnisse ermöglichen, die zur langfristigen Finanzierung des neuen Investitionsschubes eingesetzt werden können. In diesem Sinne lässt sich sagen, dass die neuen Investitionen ihre eigenen Ersparnisse schaffen. Voraussetzung ist allerdings, dass die Gleichgewichtsbedingung fortlaufend erfüllt ist und die Investitionen durch die Ersparnisse gedeckt werden.

Keynes ist nun selber skeptisch, ob der Zins die ihm zugedachte Rolle auch immer erfüllen kann und ob er insbesondere tief genug sinken kann, um die Investitionen mit den Ersparnissen in Einklang zu bringen. Verantwortlich für das mögliche Ungenügen macht er vorab eine mangelnde Flexibilität der nominellen Löhne. Die Arbeitnehmer und ihre Organisationen würden sich mit aller Kraft gegen eine Reduktion ihrer nominellen Löhne zur Wehr setzen. Es könnte sogar zu einem langfristigen Gleichgewicht bei Unterbeschäftigung kommen. Man müsste deshalb versuchen, eine mässige Inflation einzuleiten, um die realen Löhne auf ein Niveau zu senken, das für Vollbeschäftigung notwendig wäre. Er glaubt, dass es möglich sein sollte, die Inflation auf kleinem Feuer zu halten, solange keine Vollbeschäftigung besteht bzw. die Arbeitslosenrate ein bestimmtes Mass nicht unterschreitet.

Gänzlich bannen lassen sich die Zweifel allerdings nicht; *Keynes* und seine Anhänger misstrauen der Selbststeuerungskraft der Wirtschaft. Es mögen noch so differenzierte Gleichgewichtsbedingungen formuliert und Stabilisierungsmechanismen (die Zinsen, der real balance effect, die Korrektur der realen Löhne) geltend gemacht werden – die Gesamtnachfrage und im besonderen die private Investitionstätigkeit bleiben unstabil und sind zyklischen Schwankungen unterworfen. Statt Gleichgewicht bei Vollbeschäftigung gibt es immer wieder Arbeitslosigkeit, Stagflation und Inflation.

Deshalb muss die *staatliche Politik* in die Bresche springen und gegebenenfalls das Manko der privaten Nachfrage mit zusätzlichen staatlichen Aufträgen wettmachen. Die entsprechenden Budgetdefizite (deficit spending) wären auf inflationärem Wege zu finanzieren. Der spätere Aufschwung sollte dann die Mittel einbringen, um die aufgestockten Schulden wieder abzutragen.

Seine hohe Zeit hatte dieses Programm in den ersten Jahrzehnten nach dem Zweiten Weltkrieg, einer Zeit, die ohnehin durch den Glauben an die Machbarkeit aller Dinge gekennzeichnet war. Auf diesem Hintergrund liessen sich viele Regierungen dazu verleiten, ein gleichmässiges Wachstum durch budgetpolitische Feinsteuerung anzustreben. Die Ernüchterung folgte jedoch auf dem Fusse; die Politik führte in die Sackgasse der Stagflation.

Die Lehre von *Keynes* ist später in vielfältiger Weise korrigiert und erweitert worden; das Grundmuster blieb indessen erhalten. Wie jede andere Lehre hat sie ihre *Schwächen,* die sich besonders in folgenden Einwendungen offenbaren:

- Die Annahme proportionaler Relationen zwischen wesentlichen Elementen des wirtschaftlichen Prozesses ist eine Vereinfachung, die der Wirklichkeit allzu häufig nicht standhält. Im besonderen gilt das für die ungenügende Zinselastizität des Geldbedarfes oder von Sparen und Investieren, die schon für *Keynes* ein Problem war.
- Die angeblich stabilen Relationen verführen dazu, die Wirtschaft als Maschine zu betrachten, die mit einfachen Schaltgriffen gesteuert werden kann (antizyklische Globalsteuerung). Die Folge waren dann fortwährende Kursänderungen der Wirtschaftspolitik (Stop-and-go-Politik), verbunden mit entsprechenden Verunsicherungen.
- Die Propagierung einer mässigen Inflation zur Senkung der realen Löhne mit dem Ziel, Vollbeschäftigung zu erreichen, ist fragwürdig und gefährlich; aus der mässigen Inflation kann leicht eine Stagflation oder beschleunigte Inflation werden.
- Ebenso ist der Vorschlag einer inflationären Finanzierung von Budgetdefiziten mit den Risiken und Gefahren jeder Inflationspolitik verbunden.
- Die Erwartung, erhöhte Staatsschulden als Folge der Defizitfinanzie-

rung könnten in Zeiten des wirtschaftlichen Aufschwunges wieder abgebaut werden, scheitert in der Regel an der mangelnden finanzpolitischen Disziplin der Regierungen und Parlamente.

Das System von *Keynes* enthält wichtige Elemente, die alle zur wirtschaftlichen Dynamik beitragen oder sie dämpfen: der Zins, die Gesamtnachfrage, die Konsumneigung, die Investitionsbereitschaft, die Multiplikatoren und Akzeleratoren, die Wellen von Optimismus und Pessimismus, der Mangel an Flexibilität, vor allem der Löhne. Sie erinnern zum Teil auch an Grenznutzenüberlegungen. Dagegen stösst die Lehre nicht zur eigentlichen Ursache dieser Dynamik vor, die im «Nutzen» selber steckt.

Die Neoklassiker

Die Vertreter der Neoklassik gehen in ihrer Grundhaltung, der Name dieser weitverzweigten Schule deutet es an, von der Denkweise der Klassiker der Volkswirtschaftslehre aus. Für ihre Überlegungen bildet das *Verhalten der einzelnen Unternehmungen und Haushalte* den Ausgangspunkt. Sie lassen sich von ihrem Eigeninteresse, von ihrem Streben nach Gewinn leiten. Sie bewerten die Güter subjektiv nach Massgabe ihrer Bedürfnisse und setzen ihre Wünsche im Tausch auf den verschiedenen Märkten über die Preisbildung ein. Sie bieten im Wettbewerb um die betreffenden Güter und Dienstleistungen so lange mit, als ihnen die Befriedigung eines Bedürfnisses im Vergleich zum eingesetzten Geldbetrag gerade noch einen Nutzen bringt; der *Grenznutzen* wirkt im System der Marktwirtschaft als das allgemein gültige Steuerungsprinzip. Soweit sich die Unternehmungen und Haushalte nach ihren eigenen Interessen richten, verhalten sie sich rational. Sie versuchen, sich einen möglichst umfassenden Überblick über ihre Chancen und Risiken, über das verfügbare Angebot, die geltend gemachte Nachfrage, die gegenwärtigen und künftigen Preise zu verschaffen; sie stützen sich auf ihre rationalen Erwartungen.

In diesem Verhalten liegt, wie man sagt, die mikroökonomische Fundierung einer darauf aufbauenden Makroökonomie. Diese ist gekennzeichnet durch ein allgemeines Gleichgewicht, das durch den umfassenden und freien Wettbewerb, durch die «unsichtbare Hand» des Marktes (*Adam Smith*) herbeigeführt wird. Angebot und Nachfrage auf den verschiedenen

Märkten werden durch die entsprechenden Preise zum Ausgleich gebracht; die Märkte werden dadurch laufend geräumt. Man spricht von den *relativen Preisen* im Unterschied zum *allgemeinen Preisniveau,* das sich proportional zur Geldmenge verhält. Die Markträumung bedeutet, dass Angebot und Nachfrage sich ausgleichen und die vorhandene Geldmenge als Kasse gehalten wird.

Auch der Arbeitsmarkt wird geräumt, so dass Gleichgewicht bei Vollbeschäftigung besteht. Arbeitslosigkeit gibt es – abgesehen von einer «natürlichen» Arbeitslosenrate – nur, wenn die Löhne nicht flexibel genug sind. Güter, Arbeitskraft und Kapital fliessen in jene Kanäle, die den grössten Gewinn versprechen. Störungen im Gleichgewicht kann es wohl geben; Haushalte und Unternehmungen sind in ihren Erwartungen vor Irrtümern nicht gefeit. Solche Störungen werden jedoch durch Anpassungsprozesse aufgefangen und sind vorübergehender Natur.

In den vergangenen Jahrzehnten hat sich die Neoklassik besonders um die Bedingungen eines *gleichmässigen Wachstums* des Sozialproduktes bemüht. Sie kam zum Ergebnis, dass mit einem stabilen Wachstum gerechnet werden kann, wenn der Einsatz der Produktionsfaktoren Arbeit und Kapital entsprechend erhöht wird oder wenn sie unter gütiger Mithilfe des technologischen Fortschrittes im nötigen Masse an Produktivität gewinnen.

Im Zentrum der neoklassischen Lehre steht das Vertrauen in die Selbstregulierungskraft der Wirtschaft. Es ist die Aufgabe des Staates, die Rahmenbedingungen für einen möglichst ungehinderten Wettbewerb festzulegen. Im übrigen soll er sich jeglicher Einmischung in den wirtschaftlichen Ablauf enthalten; allfällige Interventionen könnten nur bestehende Gleichgewichtsstörungen verstärken und müssten kontraproduktiv wirken.

So viel Harmonie muss natürlich die Frage nach den *Annahmen* provozieren, die ihr zugrunde liegen; es sind vor allem:

- rationales (egoistisches) Verhalten der am Marktgeschehen Beteiligten,
- voll funktionierender Wettbewerb,
- umfassende Flexibilität der Preise (Güterpreise, Löhne, Zinsen),
- vollständige Markttransparenz und Information,
- fortwährende Räumung aller Märkte,
- freie Austauschbarkeit der Produktionsfaktoren.

Diese Annahmen haben, wie nicht anders zu erwarten, heftige *Kritik* ausgelöst. Die Bedingungen vollständiger Konkurrenz, von Markttransparenz und Preisflexibilität werden angesichts der mit Monopolen und Oligopolen durchsetzten Produktionsstruktur, der kollektiven Lohnverhandlungen, der unvollkommenen Information, der allgemein vorherrschenden Unsicherheit und des immer noch hohen Grades an staatlicher Regulierung als wirklichkeitsfremd beurteilt. Darüber hinaus werden die These einer laufenden Markträumung und die Vorstellung eines langfristig stabilen Gleichgewichts als unbewiesene Behauptungen abgelehnt. Nicht weniger harsch fällt die Kritik an den Bedingungen eines stabilen Wachstums aus. Die Annahme einer automatischen und optimalen Austauschbarkeit der Produktionsfaktoren Arbeit und Kapital unter dem Einfluss des technologischen Fortschrittes weckt in der Tat den Verdacht, dass hier einiges Wunschdenken mit im Spiel ist.

Wohl lassen sich im Weltbild der Neoklassiker die Unternehmungen und Haushalte vom Streben nach Gewinn leiten. Ihre Vorstellung der Gewinnmaximierung ist jedoch zu eng.

> Es geht nicht nur um die Zielsetzung eines irgendwie in Gang gekommenen Prozesses, sondern das Geld bzw. der Geldtrieb ist die höchst aktive und dynamische Kraft, die solche Prozesse überhaupt in Gang setzt, immer wieder und überall.

Zudem konzentriert sich die Aufmerksamkeit der Theoretiker auf den Grenznutzen als Bedingung für Gleichgewicht und Stabilität des wirtschaftlichen Kreislaufes. Damit wird ihr Interesse aber erst recht abgelenkt, weg vom Zentrum des Geschehens und hin zur Peripherie.

Die Vertreter der Angebotsorientierung

Die angebotsorientierte Wirtschaftspolitik setzte sich in den 80er Jahren durch und gelangte besonders in den Vereinigten Staaten im Zeichen der «Reaganomics» zu grosser praktischer Bedeutung. Sie legt das Hauptgewicht auf die *Angebotsseite* im Unterschied zur Gesamtnachfrage, welche für die Anhänger von *Keynes* den Ausschlag gibt. Alles, was die Produktionsbedingungen verbessert und die Anpassungsfähigkeit der Unternehmungen erhöht, ist gut. Wenn das Angebot stimmt, dann stimmt auch die Nachfrage.

Im Zentrum der angebotsorientierten Wirtschaftspolitik steht das Postulat einer *Senkung der Einkommenssteuern.* Und zwar nicht so sehr der durchschnittlichen Steuerraten als der Grenzsätze, welche die Grenzerträge treffen. Die Steuern – wie auch die Sozialabgaben – drücken auf die Gewinnerwartungen der Unternehmungen und dämpfen ihren Leistungswillen und ihre Investitionsbereitschaft. Umgekehrt regen niedrigere Steuern die Leistung an. Das Wachstum steigt, was trotz geringerer Steuersätze höhere Steuereinnahmen zur Folge hat (Laffer-Kurve).

Das zentrale Postulat von Steuersenkungen muss von weiteren Schritten begleitet sein; zu denen vor allem gehören:

- eine Reduktion der Staatsausgaben und damit ganz allgemein des staatlichen Einflusses, der nur leistungshemmend wirkt;
- ein ausgeglichenes staatliches Budget, das nicht einen zu grossen Anteil des Kreditspielraumes auf Kosten der privaten Kreditnehmer für sich beansprucht;
- der Verzicht auf Subventionen;
- der Abbau (Deregulierung) von Auflagen aller Art, wozu auch eine zu weitgehende Rücksichtnahme auf die Umwelt, die Sicherheit und die Gesundheit gehört;
- eine zurückhaltende Lohnpolitik.

Die Vertreter der Angebotsorientierung spüren, dass es letztlich immer auf die eine Kraft ankommt, den Drang nach dem Geld. Doch wagen auch sie nicht, das Kind beim Namen zu nennen. Der Erfolg der angebotsorientierten Wirtschaftspolitik war eklatant. Dies um so mehr, als wohl die angekündigte Steuersenkung stattfand, die geforderte Kürzung der Staatsausgaben jedoch ausblieb und die Defizitwirtschaft weiterbetrieben wurde; *Keynes* hätte mit Stolz auf die Wirksamkeit seiner Lehre hinweisen können…

Zu den Schwächen der anerkannten Theorien

Ein zusammenfassender Blick auf die verschiedenen Lehren der etablierten Theorien vermittelt den Eindruck, dass es ihnen vor allem darauf ankommt, die Bedingungen für Gleichgewicht und Stabilität funktional zu umschreiben. Es geht immer um Nutzenfunktionen, um die Voraussetzungen, unter denen ein Tauschgeschäft gerade noch interessant erscheint. Dagegen interessieren sie sich nicht so sehr für die massgebenden Kräfte, welche das wirtschaftliche Geschehen überhaupt auslösen und in Gang halten. Sie setzen ihre Wirksamkeit und Konstanz stillschweigend voraus. Ein solches Manko muss *Gründe* haben.

Erstens werden die Annahmen für die makroökonomischen Modelle in verschiedenen dieser Theorien so festgelegt und zurechtgebogen, dass sie zu *Ergebnissen* führen. Es sei keinesfalls bestritten, dass Modelle ihren Sinn haben können, zumal die Makroökonomie ihren eigenen Gesetzen folgt. Im Glasperlenspiel des Modell-Bastelns steckt jedoch die grosse Versuchung für den logikbedürftigen Intellekt, sich auf Kosten der Realität selber zu genügen.

Und zweitens kommt in diesen Modellen die Wahrnehmung des Eigeninteresses wohl in der Optimierung der Erträge zum Ausdruck. Als massgebende Kraft hinter dieser Optimierung wird jedoch der *Wettbewerb* geltend gemacht; die Rede ist immer nur vom Wettbewerb. Er steckt auch voller Energie. Nur bleibt verborgen, dass diese Energie aus dem Drang nach dem Geld, dem Geldtrieb stammt; er treibt den Wettbewerb an. Die mangelnde Einsicht in das Wirken der massgebenden Kräfte ist die leidige Folge davon, dass die beiden Systeme der Geldwirtschaft und des Wettbewerbs nicht auseinandergehalten werden.

In dieses Bild passt die These von der *Neutralität des Geldes,* die zum Kanon der Neoklassiker, der Monetaristen und der Angebotstheoretiker gehört.

Unter der Neutralität versteht man im allgemeinen, dass vom Geld keine eigenen Einflüsse auf den realen Bereich, also auf Preise und Produktion ausgehen. *Koopmans* nimmt es noch genauer; er erklärt das Geld dann als neutral, «wenn sämtliche Vorgänge in der Geldwirtschaft dem Idealtypus einer reinen Tauschwirtschaft nach den Gesetzen der Gleichgewichtstheorien entsprechen». (69) Als gemeinsames Merkmal dieser Theorien nennt er den «direkten Tausch ohne Vermittlung irgendeines Tauschmittels», also nicht den geldvermittelten, sondern den naturalwirtschaftlichen Tausch. Die moderne Geldwirtschaft wird also tatsächlich – man hat Mühe, es zu glauben – mit einer naturalen Tauschwirtschaft gleichgesetzt!

Nach allen vorangehenden Überlegungen sollte jedoch klar sein: Die gesamte Energie, die das wirtschaftliche Geschehen antreibt, stammt aus dem *Geldtrieb.* Er schafft die unzähligen Tauschhandlungen und versucht dabei, soviel an Geldeinkommen herauszuholen als möglich. Damit beeinflusst er aber die Preise auf den verschiedenen Märkten in ihrem Kern. Ein solches Medium kann nie und nimmer neutral sein; es ist vielmehr in höchstem Masse aktiv.

Das Konzept von Geldtrieb und Wettbewerb, wie es hier vertreten wird, steht der These vom neutralen Geld radikal entgegen.

Die etablierten Theorien gehen in ihren Überlegungen vom Bild vollkommener Konkurrenz gleich starker Partner aus. Der Wettbewerb führt zu einheitlichen, niedrigen Preisen; die Präferenzen sind stabil. Damit bleibt aber die Dynamik des Wettbewerbes ausgeklammert. Besteht sein Wesen – unter dem Druck des Geldtriebes – nicht gerade darin, die Konkurrenz zu überspielen und sich einen Vorsprung zu verschaffen dank natürlicher Vorteile, besonderer Leistungen oder künstlicher Beschränkungen? Sobald aber die Spiesse ungleich lang sind, explodieren die *relativen Preise* der begünstigten Güter und Dienstleistungen. Man denke an das Erdöl, die Liegenschaften, bestimmte Aktien oder die Gehälter, Löhne und Gagen von besonders qualifizierten Managern, spezialisierten Mitarbeitern, anerkannten Künstlern und Sportlern.

Die relativen Preise unterliegen einem ständigen, durch den Geldtrieb ausgelösten Haussedruck.

Er hat wesentlichen Anteil an der anhaltenden Teuerung bzw. Geldentwertung, von der früher die Rede war. An diesem Bild ändert grundsätzlich auch nichts, dass es anderseits Fälle von massiver Senkung der relativen Preise gibt, die dank neuer, kostengünstiger Produktionsmethoden möglich werden; Beispiele bieten etwa die Computer-Chips oder die Produkte der landwirtschaftlichen Monokulturen.

Die erhöhten relativen Preise steigern das *allgemeine Preisniveau;* sie gehen in den Index der Konsumentenpreise ein (Lebensmittel, Mieten, Heizkosten u.a.m.), an dem die Entwicklung des allgemeinen Preisniveaus in der Regel gemessen wird. Die höheren Preise können sich frei entfalten, soweit sie durch eine *endogen* bestimmte Geldmenge finanziert bzw. monetisiert werden.

Für den umgekehrten Fall einer *exogenen* Erhöhung der Geldmenge behaupten die etablierten Theorien, dass eine solche Erhöhung nach einer Übergangszeit zwar das allgemeine Preisniveau anhebe, hingegen auf weite Sicht keinen Einfluss auf die relativen Güterpreise ausübe. Das würde aber bedeuten, dass sich diese Geldmengenausweitung langfristig gleichmässig auf alle Güterpreise auswirken müsste. Das ist nun aber aufgrund des geschilderten Mechanismus des Wettbewerbs sowie gestützt auf alle praktische Erfahrung nicht der Fall. Eine Erhöhung der Geldmenge kann auf den einzelnen Märkten je nach dem Stand des Wettbewerbs ganz unterschiedliche Preissteigerungen auslösen; sie können anhaltend sein und zu Umleitungen in der Produktion Anlass geben.

Eine Theorie, welche die These vom neutralen Geld auf ihr Banner schreibt, muss den Zugang zum Verständnis der Wirklichkeit verfehlen.

Der geldwirtschaftliche Apparat

12. Die Geldversorgung

Die Aufgaben des geldwirtschaftlichen Apparates

Die *praktische* Aufgabe, das Gleichgewicht zwischen Geld und Gütern zu verwirklichen, fällt der staatlichen Geldpolitik und dem geldwirtschaftlichen Apparat zu. Sie lässt sich im einzelnen auf drei Ziele aufteilen:

(1) die Sicherung einer genügenden Zahlungsbereitschaft;
(2) die Abstimmung der Geldversorgung auf das Güterangebot und
(3) den Ausgleich von Sparen und Investieren.

(1) Das grundlegende Erfordernis in der Geldwirtschaft bildet eine *genügende Zahlungsbereitschaft.* Sie ist zugleich das Instrument, das der Geldtrieb benötigt, um seine Chancen im Tauschverkehr zu realisieren. Eine genügende Liquidität stellt die Voraussetzung für die Entfaltung der wirtschaftlichen Selbstorganisation dar. Die Geldnachfrage, in der sich dieses Bedürfnis nach Liquidität kundtut, sollte durch das Geldangebot gedeckt werden.

(2) Das zweite Postulat besteht in der *Abstimmung der Geldversorgung auf das erwartete Güterangebot;* sie soll das nötige Gleichgewicht zwischen Geld und Gütern und damit die Preisstabilität sicherstellen. Diese Abstimmung muss nun, wie früher dargelegt, *Priorität* gegenüber dem Liquiditätsbedarf der Wirtschaft beanspruchen (vgl. S. 115).

> Das Ziel der Sicherung einer genügenden Zahlungsbereitschaft lässt sich nur so weit realisieren, als es dem Ziel der Abstimmung von Geld und Gütern entspricht bzw. ihm nicht zuwiderläuft.

(3) Die weitere Aufgabe des geldwirtschaftlichen Apparates besteht im *Aus-*

gleich von Sparen und Investieren im Sinne der früher zitierten IS-Funktion. Es geht um die Abstimmung der Anlagebedürfnisse der Sparer mit den Finanzierungsbedürfnissen der Unternehmungen sowie der privaten und öffentlichen Haushalte. Natürlich gehört auch der Weg zurück, von den Anlagen in die Liquidität, dazu; der entsprechende Liquiditätsbedarf wird jedoch im Rahmen der allgemeinen Geldversorgung gedeckt. Die Palette der Anlagemöglichkeiten bzw. Finanzierungsinstrumente ist überaus reichhaltig und erweitert sich dauernd; der Phantasie scheinen keine Grenzen gesetzt zu sein.

Eine zentrale Rolle bei der Abstimmung des Liquiditätsbedarfes auf die verfügbare Geldmenge sowie von Sparen und Investieren fällt dem *Zins* zu. Er ist der Preis für Liquidität bzw. für den Verzicht auf Liquidität. Der Verlauf der Zinsen ist das massgebende Signal, das anzeigt, wie leicht oder schwer es fällt, zu Liquidität zu gelangen, und wie interessant es sein kann, auf Liquidität zu verzichten. Ihre Bewegungen strahlen sofort bis in die hintersten Winkel der Finanzmärkte aus.

Soviel zu den beiden Hauptaufgaben des geldwirtschaftlichen Apparates: der Versorgung der Wirtschaft mit Geld und der Vermittlung von Geld und Kapital. Sie werden von zwei in ihrem Charakter *grundverschiedenen Trägern* erfüllt.

Aufgabe des Staates bzw. der Notenbank ist es, die Wirtschaft mit Notenbankgeld, also mit Liquidität höchster Ordnung, auszustatten. Demgegenüber sorgt die Selbstorganisation der Banken und weiterer Finanzinstitute für ein zusätzliches Mass an Geldversorgung sowie für die Vermittlung von Geld und Kapital.

Die Notenbank hat es grundsätzlich in der Hand, über die Schaffung von Notenbankgeld das gesamte Volumen von Geld und Kapital zu steuern. Die Banken, staatliche und private, Broker und andere Unternehmungen bemühen sich dagegen, angeleitet von ihrem Geldtrieb und kontrolliert durch den Wettbewerb, solche Tauschgeschäfte in allen möglichen Formen einzuleiten und durchzuziehen. Die Börsen beteiligen sich ebenfalls an dieser Aufgabe; doch sind sie meistens gemeinschaftliche Organisationen dieser ursprünglichen Vermittler und nicht vom Geldtrieb beherrscht.

Der geldwirtschaftliche Apparat muss eine Geld- und Kapitalversorgung sicherstellen, die erstens *elastisch* genug ist, um die wirtschaftlichen Möglichkeiten optimal auszunützen, und zweitens *stabil* genug, um über alle Wechselfälle des wirtschaftlichen und gesellschaftlichen Lebens hinweg langfristig möglichst einwandfrei zu funktionieren. Darauf kommen wir am Schluss dieses Abschnittes zurück.

Der währungspolitische Rahmen

Geld wird heute zur Hauptsache von den Notenbanken der einzelnen Länder bzw. von Staatengemeinschaften und, davon abgeleitet, vom Bankensystem geschaffen. Die *internationale Währungsordnung* entscheidet darüber, wie abhängig oder unabhängig die Notenbanken in diesem Prozess sind. Es ist ein entscheidender Unterschied, ob die Währungen (1) zu einem bestimmten Kurs oder Preis (= Parität) an ein gemeinsames Medium, wie Gold oder Silber, gebunden sind, wodurch die Wechselkurse zwischen diesen Währungen zwangsläufig fixiert werden, oder ob sie (2) über frei schwankende Wechselkurse miteinander in Beziehung stehen.

(1) Bei *festen Wechselkursen* beherrscht die Zahlungsbilanz die Geldversorgung. Weist sie einen Überschuss auf, muss die Notenbank, um die Parität aufrechtzuerhalten, die angebotenen fremden Währungen zu den festgelegten Preisen übernehmen und sie in heimische Währung umwandeln. Der Geldbedarf im Inland wird dadurch, unbekümmert um die Bedürfnisse der Wirtschaft, ausgeweitet. Bei einem Defizit der Zahlungsbilanz gibt die Notenbank Devisen ab; sie entzieht den entsprechenden Gegenwert in heimischer Währung dem Verkehr und vermindert dadurch den Geldumlauf.

In diesen Interventionen – Ankäufen und Verkäufen am Devisenmarkt – besteht die *aussenwirtschaftliche Komponente* der Geldversorgung. (70) Die Notenbank reagiert dabei mehr gezwungen als aus freien Stücken auf Schwankungen am Devisenmarkt. Die Fähigkeit, auf diesem Markt überhaupt handeln zu können, setzt jedoch einen entsprechenden Vorrat an internationalen Währungsreserven, wie Devisen und Gold, voraus.

(2) Anders bei *frei schwankenden Wechselkursen,* dem sogenannten Floaten. Während der Ausgleich der Zahlungsbilanzen bei festen Wechselkursen über die Verschiebung von Währungsreserven, also von Geldmengen, erfolgt, vollzieht er sich bei freien Wechselkursen über das Steigen und Fallen dieser Kurse. Der inländische Geldumlauf bleibt dann von der Aussenwirtschaft grundsätzlich unberührt. Die Notenbank alimentiert und steuert ihn vielmehr mit den Mitteln der *binnenwirtschaftlichen Komponente* der Geldversorgung: durch die Refinanzierung von Wechseln und staatlichen Schatzanweisungen, durch den Kauf und die Belehnung von Wertschriften sowie durch Gewährung von Swap-Krediten (Kauf von kurzfristigen Forderungen und gleichzeitiger Verkauf auf einen späteren Termin).

Die Kurse der fremden Währungen bilden sich auf dem *Devisenmarkt,* auf dem Angebot und Nachfrage dieser Währungen zusammentreffen und zum Ausgleich gebracht werden sollen. Der Handel wickelt sich dabei im wesentlichen am Bildschirm und am Telefon zwischen den Geschäftsbanken ab. Hinter dem Angebot und der Nachfrage am Devisenmarkt steht die *Zahlungsbilanz* eines Landes, die alle seine Forderungen und Verpflichtungen umfasst und sich aus der Bilanz des Güterverkehrs, des Dienstleistungsverkehrs und des Kapitalverkehrs zusammensetzt. Das grösste und zugleich unberechenbarste Element bilden die *Kapitalbewegungen.* Zu ihnen gehört einmal die Anlage heimischer Ersparnisse in ausländischen Investitionen und umgekehrt. Noch wesentlich umfangreicher sind indessen die Transaktionen spekulativen Charakters. Kapitalbewegungen werden ausgelöst, um kurzfristige Zinsdifferenzen auszunützen und die Chance möglicher Kursgewinne wahrzunehmen. (71)

Entsprechend schwierig ist es, die Schwankungen der Devisenkurse auf kurze Frist (bis zu einigen Monaten) abzuschätzen und vorauszusagen. Neuerdings versuchen Anhänger der *Chaos-Theorie* herauszufinden, ob mit dieser Methode die mutmassliche Richtung des Kursverlaufes und das Mass seiner Schwankungen besser erfasst werden könnten. Die Frage bleibt jedoch offen, ob die Devisenkurse gewissen Mustern folgen oder ob sie ganz dem Zufall («random walk») überlassen bleiben.

Mehr Aussicht auf Erfolg verspricht dagegen die Prognose auf weite Sicht auf der Grundlage der *Theorie der Kaufkraftparitäten.* Sie besagt, dass der Wechselkurs zwischen den Währungen zweier Länder das Verhältnis ihrer Preisniveaus, also ihrer Kaufkraft, gemessen an den Preisen eines vergleichbaren Warenkorbes, widerspiegelt. Es macht allerdings einen Unterschied, welche Preise (Konsumenten- oder Grosshandelspreise) man dem Vergleich zugrunde legt und ob – wie das auch geschieht – Veränderungen in der Produktivität sowie des Standes von Guthaben und Schulden in fremder Währung mitberücksichtigt werden.

Nach dem Zweiten Weltkrieg führte zunächst das System von *Bretton Woods* auf der Grundlage eines Golddevisenstandards feste Wechselkurse ein. Die unvermeidlichen Spannungen, die sich aus den laufenden Verschiebungen der Zahlungsbilanzen ergaben, wurden, wenn sie das erträgliche Mass überschritten, durch Auf- und Abwertungen der betroffenen Währungen aufgefangen. Anfang der 70er Jahre musste dieses Regime dann aber unter dem Druck massiver Kapitalabflüsse aus den Vereinigten Staaten in verschiedene europäische Länder, vor allem auch in die Schweiz, aufgegeben werden. Die Kapitalwelle drohte die Empfängerländer zu überfluten und dort Inflationen auszulösen, die nicht mehr zu kontrollieren gewesen wären. Die bis dahin festen Kurse wurden dem *freien Spiel der Marktkräfte* überlassen. Auch wenn ein solcher Schritt schon lange zuvor von bestimmten Richtungen der ökonomischen Theorie empfohlen worden war, wurde er im Augenblick, da ihn die übermächtigen Verhältnisse erzwungen haben, als gewagtes Abenteuer mit ungewissem Ausgang empfunden.

Schon bald zeigte sich auch, dass die Wechselkurse nicht ohne weiteres dem Markt überlassen werden dürfen. Höhen- und Tiefflüge der Währungen lösten einander ab und hatten tiefgreifende Folgen für die Konkurrenzfähigkeit der einzelnen Länder und die Stabilität der Weltwirtschaft. Das veranlasste die betroffenen Staaten zum Eingreifen. Die internationale Währungsordnung stützt sich seither auf ein System frei schwankender Wechselkurse, das jedoch nicht immer rein funktioniert, sondern *auf verschiedene Weise korrigiert* wird.

Zunächst muss dieses Bild mit dem Hinweis auf die beherrschende Rolle ergänzt werden, die den Leit- oder *Schlüsselwährungen* zukommt. Im Vordergrund steht dabei der amerikanische Dollar, der im April 1995 an 83% des Umsatzes auf dem Weltdevisenmarkt beteiligt war. (72) Die Institution der Leitwährung hat jedoch ihre Kehrseite. Seit Jahren zeigt die amerikanische Aussenwirtschaft ein gewaltiges Defizit, das durch Zahlung in

Dollar gedeckt wird. Die Welt ist dadurch reichlich mit Dollar versorgt, und jede Erhöhung des Defizites bedeutet eine weitere Schöpfung von internationaler Liquidität. Dieser (für die Amerikaner) bequeme Ausweg der Defizitfinanzierung hat zusammen mit dem gewaltigen Fehlbetrag im amerikanischen Staatshaushalt wohl das Vertrauen in den Dollar angekratzt. Die Welt ist jedoch mehr oder weniger bereit, diese nicht unbedenkliche Lösung zu tolerieren, solange keine praktikable Alternative zum Dollar als internationaler Leitwährung sichtbar ist.

Von den erwähnten Korrekturen der frei schwankenden Wechselkurse geschieht eine erste Intervention durch die *einzelnen Staaten* bzw. Notenbanken. Sie versuchen, die Ausschläge ihrer Währungen, wenn sie unerträglich werden, durch Käufe und Verkäufe von fremden Währungen am Devisenmarkt zu mildern. Mit diesem *schmutzigen Floaten* verändern sie aber, ob es ihnen passt oder nicht, ihre nationale Geldversorgung.

Eine *zweite* Art von Korrekturen ergibt sich durch *gemeinsame Interventionen mehrerer Staaten.* Ein Beispiel solcher Art bot wiederum der amerikanische Dollar, dessen Kurs im Vergleich zu den übrigen wichtigsten Währungen der Welt, besonders der Deutschen Mark und dem japanischen Yen, einmal zu stark nach oben und wenig später nach unten ausschlug und korrigiert wurde (Plaza-Abkommen von 1985, Louvre-Abkommen von 1987).

Einen *dritten* Ansatz für Korrekturen des freien Spiels der Devisenkurse bilden die übernationalen Institutionen, die durch die Vereinbarung von Bretton Woods ins Leben gerufen worden sind, vor allem der *Internationale Währungsfonds (IWF).* Sein Kapital wird durch Einlagen seiner Mitgliedstaaten in deren nationaler Währung alimentiert und im Bedarfsfalle zur kurzfristigen Finanzierung von Fehlbeträgen in den Zahlungsbilanzen an Defizitländer ausgeliehen. Im Jahre 1967 hat dann der Fonds begonnen, durch Einräumung von Sonderziehungsrechten (SZR) – einer Recheneinheit, die sich auf die Kurse der wichtigsten Währungen stützt – zusätzliche internationale Liquidität zu schaffen.

Die Instrumente des Fonds sind in der Folge ständig ausgebaut worden: durch Aufstockung des Grundkapitals, durch die Erhöhung der Quoten der Mitgliedstaaten, welche den Zugang zu den Fondsmitteln regeln, und durch die zusätzliche Ausgabe von Sonderziehungsrechten. Der Kundenkreis konzentrierte sich immer mehr auf die Entwicklungsländer und neuerdings auf die Nachfolgestaaten des ehemaligen Ostblockes. Mit der Gewährung von langfristigen Krediten an Entwicklungsländer mit besonders niedrigem Pro-Kopf-Einkommen, den Strukturanpassungsfazilitäten (ESAF), hat sich der Währungsfonds später auf das Gebiet der langfristigen Entwicklungsfinanzierung vorgewagt, das eigentlich der *Weltbank* vorbehalten wäre.

Ein *viertes* Feld von Korrekturen am Spiel freier Wechselkurse wird durch die zahlreichen *Regulierungen* am Devisenmarkt gebildet. Sie waren und sind dazu bestimmt, den heimischen Geld- und Kapitalmarkt gegen Einflüsse von aussen abzuschirmen und damit – in der Meinung ihrer Ordnungshüter – sein einwandfreies Funktionieren sicherzustellen.

Wo jedoch Regulierungen und Interventionen bestehen oder befürchtet werden müssen, wird nach Wegen gesucht, um sie zu umgehen. Zur Zeit des Kalten Krieges begann die Sowjetunion aus Angst vor einer Blockierung ihrer Guthaben, ihre Dollar nicht mehr in den Vereinigten Staaten anzulegen, sondern in Europa. Daraus entstand der *Eurodollarmarkt.* In der Folge dehnte er sich auf weitere Plätze ausserhalb der Vereinigten Staaten (Offshore-Zentren) und schliesslich auf andere Währungen aus. Die im Jahre 1963 in den USA eingeführte Zinsausgleichsabgabe verhinderte eine Rückkehr dieser Dollar in ihr Ursprungsland erst recht. Der Euromarkt entwickelte sich zum grössten Kapitalmarkt der Welt. Auch heute spielt er – aufgeteilt in die drei Sektoren der Eurokredite, der kurz- und mittelfristigen Euronotes und der langfristigen Eurobonds – eine gewaltige Rolle. Mit der Deregulierung in den früher abgeschirmten nationalen Märkten verschwimmen seine Grenzen allerdings immer mehr.

In der weiteren Entwicklung der Währungsordnung stehen zwei Tendenzen im Vordergrund:

(1) die Deregulierung und Globalisierung des Zahlungs- und Kapitalverkehrs und
(2) die zunehmende Herausbildung regionaler Währungszonen.

(1) Die Welle der *Deregulierungen* oder Liberalisierungen hatte ihren Ausgangspunkt in Grossbritannien, das in den Jahren 1979 und 1980 die

Begrenzung der Bankeinlagen sowie die Kapitalverkehrskontrollen abschaffte. Bald darauf folgten die Vereinigten Staaten, welche die Zinsobergrenze für Spar- und Termineinlagen ausser Kraft setzten. Etwas später kam es zum Abbau von Kapitalverkehrskontrollen in der Bundesrepublik Deutschland, in Frankreich und Italien. Es lag im Interesse der betreffenden Länder, ihre Märkte zu öffnen, um die Wettbewerbsfähigkeit des eigenen Finanzplatzes zu stärken.

Hand in Hand mit der Deregulierung setzte sich die *Globalisierung* oder Internationalisierung des Finanzverkehrs durch. Sie wurde entscheidend unterstützt durch seine *Rationalisierung* dank der elektronischen Informationssysteme. Diese ermöglichen die Übertragung von Daten und Aufträgen sowie ihre Abwicklung ohne zeitlichen Verzug und rund um die Uhr. Es kam zu einer Vernetzung der Finanzmärkte, die es international tätigen Instituten erlaubt, für ihre Anlagen und Finanzierungen die weltweit günstigste Lösung zu wählen. Gleichzeitig entstanden umfassende Clearing-Systeme für den Zahlungsverkehr sowie die Anleihensobligationen, während der Aktienhandel noch stark an die nationalen Märkte gebunden ist.

Im *Interbank-Netting-System* werden die Forderungen und Verbindlichkeiten nicht nur zwischen zwei Geschäftsbanken verrechnet; die Salden werden vielmehr im Rahmen einer Vielzahl von Banken ausgeglichen, bis eine einzige multilaterale Netto-Netto-Position übrigbleibt, die dann zwischen den betroffenen Instituten geregelt werden muss. Dadurch verringert sich die Anzahl der Zahlungsüberweisungen ganz beträchtlich, die Leistungsfähigkeit wird erhöht, und die Abwicklungskosten reduzieren sich. Es liegt aber auch nahe, dass ein derartiges Zusammenwachsen des internationalen Finanzverkehrs die Geldpolitik der einzelnen Länder erschwert.

(2) Daneben zeichnet sich in Umrissen die zweite der erwähnten Tendenzen ab: die *Herausbildung regionaler Währungszonen.* Der amerikanische Dollar, die Deutsche Mark und – zumindest in Ansätzen – der japanische Yen treten als Leitwährungen in ihrem geographischen Umkreis hervor, während die übrigen dazugehörenden Länder ihre Währungen durch feste Kurse an die Leitwährungen binden oder sie doch de facto an diese anlehnen.

Der *Dollar* erhält seine überragende Bedeutung durch den mächtigen

Binnenmarkt der Vereinigten Staaten. Dazu kommt der kanadische Dollar, der sich faktisch auf die amerikanische Währung ausrichtet. In Südamerika versuchen verschiedene Staaten immer wieder, sich am amerikanischen Dollar als Leitwährung zu orientieren, auch wenn der Verlauf ihrer Währungen allzu häufig nur das Elend widerspiegelt, in dem sie stecken.

Der *Yen* hat sich demgegenüber als Leitwährung in der asiatisch-pazifischen Zone noch nicht in einem Masse entwickelt, wie man das angesichts der unbestrittenen wirtschaftlichen und finanziellen Vormachtstellung Japans erwarten könnte. Einer solchen Rolle stehen einstweilen die Regulierungen der japanischen Finanzmärkte entgegen, aber auch die unterschiedlichen Kulturen in den Ländern dieser Zone. An Bestrebungen, sich der allgemeinen Deregulierungswelle anzuschliessen, fehlt es nicht; doch bleibt ihre praktische Bedeutung bisher bescheiden.

Am weitesten ist die Entwicklung zu einem gemeinsamen Währungsgebiet in *Europa* gediehen. Seit 1979 besteht hier ein gemeinsames Währungssystem (EWS), dem bereits der Versuch mit einem als «Währungsschlange» bekannten Verbund vorausgegangen war. Im Bestreben, die Integration der Europäischen Union voranzutreiben, soll das System zu einer Europäischen Währungsunion mit einer einheitlichen Währung – dem *Euro,* der am 1. Januar 1999 in Kraft treten soll –, einer gemeinsamen Währungspolitik, einer dafür zuständigen Europäischen Zentralbank und einer umfassenden Liberalisierung des Kapitalverkehrs ausgebaut werden.

So zündend die Vision eines auch währungsmässig vereinigten Europas sein mag, so muss man doch hoffen, dass die Verbindung eines wirtschaftlich, kulturell und historisch derart heterogenen Staatengebildes nicht überstürzt wird; denn statt mehr Stabilität könnten damit leicht neue Spannungen eingehandelt werden. Die bisherigen Schwankungen dieser Währungen untereinander, die im Sommer 1993 sogar zum Zusammenbruch des bisherigen Fixkurssystems geführt haben, waren nicht nur das Ergebnis von Spekulationen; ihnen lag vielmehr eine ganz unterschiedliche Verteilung der wirtschaftlichen Kraft und Produktivität zugrunde. Bei einer Vereinheitlichung der Währungen verschwinden die im nationalen Rahmen gepflegten Gärtchen. Das führt zu Verschiebungen der wirtschaftlichen Stärken und Schwächen sowie zu Wanderbewegungen in Richtung auf die prosperierenden Regionen. Wenn man dagegen solchen Umwälzungen mit

Ausgleichszahlungen zuvorkommen will, so werden nicht nur die reicheren Mitgliedstaaten entsprechend zur Kasse gebeten; vielmehr bleibt der Erfolg der Umverteilung ungewiss, ganz abgesehen von den Risiken von Willkür und Versuchungen zum Missbrauch, die damit verbunden sind.

Die Geldpolitik der Notenbanken

Zuständig und verantwortlich für die Geldversorgung der einzelnen Länder sind ihre Regierungen bzw. Notenbanken. Eine angemessene Geldversorgung ist dabei eine derart zentrale und folgenschwere Aufgabe, dass sie möglichst unabhängig von politischen Einflüssen wahrgenommen werden sollte. Die Regierungen stehen unter dem ständigen Druck, ihre Aufgaben finanzieren, die Wirtschaft in Schwung halten und die Wohlfahrt ihrer Bürger fördern zu müssen. Eine Beherrschung des Geldwesens setzt sie deshalb der Versuchung aus, die Geldversorgung in den Dienst solcher Forderungen zu stellen statt sich auf das Ziel der Werterhaltung des Geldes zu konzentrieren. Die Übertragung des Auftrages der Geldversorgung an eine *unabhängige Notenbank* ist deshalb ein dringendes Gebot. Das gilt nicht minder für eine gemeinsame Zentralbank in einem Währungsverbund wie der Europäischen Union. Dass die Notenbanken jedoch den Regierungen und der Öffentlichkeit Rechenschaft über ihr Tun und Lassen schuldig sind, versteht sich von selbst.

Das konkrete Ziel der Geschäftspolitik der Notenbanken ergibt sich aus ihrer besonderen Situation. Soll ihre Währung an eine andere Währung gebunden oder doch an sie angelehnt werden, so ist zwangsläufig das Wechselkursziel massgebend. Ist sie jedoch in der Wahl der Ziele frei, so kommt es letztlich darauf an, dass das Geld seinen Wert behält und seine Funktionen erfüllen kann. Das setzt ein Gleichgewicht zwischen Geld und Gütern voraus und bedeutet Preisstabilität. Dieses Ziel ist anspruchsvoll genug. Die Geldpolitik darüber hinaus für Wohlfahrt und Beschäftigung verantwortlich machen zu wollen, indem sie den Geldtrieb durch eine inflationäre Geldversorgung und niedrige Zinsen anheizt, bedeutet allzu oft eine Überforderung. Das Gelingen einer solchen Politik ist fraglich; dagegen muss in der Regel damit gerechnet werden, dass der dafür geforderte Preis zu hoch ausfällt.

Die Notenbanken, die der Stabilität des Geldwertes verpflichtet sind, legten nach dem Übergang zu frei schwankenden Wechselkursen in den 70er Jahren ein Geldmengenziel fest, das dem Wachstumspotential ihrer Wirtschaft entsprach. An diesem Ziel nahmen sie, je nach Ausgangslage, gewisse Retouchen vor. Befand sich die Wirtschaft in einem inflationären Zustand, der gebremst werden sollte, reduzierten sie die nominelle Wachstumsrate. In einer Rezession ohne Teuerungsgefahr konnte dagegen das angestrebte Geldmengenziel etwas grosszügiger ausgelegt werden. Die richtige Bemessung der Geldmenge machte einen guten Teil der Kunst aus, die dem Metier des Notenbankiers zugeschrieben wird.

Der Mechanismus der *endogenen* Geldschöpfung funktioniert nun in der Weise, dass die Wirtschaft – Unternehmungen, öffentliche und private Haushalte – ihren Geldbedarf durch die Aufnahme von Krediten bei den Banken zu decken sucht. Reichen die eigenen Finanzierungsmöglichkeiten der Banken nicht aus, so können sie bei der Notenbank durch Diskontierung von Wechseln und Schatzanweisungen, durch Lombardierung von Wertschriften oder durch Devisen-Swaps Geld borgen. Die Notenbank erleichtert oder erschwert diese Kreditaufnahme durch eine entsprechende Festsetzung ihrer Kreditbedingungen. Die Geldversorgung auf exogenem Wege findet statt, wenn die Notenbank ein bestimmtes Geldmengenziel verfolgt, wenn sie auf dem Devisenmarkt interveniert, wenn sie direkt staatliche Schuldverschreibungen übernimmt oder wenn sie als Käuferin und Verkäuferin von Wertschriften am offenen Markt auftritt. Die Notenbank erhöht (oder vermindert) damit die Geldmenge, ob nun die Wirtschaft einen Bedarf geltend macht oder nicht; die Initiative zur Ausweitung der Geldmenge liegt in diesem Fall allein bei ihr. Um welche Geldmenge handelt es sich aber? (Vgl. dazu S. 27 f.)

Die Notenbanken haben nur auf das *Notenbankgeld* bzw. die monetäre Basis direkten Einfluss. Sie umfasst die Banknoten sowie die Guthaben, welche die Banken bei ihnen unterhalten. Ihre Autonomie ist aber in dem Masse eingeschränkt, als die aussenwirtschaftliche Komponente der Geldversorgung in Funktion tritt. Soweit die Notenbanken die monetäre Basis beherrschen, kontrollieren sie grundsätzlich auch die *übrigen Geldmengen,* weil aufgrund der Liquiditätsvorschriften der Bankengesetze und – je nach dem Instrumentarium der Notenbanken – aufgrund der eingeforderten Mindestreserven bestimmte Relationen zwischen der Notenbankgeldmenge und den übrigen Geldmengen eingehalten werden müssen. Der Übertragungsmechanismus zwischen den verschiedenen Geldmengen funktioniert allerdings nicht mit der Strenge physikalischer Gesetze.

Es kommt einmal laufend zu Verschiebungen im Geldbedarf und zwischen den Anteilen der einzelnen Geldmengen.

(1) Die Unternehmungen und Haushalte kommen mit weniger Bargeld aus.

- Die *höheren Einkommen* und *grösseren Vermögen* reduzieren den Anteil der nötigen Kassenmittel.
- Der Ausbau der *sozialen Sicherheit* fördert das regelmässige Renteneinkommen und verringert die Notwendigkeit der Geldhaltung.
- Der leichtere *Zugang zu Krediten* – Konsumkredite für die Haushalte, Betriebs- und Investitionskredite für die Unternehmungen – macht weniger flüssige Mittel erforderlich.
- Die *Deregulierung* des Finanzverkehrs und seine *Globalisierung,* seine weltweite Ausdehnung und Verflechtung, unterstützen diese Tendenz kräftig.
- Die viel raschere Abwicklung des *Zahlungsverkehrs* durch Computer und Telekommunikation bedingt weniger bares Geld.
- Das *Cash-Management* in den Betrieben will mit einem Minimum an Geld auskommen und bevorzugt ertragbringende Finanzanlagen.
- Der *Konzentrationsprozess* in der Wirtschaft erhöht die Möglichkeit der innerbetrieblichen Verrechnung.
- Die *Termingeschäfte,* also Käufe und Verkäufe auf Zeit, erlauben es, Verpflichtungen einzugehen, ohne oder doch weniger flüssige Mittel einsetzen zu müssen.
- Die neuen *Finanzinstrumente,* wie Futures und Optionen, versprechen Gewinnmöglichkeiten und Verlustreduktionen bei geringem Einsatz von barem Geld.
- Erleichterungen in den gesetzlichen *Liquiditätsvorschriften* der Banken verringern ihren Geldbedarf.

(2) Zwischen den verschiedenen Geldkategorien haben markante Verschiebungen stattgefunden. (73)

- Der *bargeldlose Zahlungsverkehr*, die bargeldlose Lohnzahlung und das bargeldlose Einkaufen durch direkte Belastung des Bankkontos an der Ladenkasse wickeln sich unter Inanspruchnahme der Sichtguthaben bei den Banken ab.
- Die *Kreditkarten* stützen sich ebenfalls auf die Sichtguthaben bei den Banken; ihnen werden die geschuldeten Beträge letztlich belastet.
- Das *Bancomat-Netz*, die bankeigenen Aussenschalter und die Möglichkeit des Bargeldbezuges bei der Post erleichtern den jederzeitigen Zugang zum Bargeld und reduzieren den Zwang zur laufenden Kassenhaltung.

Neben diesen Veränderungen in den Geldmengen ist vor allem die *Beziehung zwischen den Geldmengen und dem Sozialprodukt sowie dem Preisniveau* nicht immer stabil genug. Die verschiedenen Geldmengen zeigen Wachstumsraten im Verhältnis zu diesen Bezugsgrössen, die oftmals wesentlich voneinander abweichen und zum Teil auch gegenläufig sind. Die Notenbanken forschen deshalb ständig nach neuen Varianten der Geldmenge, die eine verlässliche Relation zum Sozialprodukt und zum Preisniveau bieten könnten. Sie verwenden beispielsweise sogenannte Divisia-Aggregate, welche die Bestandteile der einzelnen Geldmengen unverändert lassen, dagegen ihre unterschiedliche Liquidität zu gewichten suchen.

Frägt man nach *Alternativen* zur Geldmenge als Bestimmungsgrösse für die Geldversorgung, so stehen die Wechselkurse und die Zinsen im Vordergrund. Die *Wechselkurse* spielen zwangsläufig die massgebende Rolle, wenn eine Währung auf eine andere Währung ausgerichtet werden soll oder wenn es darum geht, extreme Ausschläge am Devisenmarkt zu mildern. Die Notenbanken verlieren jedoch in dem Masse, wie sie einem Wechselkursziel die Priorität einräumen, ihre Unabhängigkeit in der Steuerung der Geldmenge.

Die Höhe der *Zinsen* gibt darüber Aufschluss, ob die Versorgung mit Geld und Kapital knapp oder reichlich ist. Anderseits spielen die Zinsen eine wesentliche Rolle im laufenden und oft dominierenden Prozess der kurzfristigen Kapitalbewegungen. Es kann unter Umständen notwendig werden, sie anzupassen und damit die Geldversorgung zu verändern, um Einfluss auf diese Ströme auszuüben.

Eine weitere Variante besteht schliesslich darin, eine *Politik* von *Fall zu Fall* zu betreiben; sie wird mit dem aus der Mathematik entlehnten Modewort «diskretionär» umschrieben. Eine derartige Politik schafft jedoch viel Unsicherheit und erreicht oft das Gegenteil dessen, was ursprünglich beabsichtigt war.

In der *praktischen Geldpolitik* haben die verschiedenen Notenbanken unterschiedliche Bezugsgrössen gewählt. Während die Deutsche Bundesbank und bis zu einem gewissen Grade die Bank of England sowie die Banque de France der Geldmenge M3 grundsätzlich den Vorzug geben, setzte die Schweizerische Nationalbank ursprünglich auf M1 und wechselte später auf MB. Das amerikanische Federal Reserve System hat dagegen das früher gewählte Geldmengenziel M2 als unbrauchbar verlassen; es treibt seither eine Geldpolitik von Fall zu Fall, wobei die Ausrichtung auf die Zinsen eine besondere Rolle spielt.

Zur laufenden Steuerung und Kontrolle der Geldversorgung verfügen die Notenbanken über ein entsprechendes *Instrumentarium.* Zu den klassischen Instrumenten gehören die *Diskont-* und die *Lombardpolitik.* Mit der Anpassung des Diskontsatzes, zu dem Wechsel und Schatzanweisungen diskontiert (unter Abzug des Zinses an die Notenbank verkauft), und des Lombardsatzes, zu dem Wertschriften lombardiert (bei der Notenbank belehnt) werden können, erleichtern oder erschweren die Notenbanken die Kreditaufnahme. Mit *Swap-Operationen* kombinieren sie ein Kassen- mit einem Termingeschäft. Sie schaffen gegenüber dem Bankensystem für eine bestimmte Laufzeit, üblicherweise bis zu sechs Monaten, Liquidität oder sie schöpfen während dieser Zeit Liquidität ab. Mit der Ankündigung von *Geldmengenzielen* zeigen sie zusätzlich an, wieweit sie mit der Refinanzierung der Banken zu gehen bereit sind.

In die Kategorie der traditionellen Instrumente ist ferner die *Offenmarktpolitik* zu zählen. Mit dem Kauf und Verkauf von Wertschriften am offenen Markt können die Notenbanken unmittelbar auf den Geldumlauf einwirken. Offenmarktpolitik ist in vielen Ländern, allen voran in den Vereinigten Staaten, das wichtigste Mittel zur Steuerung der Geldversorgung. Zum Instrumentarium gehört in verschiedenen Ländern die *Mindestreservenpolitik.* Die Notenbanken können den Geschäftsbanken die Haltung bestimmter Mindestbestände an liquiden Mitteln vorschreiben. Damit lenken sie den Spielraum für deren Geldschöpfung und setzen ihrer Anlagetätigkeit eindeutige Grenzen. Alle diese Instrumente zusammengenommen ergeben ein Arsenal, das den Notenbanken bisher im grossen ganzen eine *effiziente Steuerung* der Geldversorgung ermöglicht hat.

Die Geldversorgung durch das Bankensystem

Die Geschäftsbanken vermitteln einmal das von den Notenbanken ausgegebene Geld, das ihnen in Form von Spareinlagen zufliesst. Darüber hinaus verfügen sie über ein eigenes Potential zur Geldschöpfung. Sie befinden sich damit an der Nahtstelle zwischen Geldschöpfung und Geldvermittlung.

Die Fähigkeit der Banken zur Geldschöpfung steht im Zusammenhang mit ihrer Kredittätigkeit. Jeder gewährte Kredit wird den Kreditnehmern in Form von Sichtguthaben gutgeschrieben, über die sie frei verfügen können. Das von den Banken geschaffene Geld besteht also nicht aus Notenbankgeld, sondern aus Sichtguthaben. Dieses Geld muss gegebenenfalls aber in Notenbankgeld eingelöst werden können, weil nur dieses gesetzliche Zahl- und Erfüllungskraft hat. Während die Geldschöpfung der Notenbank ursprünglicher Natur ist, gilt jene der Banken als davon abgeleitet.

Die Banken sind deshalb von Gesetzes wegen verpflichtet, im Rahmen eines differenzierten Liquiditätsschemas einen Teil ihrer Verpflichtungen bzw. Passiven (in manchen Ländern wird von den Forderungen bzw. Aktiven ausgegangen) in Notenbankgeld und einen weiteren Teil in leicht in Notenbankgeld umwandelbaren Anlagen zu halten, um die jederzeitige Zahlungsbereitschaft sicherzustellen. Der springende Punkt ist aber: Diese Vorschrift bezieht sich immer nur auf einen begrenzten Teil der gesamten Verpflichtungen (oder Forderungen). Wenn den Banken neue Mittel zufliessen, bleibt davon immer ein Restbetrag, den sie für zusätzliche Kredite einsetzen können.

Jede Einzahlung bei einer Bank löst über die dadurch ermöglichte Kreditgewährung und die Verfügung über diese Kredite weitere Einzahlungen und damit Sichtguthaben bei anderen Banken aus. Weil auf den erhaltenen Einzahlungen aber nur der kleinere Teil in liquiden Reserven gehalten werden muss, kann der verbleibende Betrag für neue Kredite verwendet werden. Damit erhöht sich das Volumen der Sichtguthaben und Einzahlungen. Der Akt der Geldschöpfung setzt sich in einer *Kettenreaktion* von (allerdings abnehmenden) Krediten, Sichtguthaben und weiteren Einzahlungen fort. In Wirklichkeit werden bei jeder Bank fortlaufend neue Einzahlungen geleistet, aber auch Auszahlungen verlangt und Übertragungen auf andere Konten und Banken veranlasst.

Die Banken folgen ihrem Geldtrieb und versuchen, die bestehenden Möglichkeiten zur Kreditgewährung auf dem Saldo neuer Einzahlungen voll auszunützen.

Dadurch wird vom Geldschöpfungspotential des Bankensystems in vollem Umfang Gebrauch gemacht. Es kann das Mehrfache des Bestandes an Notenbankgeld ausmachen. (74)

13. Die Vermittlung von Geld und Kapital

Instrumente der Anlage und der Finanzierung

Die Vermittlung von Geld und Kapital hat zum Ziel, (1) alle Mitspieler der Geld- bzw. Marktwirtschaft genügend mit Liquidität zu versorgen und (2) die Anlagebedürfnisse der Sparer mit den Investierungs- bzw. Finanzierungsbedürfnissen der Unternehmungen, Haushalte und Körperschaften in Einklang zu bringen.

> Die Vermittlung von Geld und Kapital geschieht auf dem Wege der Selbstorganisation, durch die Wirksamkeit von Geldtrieb und Wettbewerb der Sparer, Geldnehmer und Finanzinstitute.

- Die Anleger wollen aus ihrem Geld möglichst mehr Geld machen.
- Der Kreis der Anleger wird von den institutionellen Anlegern – Pensionskassen, Versicherungsgesellschaften, Anlagefonds – beherrscht.
- Die Anleger betreiben, um zu ihrem Ertragsziel zu gelangen, eine mehr oder weniger systematische Anlagepolitik.
- Die Unternehmungen brauchen Geld, um zu investieren und sich einen kontinuierlichen Strom zusätzlicher Erträge zu sichern.
- Die Unternehmungen treten auch als Anleger auf; nicht selten stammt der grössere Teil ihrer Erträge aus Finanzanlagen und nicht aus ihrer produktiven Tätigkeit.
- Banken und Broker als Vermittler von Anlagen und Finanzierungen sind bestrebt, aus dieser Tätigkeit einen möglichst hohen Ertrag herauszuholen.
- Die öffentlichen und privaten Haushalte und Unternehmungen suchen nach den für sie günstigsten Anlage- und Finanzierungsinstrumenten.

Die traditionellen Vermittler von Geld und Kapital sind die *Banken*. Die beiden Komponenten der Vermittlung – die Entgegennahme von *Einlagen* und die Gewährung von Krediten – sind bei ihnen streng getrennt. Die Einlagen reichen von den Sichteinlagen, über die jederzeit verfügt werden kann und die entsprechend niedrig verzinslich sind, über die eigentlichen Spareinlagen bis zu den Termineinlagen mit längerer Laufzeit und höherem Zins. Sie werden ergänzt durch die Festgelder, welche die Anleger in grösseren Beträgen für bestimmte, kürzere Laufzeiten zur Verfügung stellen. Etwas anderes sind dagegen die Treuhandanlagen, welche die Banken im eigenen Namen, aber auf Rechnung und Gefahr der Kunden vorwiegend auf den Eurogeldmärkten plazieren. Um direkte Bankeinlagen handelt es sich dagegen bei den Kassenscheinen, die eine Laufzeit von mehreren Jahren aufweisen und von den Banken laufend an der Kasse ausgegeben werden. Die eigentlichen Spareinlagen stehen meistens im Genuss eines besonderen Privilegs, das von einer staatlichen oder privaten Einlagenversicherung eingeräumt wird und den Sparern die Auszahlung bis zu einem bestimmten Betrag im Konkursfall der Bank garantiert. (75)

Das Gegenstück zu den Einlagen bildet die *Kreditgewährung* der Banken. Sie ist ein Individualgeschäft, massgeschneidert nach den Bedürfnissen der Geldnehmer und entsprechend differenziert. Kredite können an bestimmte Subjekte (Unternehmungen, Haushalte) vergeben werden oder für bestimmte Objekte (Grundpfanddarlehen auf Liegenschaften, Kredite für bestimmte, meist grössere Projekte). Sie werden in laufender Rechnung mit einer Obergrenze (Limite) und wechselnder Beanspruchung gewährt oder mit einem festen Betrag. Eine Bank räumt einen Kredit allein oder im Rahmen eines Konsortiums zusammen mit anderen Instituten ein. Laufzeiten, Rückzahlungsbedingungen, Sicherheiten (Verpfändung von Vermögensgegenständen, Bürgschaften) und Zinsen werden von Fall zu Fall ausgehandelt. Die Banken beschränken sich in ihrer Kreditgewährung mit Rücksicht auf ihre Zahlungsbereitschaft in der Regel auf kürzere bis mittlere Laufzeiten.

Die langfristige Finanzierung hat ihren Schwerpunkt demgegenüber in der Ausgabe von *Wertschriften*. Unternehmungen und öffentliche Körperschaften beschaffen sich das benötigte Geld in Form von festverzinslichen Obligationenanleihen; die Unternehmungen decken daneben ihren Bedarf an eigenen Mitteln über die Ausgabe von Aktien. Hier vollzieht sich der Ausgleich von Sparen und Investieren bzw. Finanzieren auf direktem Wege; sie fallen zusammen. Die Forderungen der Geldgeber und die Schulden der Geldnehmer werden in den Wertschriften verselbständigt und handelbar gemacht; sie sind Standardprodukte. Wohl werden sie auf die Bedürfnisse der Geldnehmer ausgerichtet; sie müssen jedoch gewissen einheitlichen Normen entsprechen, damit sie vom geldgebenden Publikum akzeptiert werden.

Die Banken sind an diesem Geschäft massgebend beteiligt, indem sie allein oder im Rahmen eines Konsortiums die *Emission* solcher Wertschriften organisieren und sie an das Publikum vermitteln. Darin besteht zur Hauptsache das sogenannte Investment Banking. Diese Geschäfte erscheinen nicht in der vom Gesetz geforderten Bilanz der Guthaben und Verpflichtungen der Banken; sie sind bilanzindifferent.

Die Aufteilung in festverzinsliche Obligationen und in Aktien ist für die Geldgeber wie für die Geldnehmer von besonderer Bedeutung. Die *Obligationen* gewährleisten die Sicherheit des nominellen Wertes und des festen Zinses. Dagegen sind sie dem Risiko der Geldentwertung ausgesetzt. Die traditionellen Anleihen werden mit einem festen Kapitalbetrag, einem festen Zinssatz und einer festen Laufzeit öffentlich plaziert. Im Laufe der Zeit sind daneben immer zahlreichere Spielarten entwickelt worden. Sie beziehen sich auf den Kapitalbetrag (Indexanleihen, Anleihen mit Währungsoption), den Zinssatz (periodische Anpassung, Aufrechnung und Abzug vom Ausgabepreis = zero bonds), den Ausgabeort (Eurobonds, auf verschiedenen Plätzen der Welt gleichzeitig aufgelegte Global bonds), die Art der Auflage (öffentlich oder unter der Hand bei grösseren Anlegern untergebrachte Privatplazierungen bzw. Notes) oder auf zusätzliche Rechte (Recht auf Umwandlung in Aktien = Wandelanleihen oder separat handelbares Recht auf den Erwerb von Aktien = Optionsanleihen). Zu zweifelhafter Berühmtheit sind die Junk bonds gelangt, deren Zins besonders hoch angesetzt ist, um das höhere Risiko weniger kreditwürdiger Geldnehmer auszugleichen. Schliesslich sind die Grenzen zwischen eigenen und fremden Mitteln fliessend geworden, indem Anleihen in einem gewissen Umfang als eigene Mittel anerkannt werden, wenn sie im konkursrechtlichen Rang hinter die übrigen Gläubiger zurücktreten (nachrangige Anleihen).

Ausgehend von den Vereinigten Staaten ist es in den 80er Jahren zu einem erstaunlichen Aufschwung des Wertschriftengeschäftes gekommen. Er hatte verschiedene Ursachen; doch war der Abbau bisheriger Hemmnisse im Handel mit Wertpapieren (Deregulierung) ein wichtiges auslösendes Moment. In diesem Umbruch sind in grossem Stile Bankkredite in Wertschriften umgewandelt worden (Securitization). In entsprechendem Masse haben die Banken selber an Bedeutung für die Finanzierung der Investitionen eingebüsst; ein Trend, der durch den Einbruch der Börsenkurse im Jahre 1987 etwas gebremst worden ist.

Die *Aktien* stellen im Unterschied zu den Obligationen eigene – nicht nur geborgte – Mittel einer Unternehmung dar, die deren Chancen und Risiken voll teilen. Sie bieten die Chance von Wertsteigerungen und damit des Schutzes vor Inflationsverlusten; sie sind dagegen mit dem Risiko von Kurseinbussen behaftet. Die Aktien können auf den Namen oder den Inhaber lauten, bei der Gewinnverteilung bevorzugt werden (Vorzugsaktien), ein mehrfaches Stimmrecht aufweisen (Stimmrechtsaktien) oder in der Übertragungsmöglichkeit beschränkt werden (vinkulierte Aktien). Daneben gibt es Beteiligungspapiere, welche mit den Aktien wohl die Vermögensrechte gemeinsam haben, nicht aber die Mitgliedschaftsrechte (Genuss- und Partizipationsscheine).

Um auch kleineren Anlegern den Zugang zu riskanteren oder schwerer zugänglichen Anlagen mit grösseren Ertragschancen zu ermöglichen und gleichzeitig die Risiken breit zu streuen, haben die Banken *Anlagefonds* für alle möglichen Wertpapierkategorien sowie für Beteiligungen an Geldmärkten, Währungen und Immobilien entwickelt. Die Anleger können mit dem Erwerb von Anteilen an solchen Fonds partizipieren. Die sogenannten Hedgefunds zeichnen sich dabei durch eine besonders aggressive Anlagepolitik aus und streben unter Einsatz von Krediten einen möglichst hohen Ertrag an.

Mit *Termingeschäften* lassen sich im traditionellen Wertschriftenhandel zusätzlich Gewinnchancen schaffen und Verlustrisiken reduzieren; man kann à la hausse oder à la baisse spekulieren. Im ersten Falle mit einem Kauf auf Termin; mit dem Verkauf der inzwischen im Kurs gestiegenen Wertschriften lässt sich (sofern die Spekulation gelingt) der Gewinn realisieren. Im zweiten Fall mit einem Leerverkauf, bei dem die zu liefernden Titel erst bei Fälligkeit zu einem niedrigeren Kurs (wenn die Spekulation aufgeht) eingedeckt werden.

Seit Beginn der 70er Jahre ist nun, ausgehend von den Vereinigten Staaten, eine grosse Zahl von *neuen Anlage- und Finanzierungsformen* entwickelt worden, welche das Angebot nachhaltig verändert und erweitert haben, die sogenannten *derivativen Instrumente.* Sie sind verselbständigte Rechte und Pflichten, unter bestimmten Bedingungen Obligationen, Aktien oder andere Werte in einer Gesamtheit auf Termin zu kaufen oder zu verkaufen. Sie sind von diesen Titeln, die ihnen zugrunde liegen, abgeleitet, eben derivativ. Die Preise der beiden Kategorien – Basiswerte und Derivate – stehen denn auch in einem festen Verhältnis zueinander.

Das Schwergewicht liegt in der Praxis auf den Futures, Optionen und Swaps, die sich auf verzinsliche Werte beziehen; daneben spielen auch Futures und Optionen auf Aktienindices eine beträchtliche Rolle. Die *Finanzfutures* – als Beispiel – sind verbindliche standardisierte Kaufs- und Verkaufsgeschäfte auf Termin, die sich auf ein bestimmtes Produkt beziehen – Geldmarktanlagen, Obligationen, Aktien, Aktienindices u.a.m. – und in einer Handelseinheit, einem Kontrakt verkörpert werden. Die Banken und bankähnlichen Institute, welche die einzelnen Aufträge abwickeln, verlangen sowohl vom Käufer als auch vom Verkäufer eine geringe Einschussmarge, um die Erfüllung der Kontrakte sicherzustellen. Sie fordern im Verlaufe des Kontraktes Nachschüsse, wenn sich der Marktwert im Vergleich zum Kontraktkurs ungünstig entwickelt. Die Absicherung etwa eines Obligationenportefeuilles gegen einen Verlust im Falle von steigenden Zinssätzen geschieht durch den Verkauf von Zinsfutures und die Kompensation des Kursverlustes auf den Basistiteln mit dem auf den Futures erzielten Gewinn.

Optionen – als weiteres Beispiel – bedeuten im Unterschied zu den Futures das Recht (und nicht die Pflicht), eine Handelseinheit bestimmter Finanzprodukte – Aktien, Aktienindices, Obligationen – zu einem im voraus festgelegten Preis während einer bestimmten Laufzeit zu kaufen (call) oder zu verkaufen (put). Eine besonders bekannte Aktienindex-Option ist der in den USA beheimatete S & P 100, der jene 100 amerikanischen Aktien umfasst, die im betreffenden Standard & Poors-Index enthalten sind. Die einfachste Art, eine Gewinnchance wahrzunehmen, besteht bei einem erwarteten Kursanstieg im Kauf einer Call-Option; der Inhaber verkauft sie, wenn der Kursanstieg eingetreten ist. Die Absicherung eines Aktienportefeuilles gegen einen Kursfall geschieht dagegen durch den gedeckten Verkauf von Call-Optionen oder den Kauf von Put-Optionen. Neben solchen Grundoperationen bieten die neuen Instrumente zahlreiche weitere Kombinationsmöglichkeiten.

Der Sinn der Übung besteht immer darin, unter Ausnützung der *Hebelwirkung* eines verhältnismässig geringen Kapitaleinsatzes grosse Beträge zu engagieren, um Gewinnchancen wahrzunehmen oder Verlustrisiken zu vermindern. Dazu kommt, dass diese Instrumente viel weniger Kosten verursachen als der Handel mit einem entsprechenden Volumen von Basistiteln (Einschussmargen bei den Futures, Prämien bei den Optionen, Kommissionen und Gebühren). Und schliesslich werden mit Indexoperationen Geschäfte möglich, die es sonst gar nicht geben würde (Handel mit ganzen Körben von Wertschriften, Arbitrage). Was kann es geben, das den Geldtrieb der Anleger (im offensiven oder defensiven Sinne) unmittelbarer anregen könnte? Das Volumen dieser Instrumente, die sowohl an der Börse als auch ausserbörslich (over the counter) gehandelt werden, übertrifft denn auch den Handel in den Basistiteln beträchtlich.

Gesamtwirtschaftlich haben die derivativen Instrumente den grossen Vorteil, dass sie die Möglichkeiten der Risikoabsicherung wesentlich erweitern. Die Kursrisiken werden separiert und auf Teilnehmer am Markt übertragen, von denen man annehmen möchte, dass sie dafür stark genug sind. Das fördert das Wachstum der Investitionen. Zudem signalisiert der Kursverlauf dieser Instrumente frühzeitig die Erwartungen des Marktes. Die Liquidität für solche Titel an den Börsen hat bisher im grossen ganzen keine besonderen Probleme verursacht, für die Basistitel scheint sie sogar zugenommen zu haben.

Die grossen Verluste, von denen Banken (Barings!) und Anleger immer wieder betroffen werden, belegen allerdings, dass in diesen Instrumenten ein gewaltiges Risikopotential steckt. Die angesprochene Hebelwirkung spielt auch, wenn sich die Kurse ungünstig entwickeln (Marktrisiko). Verluste können sich einstellen, wenn Nachschusspflichten fällig werden oder wenn Erfüllungszwang besteht und Titel unter ungünstigen Bedingungen übernommen oder geliefert werden müssen. Dann zeigt sich, dass die Grössenordnungen (der nominale Gegenwert) der involvierten Basiswerte leicht unterschätzt werden. Im weiteren muss man immer mit dem Risiko einer mangelnden Marktliquidität rechnen, die es verunmöglicht, Engagements abzustossen oder zu erneuern (Liquiditätsrisiko). Und schliesslich kann im ausserbörslichen Handel ein beträchtliches Gegenparteirisiko (Kreditrisiko) liegen.

Wichtig ist deshalb vor allem, dass Transaktionen in derivativen Instrumenten auf gedeckter Basis erfolgen. Das heisst, die nötige Liquidität bzw. die gehandelten Basistitel müssen vorhanden sein. Oder, umgekehrt ausgedrückt, die Transaktionen dürfen nicht mit Krediten finanziert werden, und es dürfen keine Leerverkäufe stattfinden. Darüber hinaus ist ganz allgemein ein sorgfältiger Umgang mit diesen Instrumenten, die kompliziert sind und oft verschiedene Rechte und Pflichten miteinander kombinieren, dringend angezeigt.

Unter dem Gesichtspunkt der *Aufsicht* drängt sich besonders im ausserbörslichen Handel eine einheitlichere Ausgestaltung der einzelnen Produkte auf, damit ihre Eigenschaften und Risiken besser erkennbar werden. Zudem ist eine erweiterte Rechnungslegung erforderlich, welche die Risiken marktgerecht und nach einheitlichen Normen zum Ausdruck bringt.

Ein weiteres Kapitel, um rasch zum grossen Geld zu kommen, haben die *Firmenübernahmen* aufgeschlagen. Wohl kann der Erwerb einer Unternehmung oder eine kontrollierende Beteiligung ihre Leistungsfähigkeit und Ertragskraft erhöhen, wenn dadurch eine passive Geschäftsleitung wachgerüttelt oder ausgewechselt wird; solche Aktionen können sich wirtschaftlich als durchaus segensreich erweisen. Bekannt geworden ist dieses Instrument aber vor allem durch die feindlichen Firmenübernahmen um des kurzfristigen Gewinnes willen. In den 80er Jahren begann – wiederum in den USA – eine fieberhafte Jagd nach Unternehmungen, deren Aktien an der Börse unterbewertet waren und günstig aufgekauft werden konnten. Die Käufe erfolgten mit Überbrückungskrediten, also mit geborgtem Geld (leveraged buyout) und anschliessender Konsolidierung durch hochverzinsliche Junk bonds, die in zynischer Weise meistens noch im Namen der aufgekauften Firmen und gegen Absicherung mit deren eigenen Vermögenswerten aufgenommen wurden. Nach der erfolgten Übernahme sind diese Vermögenswerte häufig aufgesplittet und möglichst teuer weiterverkauft worden. Der Katzenjammer nach diesem Fieber blieb nicht aus. Viele der betroffenen Unternehmungen sind untergegangen. Andere, die sich im Zuge der Übernahme oder zu deren Abwehr verschulden mussten, litten schwer unter der Last der hochverzinslichen Schulden.

Und schliesslich öffnet der *Devisenmarkt* den Zugang zu weiteren Möglichkeiten der Geldanlage. Die ständigen und starken Schwankungen der Kurse der fremden Währungen zwingen oder verlocken dazu – sei es zur Abwicklung von Handelsgeschäften oder aus spekulativen Gründen –, daraus Nutzen zu ziehen. Zur Optimierung der Gewinnchancen oder zur Absicherung von Verlustrisiken gibt es Instrumente in ähnlicher Auswahl, wie sie für die Wertschriften bestehen.

Die Anlagemöglichkeiten sind im gesamten derart umfangreich und schwer zu überblicken, dass immer wieder versucht wird, die *Anlagepolitik* auf eine systematische Grundlage zu stellen, um eine überlegte Auswahl zu treffen. Vorab sind dabei die Bedürfnisse der Anleger zu berücksichtigen. Es macht einen wesentlichen Unterschied aus, ob es sich um die einfachen Vermögensverhältnisse einer Privatperson handelt oder um die Anlagen eines institutionellen Investors.

In der Anlagepolitik müssen die Ziele der Rentabilität, Sicherheit und Liquidität in ein optimales Verhältnis gebracht werden. In erster Linie geht es um das *Ertragsziel;* man will auf den Anlagen einen möglichst hohen Ertrag erwirtschaften. Ihm steht die Sorge um die *Sicherheit* der Kapitalerhaltung bzw. das Risiko von Kapitalverlusten entgegen. Sie verlangt eine angemessene Verteilung der Risiken; die Eier dürfen nicht alle in den gleichen Korb gelegt werden. Im weiteren wird man sich um die Qualität der einzelnen Wertschriften kümmern, zwischen den am häufigsten gehandelten Titeln (blue chips) und den Nebenwerten unterscheiden und sich die Beurteilung durch unabhängige Bewertungs-Institute (Rating-Agenturen) zunutze machen. Sicherheit ist aber nicht nur für den nominellen Wert der Anlagen gefragt; erwünscht ist vielmehr die Erhaltung ihres realen Wertes. Und die *Liquidität* schliesslich steht im Zusammenhang mit dem Gebot der jederzeitigen Zahlungsbereitschaft. Die Anlagen müssen im Bedarfsfalle genügend rasch und ohne allzu hohe Kosten in Geld umgewandelt werden können.

Diese Anlageziele stehen im Widerspruch zueinander. Das Ziel einer höheren Rendite muss in der Regel mit der Bereitschaft zu einem grösseren

Kapitalrisiko erkauft werden. Am Anfang jeder Anlage muss der Investor deshalb grundsätzlich entscheiden, wie er die beiden Ziele Ertrag und Risiko im Verhältnis zueinander gewichten will. Und wenn auf die Liquidität besonderes Gewicht gelegt werden soll, geht das meistens ebenso auf Kosten des Ertrages. Deshalb die Forderung nach einem Optimum der verschiedenen Ziele.

Die in der Vermögensverwaltung spezialisierten Institute sind schon seit langem dazu übergegangen, *Modellportefeuilles* mit einer als optimal betrachteten Zusammensetzung zu entwickeln. In den USA wurden sie, der Anlagetradition entsprechend, im wesentlichen auf Aktien ausgerichtet, wobei das Hauptgewicht auf eine angemessene Berücksichtigung der verschiedenen wirtschaftlichen Branchen gelegt worden ist. Darauf folgte die Auswahl der einzelnen Titel, die laufend auf ihre Bonität und Ertragsaussichten hin überwacht wurden. Das Ergebnis dieser Bemühungen fasste man in periodischen Kaufs- und Verkaufsempfehlungen zusammen.

Daraus entwickelte sich die moderne *Kapitalmarkttheorie.* Von ihren verschiedenen Richtungen hat sich jene Methode mit besonderem Erfolg durchgesetzt, welche vom Schwankungsrisiko, also der Volatilität der Titelkurse ausgeht *(Capital Asset Pricing Model – CAPM).* Sie unterteilt das Gesamtrisiko in (1) das systematische Risiko, das dem allgemeinen Marktverlauf entspricht und sich in den Bewegungen der Börsenindices – des Gesamtmarktes oder der einzelnen Wirtschaftszweige – niederschlägt, und (2) das unsystematische Risiko, das titel- bzw. firmenspezifischen Charakter hat. Das Schwankungsrisiko wird mit dem sogenannten Beta-Koeffizienten gemessen, der angibt, wie stark die Kurse im Vergleich zum Durchschnitt des Marktes ausschlagen. Ist das Beta grösser als 1, so wird das Risiko des betreffenden Titels höher als das Marktmittel eingestuft; liegt das Beta dagegen unter 1, so ist das Risiko geringer. Bei einem Vergleich der Titel innerhalb der einzelnen Branchen wiedergeben die Abweichungen von 1 im wesentlichen das unsystematische Risiko. Je nach der Höhe ihrer Beta-Faktoren können die Titel in Risikoklassen eingeteilt werden. Mit einer Kombination der verschiedenen Anlagen je nach Risiko-Messwert und erwarteter Rendite lässt sich die beste Zusammensetzung eines Portefeuilles bestimmen.

Ertragserwartungen spielen auch bei der Analyse des *Shareholder value* eine zentrale Rolle, der die Diskussion in den vergangenen Jahren in zunehmendem Masse dominiert hat. (76) Das Konzept geht davon aus, dass es für den Aktionär von besonderer Bedeutung ist, den Wert seiner Unternehmung bzw. seiner Aktie zu kennen, und dass es darauf ankommt, diesen Wert nach Möglichkeit zu steigern. Für die Beurteilung des Aktionärswertes wird der Gegenwartswert der künftigen freien Cash-flows (Reingewinn plus Abschreibungen und Rückstellungen, plus/minus Veränderungen im Vermögen, minus Steuern) zugrunde gelegt. Diese Cash-flows werden zu einem Satz diskontiert, der dem Zins für risikolose Anlagen (etwa für kurzfristige Staatspapiere) und einem angemessenen Risikozuschlag entspricht. Eine Steigerung des Unternehmungswertes ist dabei nur zu erwarten, wenn die Erträge höher liegen als die jeweiligen Kapitalkosten. Die Prognose der erwarteten Cash-flows wird mit Rücksicht auf die damit verbundene Unsicherheit grundsätzlich auf einen kurzen Zeitraum beschränkt und mit einem Restwert (nach Art einer ewigen Rente) ergänzt.

Die neue Finanzmarkttheorie hilft mit, besser mit der Unsicherheit der Märkte umzugehen. Sie schafft sie jedoch nicht aus der Welt. Das systematische Risiko lässt sich nicht ausschalten; es kann immer wieder zu einem unerwarteten Boom oder Crash kommen. Ferner ist zu bedenken, dass die Wahl der Anlagen auf Erfahrungswerten beruht, die nur mit Vorbehalt in die Zukunft projiziert werden dürfen, oder von der Erwartung künftiger Erträge ausgeht, die lediglich mit grosser Ungewissheit geschätzt werden können.

Manche Portfolio-Manager suchen deshalb nach einem anderen Zugang, um mit der Unberechenbarkeit der Märkte fertigzuwerden. Sie treffen aus dem grossen Angebot an Anlagemöglichkeiten eine beschränkte Auswahl. Dabei konzentrieren sie sich auf Branchen, denen sie gute Zukunftsaussichten einräumen, und auf Gesellschaften, deren Geschäftsleitungen sie als fähig, aktiv und investorenfreundlich beurteilen. Das sind die Qualitäten, die ihrer Meinung nach darüber entscheiden, ob sich die Ertragserwartungen erfüllen und der Geldtrieb der Anleger auf seine Rechnung kommt.

Die Rolle der Banken

Nach dem herkömmlichen Bild nehmen die Banken die Ersparnisse ihrer Kunden entgegen und geben sie, zusammen mit den Mitteln aus ihrem eigenen Geldschöpfungspotential, als Kredite an geldsuchende Unternehmungen, öffentliche Körperschaften und private Haushalte weiter. Im weiteren widmen sie sich der Emission und Vermittlung von Wertschriften, der Vermögensverwaltung und der Abwicklung des Devisen- und Zahlungsverkehrs. Dieses Bild gilt grundsätzlich auch heute noch. Ihre Aufgaben sind jedoch mit der gestiegenen Intensität des wirtschaftlichen Verkehrs und der Verbreitung des Wohlstandes ständig gewachsen und differenzierter geworden. Das Netz der Bankstellen hat sich verdichtet, so dass die Banken im Strassenbild unserer Städte oft von einer geradezu aufdringlichen Präsenz sind.

Die Banken folgen bei der Wahrnehmung ihrer Aufgaben ihrem Geldtrieb und müssen sich mit einer genügenden Marktleistung gegenüber ihren Konkurrenten behaupten. Sie sind zu einem aktiven bis aggressiven Geschäftsgebaren gezwungen, gleichzeitig aber auch zu besonderer Sorgfalt und Ordnungsmässigkeit. Denn die ausgewiesene Vertrauenswürdigkeit ist eine wesentliche Voraussetzung für eine erfolgreiche Geschäftstätigkeit.

Die Banken versuchen laufend, eine möglichst günstige Konstellation der drei geschäftspolitischen Faktoren (1) Ertrag, (2) Sicherheit und (3) Liquidität zu erreichen.

(1) Der *Ertrag* setzt sich (a) aus der Zinsmarge, der Differenz zwischen den Zinseinnahmen auf den Krediten und dem Zinsaufwand für die Einlagen, und (b) den Kommissionen des indifferenten Geschäftes zusammen. Er muss genügend gross sein, um die Kosten zu decken, Reserven zu bilden und das eigene Kapital angemessen zu verzinsen. Die Ertragslage ist anderseits verschiedenen *Gefahren* ausgesetzt. Die Zinsmarge wird bedroht, wenn die Fälligkeiten von Anlagen und Verbindlichkeiten per Saldo nicht übereinstimmen und Änderungen der Zinssätze infolge dieser Einseitigkeit zu einer Schrumpfung der Zinseinnahmen oder Steigerung des Zinsaufwandes führen. Deshalb wurde die Kongruenzanalyse entwickelt, welche die Folgen von Zinssatzänderungen auf die Erfolgsrechnung untersuchen soll. Gegebenenfalls wird die Bank versuchen, eine als gefährlich betrachtete einseitige Position der Fälligkeiten durch den Einsatz von derivativen Zinsinstrumenten auszugleichen. Eine andere Gefahr für die Ertragslage entsteht durch faule Kredite sowie durch Kurseinbussen auf den eigenen Wertschriften und Devisen, die einen Wertberichtigungsbedarf zur Folge haben können, der auch ein günstiges Betriebsergebnis zunichte macht.

(2) Der Faktor *Sicherheit* bezieht sich in erster Linie auf die Kredite, dann aber auch – wie angedeutet – auf die eigenen Bestände an Wertschriften, Devisen oder derivativen Instrumenten, die ein grösseres Volumen annehmen können, um im Geschäftsverkehr mit grossen Kunden jederzeit handlungs- und damit leistungsfähig zu sein. Das Gebot der Sicherheit der Kredite erscheint erfüllt, wenn die nachgesuchten Kredite produktiv verwendet werden und die entsprechende Produktion einen Erlös verspricht, der die fristgerechte Verzinsung und Rückzahlung der Kredite erlaubt; es kommt dann nur darauf an, ob der Finanzplan, der einem unterbreiteten Kreditgesuch zugrunde liegt, als realistisch beurteilt werden kann. Der Sicherheit ist aber auch Genüge getan, wenn ausreichende Deckung durch Pfänder geleistet wird oder wenn sich der Kreditnehmer in einwandfreien Vermögensverhältnissen befindet.

Der Druck von Geldtrieb und Wettbewerb führt jedoch dazu, dass die Tugend der sorgfältigen Auswahl der Kredite oft mehr verleugnet als geübt wird. Man will dabei sein und das Kreditgeschäft ausbauen; das wirkt unter den Banken wie ein ansteckendes Fieber. Als Folge des Bankrottes von Kunden oder im Zuge von zähflüssigen Sanierungen müssen dann unter Umständen gewaltige Beträge abgeschrieben werden.

Aber auch die Entgegennahme von *Einlagen* ist nicht immer so harmlos, wie es sich anhört. Plötzlich findet man sich in den Niederungen der Geldwäscherei, also von Mitteln, die aus kriminellen Quellen, vor allem dem Drogenhandel, stammen. Die Mafia versucht auf diesem Wege, immer mehr in den normalen wirtschaftlichen Prozess einzudringen. Das schmutzige Geld, das sie in Form von Banknoten zusammenträgt oder das aus Einzahlungen aufgrund von überhöhten oder fingierten Rechnungen stammt, soll bei den Banken in Buchgeld, womöglich in wenig übersichtliche Sammelkonten, umgewandelt und damit in den legalen Umlauf gebracht werden. (77) Die Behörden vieler Länder und die Organisationen der Banken selber bemühen sich, gegen solche Machenschaften vorzugehen, indem sie von den betroffenen Instituten verlangen, dass sie bei der Entgegennahme von grossen Geldmengen mit besonderer Sorgfalt vorgehen, die Identifikation der Eigentümer sowie den Nachweis ihrer wirtschaftlichen Berechtigung verlangen. Solche nationalen Vorkehrungen werden im internationalen Rahmen mehr oder weniger koordiniert. Allen noch so ernsthaften

Bemühungen zum Trotz bleibt es aber schwierig, alle möglichen Lücken zu stopfen, gibt es doch immer Schlupflöcher, um schmutziges Geld in den legalen Verkehr zu bringen.

(3) Einen besonderen Stellenwert nimmt bei den Banken das Postulat einer genügenden *Liquidität* ein; sie sind die Schaltstellen für den Geldverkehr und die Reservoirs, auf die man zurückgreift, um die jederzeitige Zahlungsbereitschaft sicherzustellen. Das Gebot einer genügenden Liquidität erfordert theoretisch, dass Einlagen von Ersparnissen und Forderungen aus Krediten zu gleicher Zeit fällig werden; darin besteht die goldene Bankregel. In der Praxis verhalten sich die Banken jedoch wesentlich flexibler, da es nach aller Erfahrung wenig wahrscheinlich ist, dass ein grosser Teil der Einlagen aufs Mal zurückgezogen wird. Sie konzentrieren sich auf das kurz- und mittelfristige Kreditgeschäft und überlassen die langfristige Finanzierung dem Anleihens- und Aktienmarkt. Darüber hinaus geben sie sich mit dem vom Gesetz geforderten Stand an Liquidität und einem gewissen Sicherheitszuschlag zufrieden und verlassen sich darauf, dass sie sich, wenn alle Stricke reissen, bei anderen Banken, auf dem Geldmarkt und letztlich bei der Notenbank refinanzieren können.

Trotz diesen vielfältigen Ausweichmöglichkeiten kommt es bei den Banken immer wieder zu Liquiditätsengpässen. Das ist besonders dann der Fall, wenn sie der Versuchung erliegen, aus kurzfristigen Einlagen langfristige Kredite zu gewähren. Ihre Einlagen sind überwiegend auf kurze Frist kündbar; die Kreditnehmer sind dagegen an langfristigem Kapital interessiert und auch bereit, dafür höhere Zinsen zu bezahlen. Wenn die Einlagen dann bei Fälligkeit nicht in genügendem Umfange erneuert oder die Kredite nicht rechtzeitig zurückbezahlt werden, kann es zu verhängnisvollen Lücken in der Zahlungsbereitschaft kommen.

In einigen Ländern, vorab in den Vereinigten Staaten und in Japan, werden die beiden Sparten der *Kreditgewährung* und des *Wertschriftengeschäftes* streng getrennt. Die Banken sollen sich auf die Kredite konzentrieren, während die Emission und der Handel mit Wertschriften besonderen Brokerhäusern vorbehalten bleiben. Der Grund dafür liegt darin, dass in der Depression der 30er Jahre die Kurseinbrüche an den Wertschriftenbörsen die Kredittätigkeit mit in den Strudel gerissen haben. Mit der Trennung (in den USA durch den Glass-Steagall Act von 1933) hoffte man, die Banken sicherer zu machen und die Einleger wie die Kreditnehmer zu schützen. Die Erfahrung zeigt, dass beide Sparten ihre eigenen Risiken haben und eine gegenseitige Ansteckung nicht ausgeschlossen werden kann. Anderseits verhindert die Trennung einen Risikoausgleich, der zwischen ihnen unter Umständen möglich wäre. Es wird deshalb von Zeit zu Zeit versucht, die Separierung aufzuheben und die Handelsbanken wiederum zum Wertschriftengeschäft zuzulassen.

Wenn man sich die mannigfachen Gefahren und Versuchungen vor Augen hält, die mit dem Bankgeschäft verbunden sind, so wird klar, wie wichtig eine gut funktionierende *Bankenaufsicht* ist. Sie soll die Einleger vor Verlusten bewahren, Kreditkollapse vermeiden, gefährlichen Kettenreaktionen vorbeugen und eine «einwandfreie Geschäftstätigkeit» gewährleisten. Sie achtet insbesondere auf eine ausreichende Liquidität, genügend eigene Mittel, die Bonität der Kredite sowie der eigenen Wertschriften und Devisen, die Verhinderung von Risikoballungen und den Verzicht auf die Mitwirkung bei illegalen und unsittlichen Geschäften.

Die Rolle der Börsen

Börsen sind Märkte, auf denen standardisierte, d.h. nach einheitlichen Normen ausgerichtete Produkte in einem offenen Biet- oder Auktionsverfahren gehandelt werden. Im Finanzverkehr kennen wir Börsen für Wertschriften (Obligationen, Aktien), Devisen, Edelmetalle und von ihnen abgeleitete, derivative Instrumente. Sie verschaffen den Investoren die Möglichkeit, ihr Kapital jederzeit in solchen Anlagen einzusetzen oder sich von ihnen zu trennen. Damit sorgen die Börsen für die gewünschte Flexibilität zwischen Zahlungsbereitschaft und kurz- bis langfristigen Investitionen.

Die Wertschriftenbörsen, auf die wir uns hier konzentrieren, sind gemeinschaftliche Organisationen von Banken und bankähnlichen Instituten und nicht gewinnstrebig; sie ergänzen vielmehr die Dienste dieser Institute.

Die Börsen bilden aber die Plattform, auf welcher der Geldtrieb der Anleger seine langfristigen Interessen wahrnimmt und kurzfristigen Gewinnen nachjagt.

Börsen stehen im Ruf, das *Marktgeschehen in reinster Form* zu verkörpern: eine grosse Zahl von Käufern und Verkäufern, die Sammlung ihrer Aufträge durch einige Börsenbanken, ein standardisiertes Produkt und ein offener Tausch der Aufträge nach Massgabe der besten Offerten. Das System à la criée, bei dem sich die um den Ring versammelten Händler ihre Gebote zuschreien, macht diesen Tauschvorgang augenfällig. Beim dezentralisierten System mit mehreren Markt-Machern (market makers), die immer zum Ankauf und Verkauf bestimmter Titel bereit sind und entsprechende Gebote stellen, ist die Durchsicht schon schwieriger. Und der elektronische Markt, der sich am Bildschirm und Telefon abspielt und den Marktteilnehmern den Handel ohne örtliche und zeitliche Bindung ermöglicht, wirkt erst recht abstrakt.

Das gute Funktionieren dieses reinen Marktes hängt allerdings von verschiedenen Voraussetzungen ab. Zunächst sollte die *Qualität der gehandelten Wertschriften* transparent sein. Das bedingt die Kenntnis der Vermögensverhältnisse des Schuldners, der Beteiligungen an seinem Kapital, des Geschäftsganges, der Ertragserwartungen sowie der weiteren Absichten. Diese Informationen müssen allen Interessierten in gleicher Weise zugänglich sein, nicht nur den Managern und Verwaltungsräten einer Unternehmung, sondern auch ihren aktuellen und potentiellen Aktionären und Obligationären. Jedenfalls sollte niemand von Informationen, die nicht öffentlich sind, einen Vorteil ziehen können; die missbräuchliche Verwendung von Insider-Wissen ist heute auf allen wichtigen Plätzen strafbar.

Die Forderung nach Transparenz gilt aber auch für den *Markt* selber. Die erzielten Preise und das gehandelte Titelvolumen sind wichtige Daten für eine angemessene Beurteilung der gehandelten Titel. Der freie Wettbewerb darf deshalb nicht durch Kursmanipulationen verfälscht werden. Ein heikles Kapitel bilden sodann die Aktienkäufe im Zusammenhang mit feindlichen Firmenübernahmen. Eine genügende Markttransparenz macht es wünschbar, dass bei Übernahme-Offerten die damit verbundenen Absichten kundgetan werden. (78)

Zu den Voraussetzungen eines reinen Marktes zählt ferner die *Effizienz* der Durchführung, also die Fähigkeit des Börsenapparates, eine grosse Zahl von Aufträgen rasch und marktgerecht abzuwickeln. Damit in engem Zusammenhang steht das Postulat einer genügenden *Liquidität* des Marktes. Damit ist gemeint, dass er genügend gross sein muss, um jederzeit neue Aufträge zu verdauen, ohne dass sie sofort grössere Kursverschiebungen zur Folge haben. Und schliesslich sind *Ordnungsmässigkeit* und Sauberkeit im Wettbewerb vonnöten. Sie setzen die Regelung möglicher Interessenkonflikte voraus, etwa die deutliche Trennung zwischen Kunden- und Eigengeschäften bei den Börsenhändlern oder den Verzicht auf Kursschnitte.

Wie präsentiert sich nun die *Kursbildung* auf diesem vielgerühmten reinen Markt? Nach aller Erfahrung ist sie *unstabil* und *unberechenbar* bis chaotisch. Wohl bestehen Abhängigkeiten zwischen den Kursen und bestimmten Bezugswerten, beispielsweise zwischen den Aktienkursen einer Unternehmung und ihrem Ertrag (Kurs-/Gewinn-Verhältnis). In der Kursbildung schlägt sich jedoch neben dem titelbezogenen Risiko auch das systematische Risiko nieder, in welchem der Geldwert, die Zinsen, die Konjunktur, die Politik und die Erwartungen, die an ihre weitere Entwicklung geknüpft werden, eine Rolle spielen. Alle diese Daten, über welche die Meinungen weit auseinandergehen können, beeinflussen das Verhältnis von Angebot und Nachfrage und damit die Preise; gleichzeitig wirken die Kurse im Wechselspiel auf Angebot und Nachfrage zurück.

Die Kursausschläge verstärken sich noch, wenn Wertschriftengeschäfte mit Krediten finanziert werden, auf die unter Umständen Nachschüsse geleistet oder die zurückbezahlt werden müssen, oder wenn börsentechnische Einflüsse eine Rolle spielen wie der computergesteuerte *Programmhandel.* Sie lösen automatisch bestimmte Reaktionen aus, etwa Verkäufe, um weitere Verluste zu vermeiden (stop loss-orders), wenn eine untere Kurslimite erreicht wird. Die Börsen versuchen, unerwünschten Einflüssen dieser Art vorzubeugen, indem sie beispielsweise ihre Ausführung verzögern.

Die Erfüllung der erwähnten Voraussetzungen und die ordnungsgemässe Abwicklung des Tauschprozesses bedürfen einer entsprechenden *Regelung* und *Aufsicht.* Sie sind notwendig, um die Funktionsfähigkeit der

Börsen zu gewährleisten und die Interessen der Anleger zu schützen. Dabei wird ständig über die Frage diskutiert, wieweit diese Aufgabe der Selbstregulierung durch die Börsen bzw. ihren Behörden überlassen werden kann und in welchem Masse die Aufsicht durch den Staat Platz greifen soll. Wegleitend ist in der Regel das Subsidiaritätsprinzip, das in erster Linie auf die Eigeninitiative der direkt Beteiligten abstellt und nur dann zum Staat Zuflucht nimmt, wenn es unumgänglich erscheint.

14. Elastizität und Stabilität des geldwirtschaftlichen Apparates

Die Elastizität der Versorgung mit Geld und Kapital

Die Versorgung mit Geld und Kapital ist heute vorab in den industrialisierten Ländern in hohem Masse elastisch. Diese Elastizität stützt sich auf eine Geldpolitik der Notenbanken, die auf Preisstabilität ausgerichtet ist und damit die Möglichkeiten des realen Wachstums in einer langfristig optimalen Weise auszuschöpfen sucht. Auf dieser Grundlage hat sich ein geldwirtschaftlicher Apparat aufgebaut, der aus unzähligen Banken, Brokern, spezialisierten Instituten und Märkten besteht, über ein nahezu unbegrenztes Spektrum an Finanzierungsinstrumenten verfügt und den Verkehr über mannigfache Verrechnungssysteme erleichtert. Dieser Apparat ist zunächst durch die Bildung von exterritorialen Märkten (Euromärkte) und später durch das weltweite Zusammenwachsen der nationalen Finanzmärkte im Zeichen von Deregulierung und Globalisierung ganz wesentlich erweitert worden. Die Tätigkeit von internationalen Instituten (Währungsfonds u.a.) wirkt dabei im Sinne der Absicherung und Ergänzung.

> Die Elastizität der Versorgung mit Geld und Kapital ist in eine Dimension hineingewachsen, welche die Liquiditäts- und Finanzierungsbedürfnisse der privaten und öffentlichen Haushalte und Unternehmungen im allgemeinen zu befriedigen vermag.

Das wirtschaftliche Wachstum in den Industrieländern lässt sich damit ebenso finanzieren wie die strukturellen Veränderungen, welche durch die Revolutionierung der Produktion aufgrund des technischen Fortschrittes und durch die Ausweitung der Märkte herbeigeführt worden sind. Dazu kommt der wirtschaftliche Aufbau in den Ländern der Dritten und der bisherigen Zweiten Welt, soweit sie sich über genügend stabile politische und rechtliche Verhältnisse ausweisen können.

Darüber hinaus lassen sich dank dieser Elastizität riesige Wertpotentiale monetisieren, die als Folge der Macht des Geldtriebes und entsprechender Marktkonstellationen immer wieder entstehen.

Man denke an die Börsenhaussen, an explodierende Liegenschaftenpreise und die Ölpreissteigerungen. Gar häufig erweisen sich solche Wertpotentiale jedoch als Wertblasen, die ebenso rasch wieder platzen, wie sie entstanden sind.

Die *weltweiten Finanzierungen,* die dank der Elastizität der Versorgung mit Geld und Kapital möglich geworden sind, erreichen astronomische Grössenordnungen; dafür einige Beispiele:

- Die *internationalen Bankkredite und Anleihen* werden von der Bank für Internationalen Zahlungsausgleich per Ende 1996 netto auf 6930 Milliarden Dollar geschätzt. (79) Dazu kommen die inländischen Finanzierungen, die ein Mehrfaches davon ausmachen dürften.
- Der ausstehende Nominalbetrag der *derivativen* Finanzinstrumente wird vom gleichen Institut auf Ende 1996 mit 34 177 Milliarden Dollar angegeben, wobei 9885 Milliarden auf die börsengehandelten Instrumente entfallen und 24 292 Milliarden auf die ausserbörslichen. (80) – Die Nominalbeträge bilden die Bezugswerte, auf die sich die Derivate stützen, und sagen, nachdem solche Geschäfte in aller Regel auf gedeckter Basis durchgeführt werden, nichts aus über die eingegangenen Risiken.
- Der *tägliche* (!) Nettoumsatz des globalen *Devisenhandels* hat nach einer Erhebung der Notenbanken von 26 Industrieländern Ende März 1995 1260 Milliarden Dollar betragen. (81) Legt man den weltweiten Export des Jahres 1995 auf einen Tag um, so zeigt sich, dass der Umsatz des Devisenhandels rund 90mal so hoch war wie jener des Güterver-

kehrs. (82) So sehr hat sich der Devisenmarkt von seinen realen Grundlagen gelöst.

Kräfte der Destabilisierung

Die Stabilität des geldwirtschaftlichen Apparates wird nun von verschiedenen Seiten her bedroht. Diese Bedrohungen laufen auf *drei hauptsächliche Gefahrenquellen hinaus.*

(1) Der Finanzierungsspielraum wird zu gross; das führt in die Inflation.
(2) Die Versorgung mit Geld wird zu knapp; es kommt zu einer Liquiditätskrise.
(3) Einzelne Länder und grosse Banken oder ganze Gruppen von ihnen können ihren finanziellen Verpflichtungen nicht mehr nachkommen; sie geraten in die Zahlungsunfähigkeit.

(1) Die Entwicklung des Geldwertes wird überschattet durch die *schleichende Geldentwertung.* Betrachtet man die jährlichen Inflationsraten in den Industrieländern, so erscheinen sie – mit Ausnahmen – im grossen ganzen als erträglich. Verfolgt man die Teuerungsraten jedoch über einen längeren Zeitraum, so zeigt sich ein anderes Bild. Sogar der für seine Stabilität bekannte Schweizer Franken hat allein zwischen 1977 und 1994 75% an Wert verloren; geht man auf 1939 zurück, so sind es 566%! (83) Das ist ein bedenkliches Bild, das die Bedeutung einer auf Preisstabilität ausgerichteten Geldpolitik mit allem Nachdruck unterstreicht.

Die Ursachen der schleichenden Geldentwertung, die bei mangelnder Kontrolle leicht in eine galoppierende übergehen kann, sind vielfältig. Aber ob man sie einer zu lockeren Geldpolitik, einer übermässigen Nachfrage oder einem zu starken Kostendruck zuschreibt – meistens steckt hinter diesen vordergründigen Kräften der *Geldtrieb* von Unternehmungen und Haushalten, der seine Chancen wahrnimmt und Schwächen im Wettbewerb oder im geldwirtschaftlichen Apparat schonungslos ausnützt, um zu mehr Geld zu kommen.

Inflationäre Schübe können aber auch durch *besondere Ereignisse* ausgelöst werden. Ein solches Ereignis war etwa die massive Expansion der Geldmenge in den Vereinigten Staaten im Gefolge des *Vietnam-Krieges,* welche die Inflation entsprechend anheizte und eine massive Flucht aus dem Dollar auslöste. Die Zufluchtsländer setzten sich gegen die gewaltigen Dollar-Zuflüsse zur Wehr, was zum Zusammenbruch des Währungssystems von Bretton Woods mit seinen festen Wechselkursen im Jahre 1973 führte.

Ein weiteres Beispiel für inflationäre Schübe bieten die drastischen Erhöhungen der oligopolistisch festgesetzten *Ölpreise* in den Jahren 1973 und 1979. Man frohlockte damals, dass die daraus resultierenden Einkommensströme zu einem guten Teil im Rahmen des «Recycling» als Kredite an die ölverbrauchenden Länder zurückgeflossen sind und ihnen geholfen haben, den Ölbedarf zu finanzieren und ihre Wirtschaft auf Touren zu halten. Per Saldo entstand daraus aber eine Inflationswelle, die sich in den grossen Industriestaaten in zweistelligen Teuerungsraten niederschlug.

(2) Vielfältig sind auch die Auslöser von *Liquiditätskrisen.* Noch heute wird nach den Ursachen der *Grossen Depression* der dreissiger Jahre geforscht. Es muss auffallen, dass die Geldmenge M1 zwischen 1929 und 1933 um 25% zurückgegangen ist. Über die Gründe dieses folgenschweren Einbruchs in der Versorgung mit Liquidität gehen jedoch die Meinungen auseinander. In zunehmendem Masse wird die wichtigste Ursache – im Rahmen des damaligen Goldstandards – jedoch in einem Mangel an Goldreserven erblickt. Nachdem die USA dieses Währungssystem im März 1933 aufgaben, weitete sich auch die Geldmenge allmählich wieder aus und trug massgeblich zur wirtschaftlichen Erholung bei. (84)

Liquiditätskrisen werden auch durch Zahlungsunfähigkeit ausgelöst und entstehen, weil die betroffenen Gläubigerbanken mit der Gewährung neuer Kredite zurückhalten. Der Ablauf ist immer der gleiche. So wie die Banken in einem wirtschaftlichen Aufschwung oder im Zuge der Bildung von grossen Wertpotentialen (Börsenhaussen, Steigerung der Immobilien- oder Ölpreise) mit ihrer Kreditgewährung meistens übertreiben, halten sie sich im Übermass zurück, wenn der Abschreibungsbedarf für gefährdete Kredite oder für Kurseinbussen auf den eigenen Wertschriften und Devisen zu gross wird und die freien Reserven schwinden. Ein typisches Beispiel für einen *defensiven Geldtrieb!*

Um die Mitte der 80er Jahre entwickelte sich eine Hausse der *Aktienkurse,* die sich bald einmal von der realen Basis löste; die Steigerung der

Aktienindices überflügelte in den wichtigsten Ländern das wirtschaftliche Wachstum (zu laufenden Preisen) um das Mehrfache. Zu gleicher Zeit kam es besonders in den USA und in Japan zu einer Preishausse der *Immobilien,* die sich schnell in die Hunderte von Millionen Dollar steigerte. Die aufgeblähten Preise von Aktien und Liegenschaften dienten als Sicherheit für zusätzliche Kredite und lösten weitere Schübe von wirtschaftlicher und wertmässiger Expansion aus.

Im Jahre 1987 kam es zum *Zusammenbruch der Börsenkurse,* der eine gewaltige Vernichtung von Vermögenswerten und eine Welle von Insolvenzen nach sich zog. Ähnliche Folgen hatte in den Jahren darnach der *Sturz der Öl- und Liegenschaftenpreise.* Im besonderen die amerikanischen Banken wurden bis an die Grenzen ihrer Tragfähigkeit gefordert. Sie hatten zusätzlich zu den Darlehen, welche durch die Schuldenkrise gefährdet waren, mächtige Abschreibungen und Rückstellungen für notleidende Kredite an Erdölfirmen und für Immobiliengeschäfte zu verkraften, von den vernichtenden Auswirkungen maroder Grundpfanddarlehen auf die Sparkassen ganz zu schweigen. Der Kollaps von grossen Finanzimperien und Unternehmern mit einst klingenden Namen machte ihnen dabei schwer zu schaffen. (85)

Über die japanischen Banken und Brokerhäuser fegte ein Orkan ähnlicher Stärke etwas später hinweg. Zudem gerieten die bekanntesten Brokerhäuser in ein schiefes Licht, als im Zusammenhang mit Krediten und Ausgleichszahlungen für erlittene Verluste auf Aktien ihre engen Kontakte zum organisierten Verbrechen offenbar wurden.

Das Bankensystem in den beiden Ländern war dermassen geschwächt, dass es zeitweise nicht mehr in der Lage war, neue Kredite in grösserem Stil zu gewähren; das Gespenst einer internationalen Liquiditätskrise ging um. Bis sich dann zu Beginn der 90er Jahre mit der wirtschaftlichen Erholung auch die Situation der grossen Banken allmählich wieder normalisierte.

Der nächste Schlag liess aber nicht lange auf sich warten. Im Februar 1994 kam es auf den internationalen Finanzmärkten zu einem gewaltigen Einbruch der *Anleihenskurse,* der zusammen mit dem nachfolgenden Sturz der Aktienkurse zu entsprechenden Vermögensverlusten führte. Entgegen den Erwartungen stiegen die Zinssätze abrupt an, nachdem die amerikanische Notenbank ihre Geldpolitik fester an die Zügel genommen hatte.

(3) Wenn einzelne oder mehrere Staaten oder grosse Banken *zahlungsunfähig* werden, kann es zu einer Blockierung, einem Infarkt im gesamten Geld- und Kreditsystem kommen. Die «Kreditpyramide» ist heutzutage derart riesig und die gegenseitige Verflechtung von Banken und Schuldnern so intensiv, dass immer mit Kettenreaktionen gerechnet werden muss.

Die *internationale Schuldenkrise* im Gefolge der massiven Ölpreissteigerungen war wohl die grösste derartige Gefahr seit dem Zweiten Weltkrieg. Eine grosse Zahl von Entwicklungs- und Schwellenländern, die im Rahmen des «Recycling» der arabischen Öl-Milliarden mit Krediten vollgestopft wurden, waren nicht mehr in der Lage, Zinsen zu zahlen und Schulden zu tilgen. Als erstes Land erklärte sich Mexico im Sommer 1982 ausserstande, seinen Gläubigerbanken die fälligen Zinsen zu entrichten. Die Lage dieser Staaten verschlimmerte sich noch durch eine massive Kapitalflucht. Die Welt sah sich unvermittelt einer finanziellen Katastrophe gegenüber.

Ein umsichtiges Schulden-Management hat es dann verstanden, einen Kollaps des Systems zu verhindern. Regierungen und Banken der Gläubigernationen bemühten sich zusammen mit dem Internationalen Währungsfonds und der Weltbank im Rahmen verschiedener Pläne, die Wirtschaften der Schuldnerstaaten so weit zu stabilisieren, dass sie ihre Verpflichtungen zumindest der Form nach erfüllen konnten. Sie schafften Erleichterungen auf den bestehenden Schulden durch die Erstreckung der Fälligkeiten von Zinsen und Rückzahlungen, durch günstigere Zinskonditionen und den teilweisen Verzicht auf Forderungen. Auch die Gläubigerbanken mussten dabei ihren Beitrag leisten, unter gütiger Mithilfe von Währungsfonds und Weltbank, die einen Teil der reduzierten Forderungen übernahmen. Die Schuldnerländer erhielten neue Kredite, wobei die Geldgeber in der Regel das Prinzip der Konditionalität anwandten; sie machten die Kreditgewährung von der Annahme von Strukturanpassungsprogrammen abhängig, die auf die Förderung des Wachstums ausgerichtet waren. Da sie jedoch allzu häufig die sozialen Auswirkungen auf die Bevölkerung vernachlässigten, fehlte es nicht an geharnischten Protesten von Organisationen in aller Welt. Unter diesem Druck begannen die Planer dann, auch der Bekämpfung der Armut ihre Aufmerksamkeit zu schenken.

Die Schuldenkrise stellt heute keine unmittelbare Bedrohung mehr dar; sie ist aber auch noch nicht überwunden. Der Schuldendienst der Länder mit niedrigen Einkommen ist zwischen 1980 und 1995 von 9,6% auf 15,4% ihrer Ausfuhr gestiegen. (86)

Auf der Suche nach neuen Anlagemöglichkeiten wurden die «aufstrebenden Märkte» (emerging markets) entdeckt, zu denen auch *Mexiko* zählt. Dieses Land war so unvorsichtig, seine gewaltigen Defizite in der Leistungsbilanz mit kurzfristigen Mitteln zu finanzieren. Die überraschende Abwertung der mexikanischen Währung und die anschliessende Freigabe des Wechselkurses Ende 1994 gaben vor allem zahlreichen inländischen Anlegern den Anstoss, aus ihrer Währung zu fliehen, womit es zur Krise kam. Auf Betreiben der amerikanischen Regierung wurden öffentliche Mittel eingesetzt, um die Gefahr aufzufangen.

Im Sommer 1997 schliesslich hat in *Thailand* ein sträflicher Mangel an Sorgfalt bei der Kreditgewährung, insbesondere an den Immobiliensektor, eine grosse Zahl von Banken und Finanzgesellschaften in eine Liquiditätskrise gestürzt und zu einem massiven Einbruch von Währung und Börsenkursen geführt. Die Schwierigkeiten griffen in kurzer Zeit auf weitere Staaten im näheren und weiteren Umkreis über und machten die Intervention des Internationalen Währungsfonds notwendig.

Möglichkeiten der Stabilisierung

Alle diese destabilisierenden Kräfte, die in der Vergangenheit ihre verhängnisvolle Rolle spielten, stellten massive Bedrohungen dar. Um so bemerkenswerter ist es, dass die Spannungen ausgehalten werden konnten und es nicht zu einem Kollaps des geldwirtschaftlichen Apparates gekommen ist. Es wäre indessen ein grosser Fehler, wenn man sich allzu sehr auf seine Widerstandskraft verlassen und die möglichen Gefahren nicht ernst genug nehmen wollte. Wir wissen nicht, welche Überraschungen uns noch bevorstehen.

Deshalb muss man sich fragen, was vorgekehrt werden könnte, um die destabilisierenden Tendenzen zu bannen und die Stabilität des geldwirtschaftlichen Apparates zu stärken. Mögliche weitere Schritte müssen von den drei hauptsächlichen Gefahrenquellen ausgehen und folgende Aufgaben umfassen:

(1) Sicherung der Geldwertstabilität,

(2) Verhinderung von Liquiditätskrisen und
(3) Vermeidung von Zahlungsunfähigkeit von Ländern und Banken.

(1) Die Aufgabe, die Geldversorgung auf die realen Möglichkeiten abzustimmen, muss von der *nationalen und übernationalen Geldpolitik* dauernd erfüllt werden und stellt sich immer wieder neu. In diesem Rahmen kann sich dann die Selbstorganisation im Finanzsektor und in der gesamten Wirtschaft frei entfalten.

Die nationale Geldpolitik ist allerdings nicht unabhängig, sondern in die *internationale Währungsordnung* eingebunden. Heute leben wir unter einem Regime *flexibler Wechselkurse,* welche die Spannungen in den Zahlungsbilanzen auffangen. Es gewährleistet an sich ein Optimum an Preisstabilität und Elastizität der Versorgung mit Geld und Kapital. Sein Nachteil liegt indessen in den oft extremen Ausschlägen der Wechselkurse. Sie zwingen unter Umständen zu Interventionen am Devisenmarkt oder zu Änderungen der Zinspolitik, womit aber das Ziel der Preisstabilität in Frage gestellt wird. Gibt es zu dieser Währungsordnung eine bessere Alternative?

Von den *festen Wechselkursen* war bereits die Rede. Ihr Nachteil besteht darin, dass Veränderungen in der Zahlungsbilanz voll auf den inländischen Geldumlauf durchschlagen oder dann durch Auf- und Abwertungen der betroffenen Währungen aufgefangen werden müssen. Die Erfahrungen mit dem Golddevisenstandard des Systems von Bretton Woods ermutigen nicht zur Wiederholung dieses Konzeptes. Eine Zwischenlösung stellt der Vorschlag der *crawling pegs* dar. Die Wechselkurse sind dabei im Prinzip fixiert, werden jedoch stärkeren und anhaltenden Kursveränderungen auf dem Devisenmarkt automatisch durch Auf- und Abwertungen angepasst, wenn bestimmte Interventionspunkte erreicht sind.

Neben dem Gegensatzpaar von festen und schwankenden Wechselkursen gibt es noch eine andere Polarität möglicher Währungsverfassungen: der Vorschlag einer einheitlichen *Weltwährung* auf der einen und das Projekt konkurrierender Währungssysteme auf der anderen Seite. Die Idee einer Weltwährung hätte den Vorteil, dass das Problem der Wechselkurse weitgehend aus der Welt geschafft wäre; die Liquidität würde weltweit gesteuert, während die Aufgabe einer genügenden Elastizität den Kräften des Marktes überlassen bliebe. Aber abgesehen von der Frage der politischen

Realisierbarkeit ist es fraglich, ob die Aufgabe einer stabilitätsorientierten Geldpolitik in einer Weltzentrale zuverlässiger wahrgenommen würde als in den nationalen Notenbanken. Zudem müsste damit gerechnet werden, dass die Spannungen nur an anderer Stelle des Systems auftreten würden, wie das für die Europäische Währungsunion zu befürchten ist.

Im Projekt *konkurrierender Währungssysteme* würden nach der Vorstellung von *Milton Friedman* die bestehende Geldmenge eingefroren, die Notenbanken aufgelöst und die Schaffung neuen Geldes privaten Banken überlassen, die miteinander im Wettbewerb stehen. (87) Diese könnten selber entscheiden, auf welche Grundlage sie ihr Geld abstützen wollen, ob auf eine feste Parität zum Gold, zu einer anderen Ware oder einem Warenkorb, zu Anteilen eines Wertpapierfonds oder auf irgendeinen anderen Wert. Es würde dann an den Benützern liegen, von den verschiedenen Zahlungsmitteln das geeignetste herauszufinden; jene Währung würde sich durchsetzen, welche das grösste Vertrauen geniesst. Dabei könnten in einem Land auch Zahlungsmittel verschiedener Währungen nebeneinander zirkulieren.

Wohl hat es bis in unser Jahrhundert hinein konkurrierendes Geld privater Banken gegeben. Aber abgesehen davon, dass es nicht immer reibungslos funktioniert hat, beschränkte sich sein Gebrauch auf begrenzte Regionen mit einem verhältnismässig ruhigen wirtschaftlichen Rhythmus. Heute sind dagegen effiziente, weltweit brauchbare Währungen gefragt; der wirtschaftliche Rhythmus ist unvergleichlich höher, die Arbeitsteilung kaum mehr zu überbieten, und der Drang, alle Schwächen auszunützen und daraus Profit zu schlagen, hellwach; die Welt hat ihre Unschuld in Geldfragen – wenn sie diese Tugend je besessen hat – verloren. Auf diesem Hintergrund erscheint die Vorstellung, dass die Suche nach der besten Währungsverfassung dem freien Experiment überlassen werden soll, abenteuerlich.

Schliesslich fehlt es nicht an Vorschlägen, die mit *Regulierungen* eine erhöhte Stabilität des Geldwertes anstreben. Einzelne Autoren wollen die Geldschöpfung ganz dem Staat vorbehalten und jene der Banken unterbinden, den Börsenhandel und den Devisenverkehr einschränken (88) oder eine Steuer auf kurzfristigen Devisengeschäften erheben, um das gewaltige Volumen der unberechenbaren Kapitalbewegungen zu bremsen. (89) Je radikaler die Vorschläge, desto mehr widersprechen sie aber, ganz abgesehen von der fraglichen Realisierbarkeit, den Postulaten der Selbstregulierung und der Elastizität.

Das wichtigste Instrument zur Stärkung der Geldpolitik der Notenbanken und zur Wahrung der Stabilität des Geldwertes bilden aber, so scheint mir, genügende Liquiditätsvorschriften. Sie sind der Anker, der das gesamte Monetarisierungspotential an den festen Boden des Notenbankgeldes bindet. Hier muss im allgemeinen Drang nach Deregulierung ein Reservat der Regulierung bestehen bleiben.

Die Liquiditätsvorschriften richten sich in erster Linie an die *Banken*. Die Bedeutung solcher Regeln liegt im vorliegenden Zusammenhang nicht so sehr in den aufsichtsrechtlichen Aspekten, welche die Sicherung der jederzeitigen Zahlungsbereitschaft zum Ziel haben, sondern in ihrer geldpolitischen Wirkung. Von daher leitet sich auch die zentrale Rolle der Mindestreserven als Instrument der Notenbankpolitik ab. Um eine genügende Effizienz der Kontrolle zu gewährleisten, müssen jedoch die Verrechnungen zwischen den Banken und ihre Finanzierungstätigkeit ausserhalb der Bankbilanzen bei der Festsetzung der erforderlichen Liquiditätsraten gebührend berücksichtigt werden. Ob über die Banken hinaus die Finanzgesellschaften in die geldpolitische Liquiditätskontrolle einbezogen werden sollen, ist eine offene Frage. Wenn sich die Anlage- und Finanzierungstätigkeit aber noch weiter vom Notenbankgeld emanzipieren sollte, könnte sie aktuell werden.

(2) *Liquiditätskrisen* können einmal im *institutionellen Rahmen* entstehen, wenn in einer Währungsverfassung die Grundlage der Geldversorgung (beim Goldstandard die Goldreserven) zu schmal und zu wenig elastisch ist. Doch dürfte das Bewusstsein der Währungsbehörden durch die Erfahrungen zur Genüge geschärft sein, damit sich bisherige Fehler nicht wiederholen.

Zu Liquiditätskrisen kann es ferner kommen, wenn in den nationalen und internationalen Clearing- und Abwicklungssystemen *Blockierungen* auftreten. Die unter Umständen unabsehbaren Konsequenzen solcher Pannen wachsen mit dem steigenden Volumen der Finanzmärkte. Um so wichtiger ist es, dass der Durchfluss dieser Geldströme ständig auf seine Normalität hin beobachtet wird.

Liquiditätskrisen entstehen im weiteren, wenn die Banken auf breiter Front eine *restriktive Kreditpolitik* betreiben. Sie reagieren mit starker

Zurückhaltung in der Kreditgewährung, wenn ein bedeutender Teil ihrer Kredite gefährdet erscheint oder wenn Wertblasen plötzlich platzen und die früheren Wertsteigerungen und entsprechenden Sicherheiten nicht mehr vorhanden sind. Gegen solche Manifestationen eines defensiven Geldtriebes ist nicht viel auszurichten.

(3) Die Aufgabe, eine *Zahlungsunfähigkeit* zu vermeiden, stellt sich einmal im Blick auf die einzelnen Länder. Sie sind in erster Linie selber dafür verantwortlich, alles vorzukehren, damit eine derartige Gefährdung nicht eintritt.

Darüber hinaus obliegt es dem *Internationalen Währungsfonds*, zu dessen Pflichtenheft die Aufrechterhaltung eines geordneten Zahlungsverkehrs gehört, die Entwicklung in den einzelnen Staaten aufmerksam zu beobachten. Er bemüht sich gegenwärtig darum, sein Frühwarnsystem auszubauen, um mögliche Engpässe in der Zahlungsbereitschaft rechtzeitig zu signalisieren und einem Kollaps vorzubeugen. Der Währungsfonds verfügt auch über einen besonderen Fonds, um in Notfällen einzugreifen, die sich zu ernsthaften Bedrohungen des weltweiten Finanzsystems auswachsen könnten (General Arrangements to Borrow). Dagegen lehnt er es ab, als letzte Zufluchtsmöglichkeit der Geldbeschaffung betrachtet zu werden, wie das bei den nationalen Notenbanken üblich ist. So wichtig ein genügendes Krisenmanagement ist, so darf doch nicht übersehen werden, dass die Interventions- und Hilfsbereitschaft, wenn sie übertrieben wird, die Beteiligten dazu verleiten könnte, sich im Vertrauen auf den Schutz im Ernstfall allzu weit auf die Äste hinauszuwagen.

Die Sicherung einer genügenden Zahlungsbereitschaft der *Banken* und die Verhinderung von Insolvenzen mit der Gefahr möglicher Kettenreaktionen bedingen eine laufende Kontrolle ihrer eigenen Mittel, ihrer Liquidität, der Bonität ihrer Anlagen sowie der Risiken ihres Zinsenhaushaltes, ihrer Positionen im Devisenverkehr und im Handel mit Wertschriften und Derivaten. Dieser Aufgabe widmen sich im nationalen Rahmen die staatlichen Aufsichtsorgane in Zusammenarbeit mit den privaten Revisionsgesellschaften. Mit der Welle von Deregulierung und Globalisierung ist aber auch die Ausweitung der *Bankenaufsicht über die nationalen Grenzen hinaus* notwendig geworden. (90)

Zur *Vorbeugung* von Liquiditätskrisen und Zahlungsunfähigkeiten, die das internationale Finanzsystem gefährden könnten, sind bereits vielfältige institutionelle Vorkehrungen getroffen worden; sie werden weiter ausgebaut. Dazu kommt die ständige Bereitschaft zur *Intervention,* wenn solche Krisen trotzdem einmal ausbrechen sollten. Auch dafür gibt es geeignete Institutionen. Darüber hinaus haben es die Regierungen der wichtigsten Länder stets in der Hand, Krisensituationen, wenn nötig, von Fall zu Fall anzugehen, so dass man annehmen möchte, es sei genügend vorgesorgt, dass es nicht zu einem Kollaps des internationalen Finanzsystems kommen kann.

Das Geld und die wirtschaftliche Entwicklung

15. Die Unternehmung im Kräftefeld von Geldtrieb und Wettbewerb

Die Aufgaben der Unternehmung

Wohin führen uns nun die Kräfte von Geldtrieb und Wettbewerb in ihrem Zusammenspiel? Die Antwort auf diese Frage muss bei den Unternehmungen beginnen; sie stehen im Zentrum der mikroökonomischen Basis der Volkswirtschaft und sind die Impulsquellen im wirtschaftlichen Kreislauf, der sich im Zuge der Bildung und Verwendung von Einkommen entwickelt. Sie produzieren Einkommen, das sie in Form von Gewinnen, Löhnen und Zinsen an ihre Eigentümer, Mitarbeiter und übrigen Kapitalgeber weiterleiten. Der Erfolg oder Misserfolg der Unternehmungen im Wettbewerb entscheidet über die Stärke dieser Einkommensströme und damit über den Wohlstand.

> In der Marktwirtschaft besteht die grundlegende Aufgabe der erwerbsstrebigen Unternehmungen darin, mit einer konkurrenzfähigen Marktleistung Einkommen zu schaffen und Gewinne zu erzielen.

Wer ist nun aber die Unternehmung? Getragen werden die Unternehmungen – vielfach Aktiengesellschaften – in erster Linie von ihren Eigentümern. Sie setzen ihr Geld ein, um Gewinne zu erwirtschaften. Sie glauben an die Chance, dass sich ihre Erwartungen erfüllen, und nehmen das Risiko in Kauf, im Falle des Misserfolgs ihren Einsatz zu verlieren.

> Die Aufgabe der Unternehmung ist letztlich im Geldtrieb ihrer Eigentümer begründet; deren Interesse liegt in der laufenden Steigerung des Gewinnpotentials und damit des Wertes ihrer Unternehmung.

Der Aktionärswert (Shareholder value) hat damit keineswegs nur instrumentellen Charakter; er ist nicht nur eine Berechnungs- und Beurteilungsmethode. Er ist vielmehr eine der wichtigsten Manifestationen der grundlegenden Kräfte, auf die sich die Marktwirtschaft stützt und die sie antreiben.

Es gibt Eigentümer, die gleichzeitig auch für die Marktleistung verantwortlich sind; Eigentum und unternehmerische Leistung fallen dann zusammen. Das sind die *Unternehmer-Persönlichkeiten,* auf die es besonders am Anfang jedes wirtschaftlichen Neustarts ankommt, sei es zu Beginn der Industrialisierung oder im Silicon Valley der zweiten Hälfte des 20. Jahrhunderts.

Eigentum und Zuständigkeit für die Marktleistung können aber auch getrennt sein, wie das bei den *Publikumsgesellschaften* der Fall ist. Die Eigentümer – also die Aktionäre – leben ihren Geldtrieb aus, indem sie sich auf die Beteiligung am Gewinn der Unternehmung konzentrieren. Je nach Aktienanteil, beruflicher Funktion und persönlichem Interesse nehmen sie an den Generalversammlungen teil und bestimmen die Mitglieder des *Aufsichtsrates.* Die gewählten Personen repräsentieren die Eigentümer und übernehmen mit der Wahl eine hohe, das heisst praktisch die höchste unternehmerische Verantwortung. Der Aufsichtsrat ist zuständig für die langfristige Unternehmungspolitik und für die Kontrolle der operativen Geschäftsführung. Diese obliegt den *Managern;* sie sorgen für die Erhaltung und Steigerung der Ertragskraft des Unternehmens. Dabei folgen sie auch ihrem eigenen Geldtrieb in Form von oft wenig zimperlichen Wünschen bezüglich Gehalt und Gewinnbeteiligung, die sie allerdings den Aufsichtsräten gegenüber durchsetzen müssen.

Eigentümer und Manager verfolgen im besonderen bei der *Verwendung der erzielten Gewinne* unterschiedliche Interessen. Die Unternehmung kann die Überschüsse an die Eigentümer ausschütten oder zurückbehalten, um damit Investitionen zu finanzieren oder Reserven zu bilden und den Finanzhaushalt zu stärken. Die innere Kraft ist dabei ein Gebot betriebswirtschaftlicher Notwendigkeit und Klugheit. Denn eine finanziell starke Unternehmung ist in einer unvergleichlich günstigeren Lage, um im Konkurrenzkampf zu bestehen. Sie kann es sich leisten, die Zukunft zu planen, zu expandieren, neue Produkte und Produktionsweisen zu entwickeln, während eine schwache Gesellschaft alle Anstrengungen darauf richten muss, kurzfristig zu überleben. Allerdings ist die Reservenbildung eine Frage des Masses. Hinter dem Streben nach innerer Stärkung können sich auch weniger erfreuliche Neigungen verbergen, wie das Ausruhen auf den Lorbeeren und mangelnde Leistungsbereitschaft.

Die Mitglieder des *Managements* trachten vor allem nach einer Stärkung der Unternehmung und Sicherung ihrer langfristigen Existenz. Denn sie bietet ihnen die Plattform, auf der sie ihre Fähigkeiten entfalten, ihre Macht ausüben und ihre Einkommensansprüche durchsetzen können. Sie verfügen in den grossen Gesellschaften ohnehin über eine starke Stellung, wenn die Aktien breit gestreut sind. Und sie können diese Stellung noch ausbauen, indem sie den Einfluss einzelner Kategorien von Aktionären auf verschiedenen Wegen zurückzubinden versuchen: durch Stimmrechtsaktien, vinkulierte Namenaktien, Eintragungsquoten für bestimmte Aktiengruppen, ganz abgesehen von dem sie begünstigenden Depotstimmrecht der Banken.

Die *Aktionäre* drängen dagegen in der Regel auf eine rasche Ausschüttung, oder sie tolerieren, je nach Geldbedarf und steuerlichen Konsequenzen, eine vermehrte Zurückhaltung von Gewinnen. Das Interesse an einer kurzfristigen Ausschüttung wird besonders geschürt, wenn die Unternehmungen, wie in den USA üblich, gezwungen sind, jedes Quartal einen Erfolgsausweis vorzulegen. Das Management hat kein Interesse an einer Konfrontation mit den Aktionären und wird nach einer mittleren Lösung suchen, bei der die Aktionäre mit der Ausschüttung zufrieden sind und die Äufnung von Reserven gleichwohl nicht zu kurz kommt.

In neuerer Zeit geht die Tendenz erst recht in die *Richtung rascherer Ausschüttung.* Die Aktionäre lassen ihrem Geldtrieb freien Lauf und setzen die Geschäftsleitungen mit ihrer Erwartung unter Druck, höhere Gewinne zu erwirtschaften und an sie weiterzugeben. Sei es in Form von steigenden

Dividenden, von Bezugsrechten und Aktionärsoptionen oder von Aktienrückkäufen durch die Gesellschaft; in allen diesen Fällen profitieren die Aktionäre zudem von entsprechenden Wertsteigerungen an der Börse.

Die Ursache für diese Verschiebung hat mit den Veränderungen in den Eigentumsverhältnissen bei den Unternehmungen zu tun. Die Bedeutung familiärer Bindungen ist immer mehr zurückgegangen; im gleichen Masse hat sich das Eigentum entpersönlicht. Dafür ist insbesondere der Einfluss der institutionellen Anleger – Pensionskassen, Anlagefonds, Versicherungsgesellschaften – angestiegen, die ihre Kapitalmassen in professioneller Manier allein nach Massgabe einer erfolgreichen Anlagepolitik plazieren. Die Unternehmungen sind damit vor allem der *gebündelten Kraft des Geldtriebes* einiger kapitalstarker Institutionen ausgesetzt, mit mehr oder weniger bekannten Wortführern an der Spitze und einer grossen Zahl von anonymen Anlegern in ihrem Schlepptau. Dabei kann es durchaus geschehen, dass die kurzfristige Ausschüttung wichtiger wird als der dauerhafte Gewinn und damit das langfristige Schicksal der Unternehmung.

Im Vergleich zur Gewinnorientierung der Eigentümer und Manager sind die Löhne und Sozialleistungen der *Mitarbeiter* – wie im übrigen auch die Zinszahlungen an die Kreditgeber – für die Unternehmungen Kosten, die sie im Hinblick auf das Ertragsziel so niedrig als möglich zu halten sucht. Natürlich braucht die Unternehmung ihre Mitarbeiter, um die Produktion abzuwickeln, und sie wird sie pflegen, solange sie nötig sind. In vielen Unternehmungen stellt das «menschliche Kapital» (Human capital) auch den wichtigsten Aktivposten dar.

Aber niemand kann eine Unternehmung dazu zwingen, Mitarbeiter weiter zu beschäftigen, wenn sie keinen Bedarf mehr hat. Die Interessen der Eigentümer und der Mitarbeiter sind solange identisch, als es der Unternehmung gut geht und die Mitarbeiter gebraucht werden. Die Interessen von – etwas polemisch ausgedrückt – Kapital und Arbeit fallen dagegen auseinander, wenn der Geldtrieb der Unternehmung arbeitssparende Rationalisierungen verlangt oder in die Defensive gedrängt wird.

Und wie steht es mit der Aufgabe der *Versorgung?* Die Unternehmungen sind doch dazu da, den Bedarf der Bevölkerung zu decken? Sicher läuft ihre Tätigkeit auf dieses Ziel hinaus; darin offenbart sich ihre Marktleistung. Sie können gar nicht erfolgreich sein, wenn sie nicht Bedürfnisse befriedigen. Und wenn die bisher manifestierten Bedürfnisse an Dringlichkeit verlieren, etwa infolge Sättigung, müssen die Unternehmungen durch die Entwicklung neuer Produkte und durch entsprechende Werbung neue wecken. Und wenn auch das nicht genügt, müssen sie auf andere Märkte umsteigen, in denen es noch offene Bedürfnisse gibt. Die Deckung des Bedarfes ist Ausdruck der Marktleistung der Unternehmungen; sie steht indessen im Dienste des Ertragszieles. Dieses ist so stark, dass keine Chance ausgelassen wird, Bedürfnisse zu befriedigen. Damit ist Gewähr geboten, dass die Bevölkerung, wenn auch aus indirektem Interesse, optimal versorgt wird.

Mit der Erzielung von Ertrag und der Deckung von Bedarf ist der Aufgabenkreis der Unternehmungen jedoch, so scheint es, noch nicht erschöpft. Man trifft auf Parolen und Postulate, wie gesellschaftliche Legitimation und Verantwortung, ökologisch bewusste Unternehmungsführung u.a.m. Sie machen deutlich, dass sich ihre eigentlichen Aufgaben nicht losgelöst vom sozialen und ökologischen Umfeld erfüllen lassen und dass die Interessen der Mitarbeiter und einer weiteren Öffentlichkeit (Stakeholders) ebenso berücksichtigt werden müssen wie jene der Eigentümer.

Die Unternehmer und Manager, welche diesen Parolen gegenüber offen sind, spüren, dass die Bevölkerung sensibel geworden ist und mit Abwehr auf unternehmerische Arroganz und Rücksichtslosigkeit reagiert, handle es sich um Massenentlassungen, den Vertrieb von fragwürdigen Produkten, ökologischen Raubbau oder die Bestechung von Behörden, um entsprechende gesetzliche Auflagen zu umgehen. Sie wissen, dass eine feindliche Stimmung in der Öffentlichkeit eine Gefahr für die weitere Entwicklung der Unternehmung bedeutet.

Die Unternehmungen werden deshalb auf übergreifende soziale und ökologische Interessen so weit Rücksicht nehmen, als es in ihrem eigenen Interesse, und das heisst letztlich im Interesse ihrer langfristigen Ertragskraft, notwendig erscheint.

Dagegen ist es nicht richtig, wenn – wie schon geltend gemacht wurde – versucht wird, das Gewinnziel in den Bereich der unternehmerischen Taktik zu verweisen und den Unternehmenssinn als strategisches Ziel der spezifischen Dienstleistung gegenüber den übergeordneten sozialen Systemen «Gesellschaft» oder «Öffentlichkeit» zu deklarieren. (91) Es verhält sich in der Marktwirtschaft vielmehr umgekehrt: Das strategische Ziel liegt in der Erwirtschaftung von Gewinnen; die Dienstleistung ist diesem Ziel untergeordnet.

Ertragsziel und Marktleistung

Das Ertragsziel, das die Aktionäre mit ihrem Kapitaleinsatz anstreben, liegt – um es zu wiederholen – in der Steigerung der Rentabilität und damit des Wertes der Unternehmung. Für die Unternehmung anderseits bildet das Grundkapital die finanzielle Basis. Es steht ihr zeitlich unbefristet zur Verfügung und dient verschiedenen Zwecken: (1) der Sicherung der Eigentumsverhältnisse, (2) der Regelung der Gewinnausschüttung, (3) der Deckung von Risiken und (4) der Verfügbarkeit von Kapital. Die Funktion der Reserven – offene und stille – beschränkt sich dagegen auf die beiden letztgenannten Aspekte.

Die Rendite des Eigenkapitals kann durch den Einsatz von *fremden Mitteln* – Kredite und Anleihen – bis zu einem Optimum gesteigert werden (Leverage-Effekt). Wird der Anteil des Fremdkapitals dagegen über diesen Punkt hinaus erhöht, so kann es zu einer Überschuldung kommen, deren Zinsenlast den Rahmen des betrieblichen Erfolges sprengt.

Das Verhältnis von eigenen und fremden Mitteln ist aber nicht nur aus Renditeüberlegungen von Bedeutung, sondern vor allem auch zur Sicherung einer langfristig genügenden Liquidität. Nach einer vorsichtigen Faustregel sollte das Anlagevermögen (Gebäude, Maschinen, dauernde Beteiligungen) durch das Eigenkapital (Grundkapital plus Reserven) gedeckt sein. Die Praxis der Unternehmungskontrolle ist jedoch grosszügiger. Sie verlangt einen genügenden Bestand an liquiden Mitteln (Kassenhaltung, Bankguthaben), die zusammen mit den erwarteten Einnahmen die fälligen Ausgaben decken sollen. Darüber hinaus fordert sie in groben Zügen die Kongruenz der Fristen der in der Unternehmung gebundenen Anlagen einerseits und der Fälligkeiten ihrer Finanzierung anderseits, damit nicht bei einer fehlenden Erneuerung fremder Mittel ein Engpass in der Zahlungsbereitschaft entsteht.

Nach den Kriterien der Kapitalmarkttheorie wird der Ertrag auf dem

Kapital gemessen bzw. geschätzt und mit den eingegangenen Risiken verglichen. Das gilt für ganze Unternehmungen, aber auch für einzelne Unternehmensbereiche und Entscheidungen über Investitionen. Die Theorie misst das Risiko an der Abweichung von einem Durchschnitt und unterscheidet zwischen dem systematischen und dem unsystematischen Risiko. Die effektiven oder erwarteten Renditen sollten dem Risiko angemessen sein und die Zinsen von vergleichbaren Anlagen auf dem Kapitalmarkt übertreffen.

Das Ertragsziel zwingt die Unternehmung, alles zu versuchen, um mit ihrer *Marktleistung* im Wettbewerb zu bestehen. Der Konkurrenzkampf erlaubt kein Nachlassen oder Dosieren in den Anstrengungen; das würde den raschen Ausschluss vom Markt und den Untergang bedeuten. Auf diesem Hintergrund betreiben die Unternehmungen ein intensives *Marketing,* die systematische Ausrichtung ihrer gesamten Tätigkeit auf die Erfordernisse des Absatzes und damit des Marktes. Dazu gehören das Aufspüren von Bedürfnissen der Abnehmer oder das Wecken neuer Bedürfnisse durch die Entwicklung neuer Produkte, ferner die absatzgerechte Gestaltung der Produkte sowie ein kostengünstiges Produktionsverfahren und schliesslich die Förderung des Absatzes durch persönliche Bearbeitung, Information und Werbung. Der Stil des Marketing ist wesentlich von der Natur und der Reichweite der Produkte abhängig; die ortsgebundenen Bemühungen eines gewerblichen Betriebes sind etwas anderes als die Anstrengungen einer Weltfirma um den globalen Absatz.

Jede Unternehmung versucht, sich durch die Entwicklung von Spezialitäten im grösseren oder kleineren Massstab einen *Vorsprung* gegenüber den Konkurrenten und damit eine monopolartige Position zu verschaffen. Ein Jurist – auch der selbständig erwerbende Anwalt ist eine Art Unternehmer – erringt sich den Ruf eines exklusiven Könners als Scheidungsanwalt; ein Industrieunternehmen gilt als erste Adresse für die Lieferung von Kraftwerken; die Erfindung des Valiums ermöglicht einen hohen Grad der Dominierung des Marktes für Psychopharmaka. Oder ein Unternehmen schafft sich die nötige Spezialität durch die Kreation einer Handelsmarke mit Hilfe von Marketing und Public Relations. Über die Medien liefert es die Vorstellung, welche Marken man essen, trinken, tragen, fahren, besitzen muss, damit das Leben «noch lebenswerter» wird oder der Hunger nach sozialer Geltung noch besser gestillt werden kann, franko Haus.

Parallel zu diesen Bemühungen um den Absatz laufen die Anstrengungen um *höchste Effizienz der Produktion.* Auf allen Stufen der Wertschöpfungskette geht es um die Optimierung in technischer und vor allem in finanzieller Hinsicht. Und die Suche nach Erhöhung der Produktivität – der Wertschöpfung je Mitarbeiter – durch organisatorische und technische Verbesserungen hört nie auf: geeignete Produktgestaltung, günstige Beschaffung von Ausgangsprodukten, angemessene Lagerhaltung, kostengünstige Produktion, optimale Fertigungstiefe (Eigenproduktion oder Zukauf zusammenhängender Produktionssegmente von aussen). Vom Absatz her greift der Produktionsprozess auf den Ausgangspunkt zurück und passt die Produkte und die Produktionsweisen den gemachten Erfahrungen an. Kosten und Umsatz beeinflussen sich dabei wechselseitig. Niedrige Kosten ermöglichen niedrige Preise und damit eine günstige Ausgangslage im Kampf um Marktanteile; umgekehrt reduziert ein hoher Umsatz je nach dem Anteil der festen Kosten den Aufwand für die Produktionseinheit.

Über die operative Tätigkeit hinaus widmet sich die strategische *Unternehmungspolitik* den langfristigen Perspektiven des Ertragszieles. Je schärfer der Konkurrenzkampf, desto stärker das Bedürfnis, die Stellung einer Unternehmung am Markt zu festigen. Besonders eine grosse Unternehmung wird versuchen, ihre Position durch eigene Expansion, durch Beteiligung am Kapital anderer Unternehmungen (Partnerschaften, Joint Ventures) und durch den gemeinsamen Auftritt in Konsortien auszubauen. Oder den Markt durch die Übernahme und Verdrängung von Konkurrenten zusammen mit wenigen anderen (Oligopol) oder gar allein (Monopol) zu beherrschen. Auf diese Weise sichert sie den Absatz, erreicht sie dank grossen Produktionsserien niedrige Kosten und entschärft sie den Druck des Preiswettbewerbes – was nicht ausschliesst, dass es auch unter Oligopolisten Fälle von besonders hartem Konkurrenzkampf geben kann.

In allen diesen Bestrebungen liegt ein Zwang zur Grösse und zum Wachstum. Diese Tendenz wird durch weitere Motive nachhaltig unterstützt. Nur wer gross und stark ist, kann mit der laufenden Forschung Schritt halten, Zugang zu staatlichen Aufträgen finden, in Zeiten wirtschaftlicher Bedrängnis auf staatliche Hilfe hoffen oder sich politischen Einfluss sichern und auf die Gesetzgebung einwirken.

Grösse und Macht sind für eine Unternehmung allerdings nicht nur

Aktivposten; sie können sie auch *verletzlich* machen. Sogar ein so stolzes Unternehmen wie IBM ist schon des öfteren totgesagt worden. (92) Ein besonderes Risiko für eine grosse Unternehmung liegt in ihrer Unbeweglichkeit und Bürokratisierung. Sie kann versuchen, dieser Gefahr durch *Dezentralisierung* auszuweichen. Ein Konzern wird dann als föderalistisches Gebilde von wirtschaftlich und unter Umständen auch rechtlich selbständigen Unternehmungen verstanden. Sodann ist das Risiko, durch neue Entwicklungen überholt zu werden, um so grösser, je mehr sich eine Unternehmung auf einen einheitlichen Markt (Computer, Autos) konzentriert. Viele Unternehmungen haben deshalb ihr Glück schon in der *Diversifizierung,* der branchenübergreifenden Verbreiterung ihres Produkteangebotes, versucht – mit wechselndem Erfolg allerdings, so dass die Skepsis gegenüber Mischkonzernen deutlich gewachsen ist.

Ein besonderes Wort ist zu den freundlichen und feindlichen *Übernahmen anderer Unternehmungen* am Platz. Es gibt Jahre, in denen allein in den Vereinigten Staaten mehrere tausend Unternehmungen von anderen Gesellschaften, Investoren oder ihrem eigenen Management erworben werden. Dafür hat sich ein eigener Markt für Unternehmungskontrolle (Mergers and Aquisitions) herausgebildet, an dem sich neben selbständigen Agenturen besondere Abteilungen der traditionellen Banken und Brokerhäuser beteiligen.

Durch Fusionen können auf den verschiedenen Ebenen der Unternehmungstätigkeit positive Wirkungen der zusammengelegten Leistungen ausgelöst werden. Es kann auch durchaus heilsam sein, wenn ein selbstgenügsames Management einer Unternehmung durch die Drohung einer Übernahme aufgeschreckt und aktiv wird und wenn es den Aktionären dadurch besser gelingt, ihre Interessen geltend zu machen. Aber die in Übernahmen gesetzten Erwartungen können auch enttäuscht werden; entsprechend häufig kommt es vor, dass übernommene Gesellschaften wieder abgestossen werden. Nach Meinung von *McKinsey* waren zu einem bestimmten Zeitpunkt nur gerade 23% der Übernahmen in dem Sinne erfolgreich, dass die Aktionäre in den Genuss einer Wertsteigerung ihrer Aktien gelangt sind. (93) Abgesehen davon werden der Zeitbedarf und Arbeitsaufwand für die Integration fusionierter Betriebe und Unternehmungen gerne unterschätzt.

Die Konsequenzen von feindlichen Übernahmen sind jedoch verheerend, wenn die «Räuber» (raiders) es nur auf die Zerschlagung und Plünderung der Beute im Interesse des kurzfristigen Gewinnes abgesehen haben. Sie bedeuten eine mutwillige Zerstörung von wirtschaftlicher Substanz und den leichtfertigen Verlust von Arbeitsplätzen. Allein schon die Gefahr einer solchen Übernahme kann die Geschäftsleitungen dazu zwingen, sich mit deren Abwehr so intensiv zu beschäftigen, dass darob die eigentliche Führungsaufgabe zu kurz kommt. Und schliesslich haben viele Übernahmen und Abwehraktionen eine Verschuldung zur Folge, die es den betroffenen Unternehmungen schwermacht, zum nötigen betrieblichen Erfolg zurückzukehren.

Wo lauern nun, abgesehen von solchen Überfällen, die *hauptsächlichen Gefahren* für den Ertrag und die Existenz von Unternehmungen? Geht man den Ursachen von Zusammenbrüchen nach, so zeigen sich stets die gleichen Fehler:

- Der betriebliche Erfolg bleibt aus, weil die Marktleistung ungenügend ist; die Produkte entsprechen nicht mehr den Bedürfnissen oder sind von den Preisen her nicht mehr konkurrenzfähig.
- Eine Unternehmung übernimmt sich mit zu hohen Investitionen und gerät in eine Überschuldung.
- Die Finanzierungsstruktur stimmt nicht, indem der Anteil des Eigenkapitals zu gering bzw. die Fremdfinanzierung zu hoch ist; die Schuldenlast kann dann besonders bei einem Anstieg der Zinsen zu einer unerträglichen Belastung werden.
- Diese Gefahr besteht erst recht, wenn der Anteil kurzfristiger Kredite, die in einer flüssigen Marktverfassung aufgenommen worden sind, übertrieben gross ist.
- Die Expansion einer Unternehmung stützt sich zu sehr auf Wertsteigerungen von Immobilien und Wertschriften und berücksichtigt zu wenig, dass deren Preise auch fallen können.

Alle diese Fehler münden in einen Liquiditätsengpass oder eine Überschuldung oder in beide Übel zugleich. Die beteiligten Banken werden wohl versuchen, einer gefährdeten Unternehmung mit einer Sanierung beizustehen, wenn reelle Aussicht vorhanden ist, dass sie gerettet werden und überleben kann. Dazu gehören der Aufschub von Zins und Rückzahlungen, die Gewährung zusätzlicher Kredite (gegen Verpfändung weiterer Vermögensbestandteile), die Auflage von Kosteneinsparungen oder die Mithilfe bei einer geordneten Veräusserung von Teilen der Unternehmung. Werden die Chancen auf eine Rettung dagegen als zu gering beurteilt oder führen die eingeleiteten Schritte nicht zum gewünschten Erfolg, so bleibt nur der Versuch zu einem Nachlass oder dann der Gang zum Konkursrichter.

16. Geld und wirtschaftliches Wachstum

Das Wachstum als Ziel

In der Marktwirtschaft kommt alles darauf an, über Geld zu verfügen, also Einkommen zu produzieren. Wenn man den Wohlstand fördern will, müssen die Einkommen steigen. Es soll ein möglichst grosses Gesamteinkommen erzielt werden, an dem möglichst weite Kreise der Bevölkerung teilhaben.

> Wirtschaftliches Wachstum ist wünschbar und notwendig, weil es Einkommen schafft.

Diese These lässt sich weiter verdeutlichen.

1. *Die Wirtschaft muss wachsen, weil der wirtschaftliche Prozess nie gleichmässig verläuft.*

Wenn das Wachstum nicht zunimmt, dann nimmt es ab; ein Wachstum null lässt sich nicht über längere Zeit durchhalten. Ein rückläufiges Wachstum bedeutet aber Verlust an Einkommen und Wohlstand.

2. *Die Wirtschaft muss wachsen, weil zusätzlicher Wohlstand für zahllose Menschen ein vorrangiges Ziel bleibt.*

Wohlstand kennt keine obere Grenze. Zudem gibt es immer Menschen, die weniger haben als andere und die mehr haben möchten, und daneben viele, die eindeutig zu wenig haben.

3. *Die Wirtschaft muss wachsen, weil steigende Einkommen den Kampf um ihre Verteilung erleichtern.*

Wer ist schon bereit, sich in seinem Einkommen zu Gunsten von anderen einzuschränken? Wenn es bisher benachteiligten Schichten besser gehen soll, fällt dies leichter, wenn es gleichzeitig allen besser geht.

4. *Die Wirtschaft muss wachsen, damit die Beschäftigung gewährleistet wird und die Einkommen eine breite Steuung erfahren.*

Wachstum ist Voraussetzung für einen hohen Beschäftigungsgrad, und die Erwerbsarbeit ist das wichtigste Organisationsmittel der Einkommensverteilung.

5. *Die Wirtschaft muss wachsen, weil steigende Einkommen Voraussetzung für die staatliche Hilfe an die Bedürftigen sind.*

Die staatliche Umverteilung ist davon abhängig, dass der Staat über entsprechende Steuereinnahmen verfügt, die vom Gesamteinkommen abhängig sind.

6. *Die Wirtschaft muss wachsen, weil die Unternehmungen – die in ihrer Gesamtheit den Kern der Wirtschaft ausmachen – wachsen wollen und müssen.*

Das Hauptmotiv der Unternehmungen liegt in ihrem Geldtrieb; sie wollen wachsen, um mehr Geld zu verdienen. Sie müssen wachsen, um die steigenden Produktionskosten sowie die Zinsen für Investitionskredite zu decken, die mit Rücksicht auf eine zeitgemässe Marktleistung notwendig werden, und um den konkurrenzbedingten Preisdruck auf den Absatzmärkten durch höhere Umsätze aufzufangen.

Die Höhe des Einkommensstromes entscheidet über gut oder schlecht, über Zunahme oder Schrumpfung des Wohlstandes, über das Klima der Auseinandersetzung in der Einkommensverteilung. Alles hängt primär am Einkommen. Und die Seite der Produktion? Die Einkommen werden doch im Zuge der Produktion von Gütern und Dienstleistungen geschaffen?

Man nimmt geradezu als selbstverständlich an, dass im Rahmen des Wachstums jene Güter produziert werden, die unseren Bedürfnissen entsprechen. Das trifft auch in hohem Masse zu. Ein einigermassen stabiles Preisniveau bestätigt, dass das Angebot in genügender Grösse und Qualität vorhanden ist. Wenn nämlich Bedürfnisse offen bleiben, werden sie durch höhere Preise signalisiert. Die Unternehmungen sind dann noch so gerne bereit, die entsprechenden Gewinnchancen zu nutzen und die Lücken im Angebot auszufüllen.

So unproblematisch, wie sich das liest, ist das Sozialprodukt allerdings nicht. Es berücksichtigt alle Güter und Dienstleistungen, die letzten Verwendungszwecken dienen, zu Marktpreisen berechnet und in der volkswirtschaftlichen Gesamtrechnung registriert werden. Damit lässt diese aber weite Teile der Produktion, die für die Versorgung der Bevölkerung wichtig sein können, ausser Betracht. Dazu gehören etwa die unbezahlte Hausfrauenarbeit, die freiwilligen Dienste für Hilfsbedürftige oder die Selbstversorgung. Ausgeklammert bleibt ferner die Schattenwirtschaft, deren Produkte und Arbeitsleistungen an der Besteuerung und den Sozialabgaben vorbei gehandelt werden.

Dafür werden zum Sozialprodukt auch Güter und Dienstleistungen gerechnet, die mit Wohlstand oder Wertschöpfung im Grunde nichts zu tun haben. Man denke etwa an die medizinische Versorgung von Unfallopfern oder von gestressten Managern, an die Behebung von Schäden, die durch den Wohlstandsbetrieb oder durch Umweltkatastrophen entstanden sind. Das wirtschaftliche Wachstum wird eben als eine quantitative, wertfreie Grösse verstanden. Forcierte militärische Rüstung gehört ebenso dazu wie Investitionen, welche die Umwelt zerstören. Es ist deshalb schon vorgeschlagen worden, das Bruttosozialprodukt (Gross National Product) mit einer Rechnung des sozialen Nutzens (Gross National Utility) zu ergänzen, also den qualitativen Aspekt mitzuberücksichtigen. Nur besteht die Schwierigkeit dann darin, diesen Nutzen richtig abzugrenzen und zahlenmässig zu erfassen. (94)

Trotz allen möglichen Vorbehalten gegenüber der Produktionsseite bleibt das Wachstum unter dem Einkommensaspekt erwünscht und notwendig. Wie kommt es jedoch zustande? Nach der zentralen Botschaft dieses Buches liegt die Antwort auf der Hand.

> Das Wachstum stellt sich aufgrund des Geldtriebes und der Marktleistung der Unternehmungen und Haushalte grundsätzlich von selbst ein.

Es kann sich um so freier entfalten, je weniger der Geldtrieb durch den Druck von Steuern und Abgaben bedrängt wird und je weniger die Marktleistung auf Hindernisse im Wettbewerb (Regulierungen) stösst. Das sind auch – in Übereinstimmung mit dem Rezeptbuch der angebotsorientierten Wirtschaftspolitik – die wichtigsten Ansatzpunkte für eine Förderung des Wachstums, wenn es einmal hinter den Erwartungen zurückbleibt und die Regierungen unter Druck geraten, alle Mittel einzusetzen, um es wieder auf Touren zu bringen.

Daneben gibt es wohl noch weitere Möglichkeiten einer staatlichen Wachstumspolitik. Dazu gehören auf der Seite des Angebotes die Erteilung von staatlichen Aufträgen, die Gewährung von Subventionen, die Leistung von Zahlungsgarantien und Bürgschaften, die Unterstützung von Forschung und Entwicklung. Auf der Nachfrageseite geht es darum, die Gesamtnachfrage durch staatliche Aufträge zu stützen. Und im Bereich der Liquidität kann es nötig werden, den Geldtrieb durch Erleichterung der Geldversorgung aus einer Verkrampfung zu lösen und die Wettbewerbsfähigkeit durch eine Verbilligung der Kreditkonditionen zu stärken.

Alle diese Massnahmen laufen im Ende darauf hinaus, dass sie den Geldtrieb anregen und die Stellung im Wettbewerb unterstützen sollen. Sie sind aber in der Regel mit Aufwendungen verbunden, denen Grenzen gesetzt sind. Sie liegen in der Rücksichtnahme auf einen gesunden Staatshaushalt und im Postulat eines stabilen Geldwertes.

Die Entwicklung des Wachstums

Das Wachstum verläuft nie stetig, sondern ist durch Phasen unterschiedlicher Beschleunigung sowie durch immer wiederkehrende Rückschläge gekennzeichnet. Die Wachstumsraten des realen Bruttoinlandproduktes schwankten in den Mitgliedstaaten der OECD im Zeitraum von 1981 bis 1994 zwischen 4,5% und –0,1%. (95) Dabei treten die konjunkturellen Schwankungen regelmässig in Zyklen von 4 bis 8 Jahren in Erscheinung. Sie überlagern die Wandlungen in der Struktur des Produktionsapparates, die sich entweder allmählich und beinahe unmerklich oder dann in abrupten Schüben vollziehen.

Auf Sturm standen die Zeichen zur Zeit der *grossen Depression* der 30er Jahre. Als wesentliche Ursache für ihre bis dahin unbekannte Tiefe, Breite und Dauer ist heute eine übermässige Einschränkung des Liquiditätsspielraumes erkannt. Das musste jeden Aufschwung im Keim ersticken. Seine Überwindung wurde erst möglich durch den Verzicht auf das enge Korsett des Goldstandards und später durch die Lockerung der Deflationsmentalität unter dem Einfluss der Klärung, die vom Werk von *Keynes* ausging (seine Allgemeine Theorie ist 1936 erschienen). Die drohende Kriegsgefahr und der Zwang zur militärischen Aufrüstung haben dann die Prioritäten erst recht anders gesetzt.

Die *Zeit nach dem Zweiten Weltkrieg* war durch ein langanhaltendes hohes Wachstum geprägt; Geldtrieb und Marktleistung konnten sich dank einer günstigen Konstellation der massgebenden Faktoren voll entfalten. Auf den wichtigsten Absatzmärkten herrschte ein *grosser Bedarf,* bedingt durch den Wiederaufbau nach dem Krieg, die Zunahme der Bevölkerung, den sich entwickelnden Wohlstand und die politischen Spannungen (kalter Krieg zwischen West und Ost, heisse Kriege in Korea und Vietnam). Der *technische Erfindungsgeist* eröffnete ungeahnte neue Möglichkeiten für eine reichhaltigere und billigere Versorgung. Der Einzug des Computers revolutionierte alsdann sowohl die Produktionsweise als auch das Güterangebot. Die *Märkte,* anfänglich noch stark national ausgerichtet, wurden unter dem Einfluss einer – mehr oder weniger – liberalen Handelspolitik sowie der neuen Informationstechnologie und der modernen Verkehrsmittel immer offener und weitgespannter. Der *Liquiditätsspielraum* war ausreichend. Die Perioden mit niedrigen und mittleren Zinssätzen überwogen; neben den nationalen Geld- und Kapitalmärkten entstanden die übernationalen Euromärkte. Und der *Geldwert* blieb einigermassen stabil. Das Gleichgewicht zwischen Geld und Gütern konnte im grossen ganzen gewahrt werden.

Die lange Periode des Wachstums wurde 1973 durch den *Zusammenbruch des Währungssystems* von Bretton Woods und durch den *Ölpreisschock* jäh unterbrochen. Der Übergang zu freien Wechselkursen war ein Sprung ins Ungewisse. Die massive Steigerung des Ölpreises sog einen wesentlichen Teil des Liquiditätsspielraumes zu Gunsten der ölfördernden Länder auf; in diesen sammelte sich das Geld in rauhen Mengen an, während es in den Industriestaaten und den Ländern der Dritten Welt, die auf Ölimporte angewiesen waren, fehlte. Erst allmählich wurde die angehäufte Liquidität durch Vermittlung des internationalen Bankensystems im Rahmen eines forcierten Recycling in die Länder zurückgeleitet, aus denen sie stammte; das war der Ausgangspunkt für die spätere Schuldenkrise.

Für die meisten Beobachter ganz unerwartet folgte von 1981 an mit einer Dauer von 8 Jahren der *längste ununterbrochene Aufschwung*. Allerdings blieb die Expansion mit einer Wachstumsrate von 2,7% im Durchschnitt der Jahre 1979 bis 1989 gegenüber 4,9% in den Jahren 1960 bis 1973 eher verhalten. Dennoch war das andauernde Wachstum um so erstaunlicher, als es durch weitere Ölpreissteigerungen (1981), den Ausbruch der Schuldenkrise (1982), die weitgehende Deckung des Nachholbedarfes der Nachkriegszeit und eine dramatische Baisse der Aktienkurse (1987) belastet wurde. Das Wachstum erschien so stabil, dass es sogar Stimmen gab – u.a. die sogenannte New Wave Economics – welche verkündeten, Rezessionen ganzer Volkswirtschaften gehörten von nun an der Vergangenheit an!

Für das «Wunder» dieses Aufschwunges können folgende Gründe ausgemacht werden. Im Zeichen der angebotsorientierten Wirtschaftspolitik sind besonders in den Vereinigten Staaten und in Grossbritannien die Steuern gesenkt worden. Das hat den Geldtrieb von Unternehmungen und Haushalten mächtig angespornt. Daraus entstand im Laufe der Zeit immer mehr eine Mentalität der raschen und hemmungslosen Geldmacherei; die 80er Jahre wurden zur «Dekade der Gier». Die *Nachfrage* hat vor allem in den USA durch die militärische Aufrüstung einen starken Auftrieb erhalten. Ein neuer *technologischer Schub* erfasste die Hightech-Industrien. Die *Märkte* weiteten sich durch die Deregulierung und Globalisierung immer mehr aus. Der *Liquiditätsspielraum* wuchs durch die Monetarisierung von Defiziten im Staatshaushalt sowie den Zuzug von anlagesuchendem Kapital aus dem Ausland (Japan). Er vergrösserte sich nochmals durch die leichte und oftmals leichtfertige Kreditgewährung und durch die Einführung neuer Finanzinstrumente, die im Junkbonds-Fieber gipfelte.

Doch auch dieser spektakuläre Aufschwung ist im Jahre 1990 *zu Ende gegangen*. Zu diesem Umschwung mag einmal der Untergang des Sowjetimperiums beigetragen haben. Er verschlechterte die Aussichten für den Handel mit diesen Staaten und stellte darüber hinaus die weitere militärische Aufrüstung in den westlichen Industrieländern in Frage. Ferner rächten sich die unvorsichtigen Investitionen auf den Immobilienmärkten, zu denen der Aufschwung verführt hatte. Nach der Hausse der 80er Jahre fielen die Preise der Liegenschaften in weiten Teilen der USA, in Grossbritannien und Japan drastisch. In Japan kam der Rückschlag der Wertschriftenkurse im Jahre 1989 dazu. Betroffen von diesen belastenden Einflüssen waren vor allem die kreditgebenden Banken. Sie reagierten mit einer betonten Zurückhaltung in der Kreditgewährung und trugen damit zu einer empfindlichen Einengung des Liquiditätsspielraumes bei. Verschärft wurde die Knappheit durch die gewaltig gestiegene Schuldenlast vieler Unternehmungen und privater wie öffentlicher Haushalte.

In der jüngsten Geschichte der wirtschaftlichen Entwicklung ist der viel härter geführte, weltumspannende *Konkurrenzkampf* das hervorstechende Merkmal. Die Gründe dafür sind vielfältig.

- In den Industrieländern, insbesondere in Europa, zeigen die Absatzmärkte zunehmend Zeichen der Sättigung. Die weitere Produktion von Gebrauchsgütern deckt im wesentlichen den Ersatz- und Erneuerungsbedarf.
- Die Bevölkerung in diesen Ländern wächst nur langsam, und die Zuwanderung fremder Arbeitskräfte stösst auf zunehmenden Widerstand.
- Der Bedarf nach militärischen Rüstungsgütern hat nach dem Zusammenbruch des Sowjetblockes und dem Abbau der globalen Spannungen deutlich abgenommen.
- Die Produktivität der Herstellung von Gütern und Dienstleistungen, die sich in den Lohnstückkosten niederschlägt, hat sich durch die technologische Revolution, die Computerisierung und Automatisierung, in bisher unvorstellbarem Masse erhöht.

- Der bisherige Schutz der Unternehmungen durch hohe Informations- und Transportkosten (Distanzschutz) ist mit der rasanten Entwicklung der Telekommunikation und Transporttechnik dahingefallen.
- Erst recht eingestürzt sind die Schutzmauern durch die Öffnung der Absatzmärkte im Zuge der Deregulierung und Globalisierung. Dieser Trend wird unterstützt durch die Bemühungen des GATT und in seinem Gefolge der Welthandelsorganisation (WTO) um den Abbau der verbleibenden Handelsschranken.
- Parallel dazu bilden sich die drei globalen Marktzonen der Europäischen Union (EU), der Nordamerikanischen Freihandelszone (NAFTA) und – etwas zögernd – der Asiatischen Freihandelszone (AFTA) heraus. Sie können sich zu Bausteinen eines umfassenden Freihandels entwickeln, tragen aber auch die Gefahr einer neuen Aufspaltung in sich.
- Die neu entwickelten Länder haben eigene Industrien aufgebaut, wobei sie dank niedrigerer Löhne über kostenmässige Vorteile verfügen. Zudem sind sie in die moderne Technologie hineingewachsen. Sie nutzen ihre Chancen in der Produktionsweise und der Entwicklung neuer Produkte konsequent aus.
- Die alten Industriestaaten haben es in zahlreichen Bereichen versäumt, ihre Produktion der technologischen und wirtschaftlichen Entwicklung rechtzeitig anzupassen. Dementsprechend haben sie ihren bisherigen Vorsprung auf vielen Gebieten eingebüsst.
- Verschiedene alte Industrieländer weisen ein hohes Lohnniveau und einen hohen Grad an sozialer Sicherheit auf. Darin widerspiegelt sich die erfreuliche Breite des Wohlstandes. Im Klima des intensiven weltweiten Konkurrenzkampfes lasten diese Errungenschaften jedoch schwer auf der Wettbewerbsfähigkeit der Unternehmungen.
- Die Finanzierung der Anpassung der Produktion bereitet weder in den Industriestaaten noch in der Dritten Welt Schwierigkeiten, sofern die Sicherheit der entsprechenden Kredite und Anleihen gewährleistet erscheint.

Insgesamt laufen diese Tendenzen auf eine Schwächung der Nachfrage und eine Stärkung des Angebotes in den alten Industrieländern hinaus mit einer weiteren Intensivierung des Wettbewerbs und einem entsprechend starken Druck auf die Preise. In einem solchen Umfeld ist es schwierig, ein gewünschtes Wachstum zu erreichen und aufrechtzuerhalten. Die Unternehmungen in diesen Ländern reagieren auf die neue Situation mit noch mehr Rationalisierung der Produktion, mit der Zusammenlegung und Übernahme von anderen Unternehmungen sowie mit der Verlagerung der Produktion in Regionen mit günstigeren Produktions- und Absatzbedingungen.

Diese Verlagerungen manifestieren zusammen mit dem Erstarken der neu industrialisierten Länder den grundlegenden *Wandel der internationalen Arbeitsteilung,* der gegenwärtig im Zuge der überhandnehmenden Globalisierung im Gange ist. Die Weltbank prognostiziert für den Zeitraum von 1995 bis 2004 für die in der OECD zusammengeschlossenen Industriestaaten ein jährliches Wachstum von 2,8% und eine Zunahme des Wachstums pro Kopf der Bevölkerung von 2,3%. Demgegenüber lauten die entsprechenden Zahlen für die an der Spitze liegende Region Ostasien auf 7,7% bzw. 6,6%. Für Lateinamerika wird ein Wachstum von 3,5% bzw. 1,9% erwartet; für Osteuropa und Zentralasien soll es 3,4% und 2,9% betragen und für Schwarzafrika 3,8% und 0,9%. (96)

Die Finanzkrise, die im Sommer 1997 in Ostasien ausgebrochen ist, hat allerdings die Erfahrung bestätigt, dass das Wachstum jeweils nur während einer begrenzten Zeit linear verläuft und immer wieder in Frage gestellt werden kann.

Im übrigen hat der Zwang zur äussersten Marktleistung auch Konsequenzen in der *Qualität der Produktion.* Das angestrebte Höchstmass an wirtschaftlicher Effizienz kann auf Kosten der Sicherheit gehen, wie verschiedene spektakuläre Unglücksfälle in der Schiffahrt (Tanker, Fähren) zeigen. Die Effizienz verlangt sodann mehr Standardproduktion mit der Folge von mehr Eintönigkeit und weniger Charakter; Beispiele gibt es die Menge, von der geringeren Geschmacksqualität von Obst und Gemüse bis zur Monotonie moderner Städtebilder.

Wachstum und Beschäftigung

Ein starkes wirtschaftliches Wachstum bedeutete bis in die 70er Jahre hinein auch Vollbeschäftigung.

Mit der zunehmenden Rationalisierung der Produktion, der Ausnützung aller noch vorhandenen Rationalisierungsreserven, der Konzentration von Betrieben und Unternehmungen sowie der Verlagerung der Produktion in kostengünstigere Regionen ist die Rolle des Wachstums als Garant für sichere Arbeitsplätze und Einkommen aber nicht mehr gewährleistet.

Es gehört zu den Erfahrungen unseres täglichen Lebens, dass Betriebe geschlossen und Arbeitsplätze abgebaut werden. Im Durchschnitt der Jahre 1984 bis 1994 betrug die Zahl der Arbeitslosen in den Industriestaaten der OECD 29,2 Millionen. Im Jahre 1996 waren in diesen Ländern 36,3 Millionen Menschen ohne Arbeit; das waren 7,5% der erwerbsfähigen Bevölkerung. Und eine rasche, substantielle Reduktion ist in absehbarer Zeit nicht zu erwarten. Dabei sind alle jene nicht mitgerechnet, die unfreiwillig eine Teilzeitarbeit verrichten, sich an öffentlichen Ausbildungsprogrammen beteiligen oder sich im vorgezogenen Ruhestand befinden. Damit nicht genug: Der Anteil der langfristig Arbeitslosen, die während 12 Monaten und länger ohne Arbeit sind und die wohl vor allem als Opfer der strukturellen Veränderungen betrachtet werden müssen, lag in vielen europäischen Ländern über 40 %.

Die Statistiken zeigen nun *auffallende Unterschiede* zwischen den Industrieländern Europas, den Vereinigten Staaten und Japan. In Europa war das Wachstum (Zunahme des realen Bruttoinlandproduktes) im Jahre 1996 mit 2,0% eher gedämpft und die Arbeitslosenquote mit 10,5% ausgesprochen hoch. Die USA zeigten demgegenüber ein etwas beschleunigteres Wachstum von 2,4% bei einem Anteil der Erwerbslosen an der gesamten erwerbsfähigen Bevölkerung von 5,4%. Und in Japan erreichte bei einem animierten Wachstum von 3,6% die Arbeitslosenquote 3,3 %. (97)

In *Europa* machen sich die geringe Flexibilität in der Produktion, der späte Einsatz der technischen Neuerungen, das hohe Lohnniveau und die Verlagerung der Produktion in kostengünstigere Zonen besonders nachteilig bemerkbar. Dazu kommt, dass in verschiedenen Staaten in der Zeit des Aufschwunges eine grosse Zahl von ausländischen Arbeitskräften mit einem geringen Ausbildungsstand rekrutiert wurde, von denen jetzt viele ohne Arbeit sind. Und schliesslich wird der Arbeitsmarkt auch unter dem Einfluss einer ausgebauten Arbeitslosenversicherung unflexibel, wenn die Arbeitslosen allzu leicht zu Ersatzeinkommen gelangen und eine andere und besonders eine schlechter bezahlte oder weiter entfernte Stelle ablehnen können.

In den *Vereinigten Staaten* geht ein etwas stärkeres Wachstum mit einem hohen Beschäftigungsgrad Hand in Hand. Das ist um so erstaunlicher, wenn man sich die zahlreichen Handicaps vergegenwärtigt, denen die amerikanische Wirtschaft ausgesetzt war: die stark passive Aussenbilanz, der empfindliche Rückgang der Nachfrage nach Rüstungsgütern, der Verfall der Liegenschaftenpreise, die hohe öffentliche und private Verschuldung, der Untergang zahlreicher Banken, die Nachwirkungen der Jagd nach dem raschen Geld in Form der Vernachlässigung von Investitionen und die Zerschlagung und Ausbeutung zahlreicher Firmen im Zuge feindlicher Übernahmen. Sicher verleihen der riesige heimische Markt und die besondere Dynamik der Produktion mit ihrer ununterbrochenen Schaffung und Vernichtung von Unternehmungen der amerikanischen Wirtschaft einen starken Rückhalt. Im weiteren weisen häufige Klagen über Lohneinbussen der mittleren Einkommensschichten darauf hin, dass die Flexibilität des Arbeitsmarktes ihren Preis hat. Vor allem aber muss der Geldtrieb der Unternehmungen eine unbändige Kraft und bemerkenswerte Robustheit besitzen. Zugleich haben die Unternehmungen den Sinn für das nötige Mass zwischen Geldtrieb und Marktleistung zurückgewonnen, den sie in den 80er Jahren allzu oft vermissen liessen.

In *Japan* wird das anziehende Wachstum von einer im Vergleich mit anderen Ländern niedrigen Arbeitslosigkeit begleitet. Dabei spielen das besondere soziale Klima und die gegenseitige Solidarität von Arbeitgebern und Arbeitnehmern eine Rolle. Entlassungen werden nach Möglichkeit vermieden; ein notwendiger Abbau von Arbeitskräften geschieht im Zuge der normalen Abgänge und über interne Versetzungen.

Aufgrund dieses kurzen Überblicks sei festgehalten:

Die Korrelation von Wachstum und Beschäftigung besteht grundsätzlich nach wie vor.

Je stärker das Wachstum, desto höher die Beschäftigung. Das schliesst die strukturelle Arbeitslosigkeit aber nicht aus. Sie macht sich besonders in Europa bemerkbar, wo sie sich mit der konjunkturellen Arbeitslosigkeit kumuliert. Man muss die Möglichkeit ernstnehmen, dass die Wirtschaft in Zukunft mit immer weniger Arbeitskräften auskommen wird.

Wirtschaftliches Wachstum kann durchaus mit steigender Arbeitslosigkeit einhergehen.

Wenn das Arbeitsvolumen aber aus strukturellen Gründen massiv und anhaltend zurückgehen sollte, stellt sich mit besonderem Nachdruck die Frage, wie eine wachsende Zahl von Menschen ohne Arbeit mit Einkommen versorgt werden kann. Selbst wenn das Wachstum und damit das Gesamteinkommen steigt, wäre eine genügende Verteilung der Einkommen nicht gewährleistet. Das Einkommen bliebe – zunächst – bei den Unternehmungen als den hauptsächlichen Schöpfern von Einkommen und bei ihren Eigentümern hängen. Zwischen Kapital und Arbeit käme es zu einer sich öffnenden Schere. Das zeigt sich in geradezu zynischer Weise, wenn es in der Zeitung heisst: Arbeitsplätze abgebaut, die Börse jubiliert! Oder wenn umgekehrt eine Zunahme der Beschäftigung beklagt wird, weil sie die Hoffnung auf eine Senkung der Zinsen zerstört…

Wenn die Arbeit ihre Funktion als Organisationsmittel der Einkommensverteilung nicht mehr wahrnehmen kann, müssen andere Lösungen gefunden werden.

Ein erster Ausweg aus diesem Konflikt besteht darin, dass die Arbeit breiter verteilt und die Arbeitszeit verkürzt wird: kürzere Wochenarbeitszeit, längere Ferien, frühere Pensionierung, Teilzeitarbeit, Teilung der Arbeit (job sharing). Um dabei das Risiko ungenügender Einkommen auszuschliessen, werden solche Optionen gerne mit dem Postulat eines vom Staat garantierten Mindesteinkommens verbunden. Man darf aber nicht so tun, wie wenn eine wohl geringere, aber bestimmte Menge von Arbeit garantiert wäre und nur neu verteilt werden müsste; das ist sie eben nicht. Die Beschäftigung hängt vielmehr laufend vom Wachstum der Wirtschaft und vom Grad ihrer Rationalisierung ab.

Am einfachsten lassen sich *individuelle Anpassungen* der Arbeitszeit realisieren, wenn sie von entsprechenden Einkommenskürzungen begleitet sind. Viele Arbeitnehmer geben schon heute einer kürzeren Arbeitszeit den Vorzug und sind bereit, dafür eine Einbusse in ihrem Einkommen in Kauf zu nehmen.

Besonders schwierig wird es dagegen, wenn es um die Einführung einer *kollektiven Verkürzung der Arbeitszeit* geht, die nicht mit einem Lohnopfer verbunden sein soll. Das gilt sogar, wenn sich die Reduktion der Arbeitszeit im Rahmen des Produktivitätsfortschrittes hält. Denn der unerbittliche Konkurrenzkampf fordert, dass eine höhere Produktivität am Markt nutzbar gemacht wird und in einem günstigeren Preisangebot zum Ausdruck kommt. Der Produktivitätsfortschritt bietet damit jedenfalls nicht im vollen Umfang Spielraum für eine Arbeitszeitverkürzung bei vollem Lohnausgleich.

In Deutschland machten die Gewerkschaften der Metallindustrie aus der «Not» eines künftigen Arbeitsmangels eine «Tugend», als sie in den Tarifverhandlungen eine Reduktion der wöchentlichen Arbeitszeit auf 35 Stunden bei vollem Lohnausgleich vom Jahre 1995 an durchsetzten. Sie nahmen damit, unbekümmert um allfällige nachteilige Auswirkungen auf die Wettbewerbsfähigkeit, eine mögliche Steigerung der Produktivität vorweg. Allerdings räumten sie den Arbeitgebern das Recht ein, mit einem Teil ihrer Belegschaft, der bis zu 18% der Beschäftigten je Betrieb ausmachen kann, über Einzelverträge eine Wochenarbeitszeit bis zu 40 Stunden zu vereinbaren. Damit anerkannten sie, dass in jedem Betrieb eine Minderheit zu den Leistungsträgern gehört, während die Mehrheit aus Mitläufern besteht, die bei einem nächsten Rationalisierungsschub auch am meisten gefährdet sind.

Eine Alternative zur Verkürzung der Arbeitszeit liegt in einem staatlich begründeten *Recht auf Arbeit.* Es bietet ein Höchstmass an einkommensmässiger und sozialer Sicherheit. Wer sorgt dann aber für die Beschäftigung der Arbeitskräfte? Erhöht sich der Bestand an staatlichen Angestellten über das betrieblich notwendige Mass hinaus, so steigen die Staatsausgaben und damit die Steuern entsprechend an. Wenn die Unternehmungen aber Arbeitskräfte beschäftigen müssen, die sie nicht brauchen, verlieren sie direkt an Wettbewerbskraft.

Eine weitere Alternative wäre die Einführung von Mindesteinkommen durch den Staat. Die Folge wäre eine massive zusätzliche steuerliche Belastung.

> In allen diesen Fällen stösst der Versuch zur Sicherung einer erträglichen Einkommensverteilung bald einmal an die Grenzen der wirtschaftlichen Leistungsfähigkeit.

Diese Grenzen werden durch das Gesamteinkommen und damit durch das wirtschaftliche Wachstum gezogen. Selbst wenn die Beschäftigung nicht mit dem Wachstum Schritt hält, schafft das Wachstum das nötige Einkommen, damit die Menschen ohne Arbeit über die staatliche Umverteilung mit dem lebensnotwendigen Einkommen versorgt werden können. Die Wünschbarkeit eines hohen Wachstums steht unter wirtschaftlichen Aspekten ausser Zweifel.

17. Wachstum und Wachstumsgrenzen

Der Konflikt zwischen Ökonomie und Ökologie

In einem begrenzten physikalischen und biologischen System, wie es die Erde darstellt, kann es auf die Dauer kein unbeschränktes wirtschaftliches Wachstum geben. Früher oder später muss es an die Grenzen der natürlichen Vorräte und der Aufnahmefähigkeit von Schadstoffen stossen. Daran hat die im Jahre 1972 unter der Schirmherrschaft des Club of Rome publizierte Studie «Die Grenzen des Wachstums» von *Dennis Meadows* erinnert. (98) Gleichzeitig signalisierte sie mit grossem Nachdruck die Gefahr einer raschen Annäherung an diese Grenzen. Sie fasste die Ergebnisse eines weltumspannenden Computer-Modells dahin zusammen, dass die absoluten Wachstumsgrenzen auf der Erde im Laufe der nächsten hundert Jahre (vom Erscheinungsdatum an gerechnet) erreicht würden, wenn die Zunahme der Bevölkerung, der Industrialisierung, der Umweltverschmutzung, der Nahrungsmittelproduktion und der Ausbeutung der natürlichen Rohstoffe unverändert anhalte. Mit grosser Wahrscheinlichkeit führe dies zu einem ziemlich raschen und nicht aufhaltbaren Absinken der Bevölkerungszahl und der industriellen Kapazität. Es erscheine indessen möglich, die Wachstumstendenzen zu ändern und einen ökologischen und wirtschaftlichen Gleichgewichtszustand herbeizuführen, der auch in weiterer Zukunft aufrechterhalten werden könne.

Das war der apokalyptische Posaunenstoss, der den geistigen, wirtschaftlichen und politischen Umbruch einleitete, in dem wir uns seither befinden. Seine Wirkung war um so stärker, als die Welt kurz darnach, gegen Ende 1973, den Ölpreisschock erlebte, der den alarmierenden Hinweis auf die begrenzte Verfügbarkeit von Rohstoffen zu bestätigen schien.

Diese Thesen sind, wie nicht anders zu erwarten, nicht unbestritten geblieben. Dem Bericht ist vor allem vorgeworfen worden, er sei ein typisches Computerprodukt, das die Reaktionen der Menschen auf gefährliche

Entwicklungen unterschätze, die Bedeutung des technischen Fortschrittes übersehe und die nötige regionale Differenzierung unterlasse.

In der Folge sind weitere Modelle gebastelt worden, welche diesen Einwendungen Rechnung zu tragen versuchten. Ihre Resultate bestätigen jedoch im Kern überwiegend die Thesen des erwähnten Berichtes. Das gilt auch für eine besonders bedeutsame Nachfolgeuntersuchung, die 1980 unter dem Titel «Global 2000» erschienen ist und von der amerikanischen Regierung stammt. (99) In ihrem Bericht über «Die neuen Grenzen des Wachstums» (1992) kommen *Dennis Meadows* und weitere Autoren zum Schluss, der befürchtete Kollaps werde wegen der sich verschlechternden Umweltsituation und der weiter steigenden Bevölkerungszahl schon um das Jahr 2030 eintreten. (100)

Inzwischen beobachtet eine grosse Zahl von überstaatlichen, staatlichen und privaten Institutionen laufend die Entwicklung der natürlichen Umwelt und berichtet regelmässig über ihre Wahrnehmungen. Sie stellen übereinstimmend fest, dass in den Industrieländern im Laufe der vergangenen Jahre trotz weiterem Wachstum zwar spürbare Verbesserungen erzielt worden sind; anderseits bestehen aber zwischen den einzelnen Ländern grosse Unterschiede, die Liste der akuten Schadquellen ist lang, und stets werden neue Gefahrenherde entdeckt. Die Situation ist, alles in allem, noch kritischer geworden. Die Welt sieht sich in die Lage des Zauberlehrlings versetzt, der die Geister, die er rief, nicht mehr loswird.

Es ist nicht einfach, diese Horrorvisionen richtig zu bewerten. Denn viele der geltend gemachten Bedrohungen lassen sich in ihrem Ausmass nicht zweifelsfrei belegen. Eine gewisse Skepsis ist deshalb verständlich und angezeigt. Doch lassen sich auch bei nüchterner Beurteilung die Signale nicht übersehen, die darauf hindeuten, dass die Menschheit ohne eine genügende Beachtung der ökologischen Grenzen einer Zerstörung ihrer Lebensgrundlagen entgegentreibt.

Die Gefahren lauern überall auf der Welt. Für die bisherige Umweltzerstörung sind jedoch in erster Linie die *Industrieländer* verantwortlich. In diesen lebt nur etwa ein Fünftel der Weltbevölkerung; er trägt aber drei Viertel zum Ausstoss des gefährlichsten Treibhausgases Kohlendioxyd bei. Diese Staaten werden weiterhin einen übermässigen Anteil an den natürlichen Vorräten und der Absorptionskraft der Biosphäre für Schadstoffe für sich beanspruchen, weil sie auf wirtschaftliches Wachstum angewiesen bleiben.

Gleichzeitig warten aber Milliarden von Menschen der bisherigen *Zweiten* und der *Dritten Welt* ungeduldig auf eine Verbesserung ihrer Lage und damit auf wirtschaftliches Wachstum. Das sich daraus ergebende Gefahrenpotential für die Umwelt steigt dazu noch täglich weiter an mit dem ungehemmten Wachstum der Bevölkerung. Die Weltbank erwartet eine Zunahme der Weltbevölkerung von 5,4 Milliarden Mitte 1992 um 2,7 auf 8,2 Milliarden Menschen im Jahre 2025. (101) Gibt man sich Rechenschaft über die Lawine von Ansprüchen und Erwartungen sowie die damit verbundenen Bedrohungen für die Umwelt, so sprengt die Aufgabe einer genügenden Kontrolle das Mass dessen, was menschenmöglich erscheint.

Die ökologischen Grenzen des Wachstums einerseits – der Zwang zum wirtschaftlichen Wachstum anderseits: Darin besteht der tiefgreifende *Konflikt,* der über das weitere Schicksal der Menschheit entscheidet.

> Die ökologisch bedingten Wachstumsgrenzen bilden den grossen Kontrapunkt zum Wachstumszwang.

Die Marktkräfte können diesen Konflikt nicht lösen; sie folgen ihren eigenen Wegen. Geldtrieb und Wettbewerb entscheiden über wirtschaftlichen Fortschritt oder Rückfall. Man soll sich nicht dazu verführen lassen, den Konflikt herunterzuspielen und zu behaupten, Ökonomie und Ökologie seien keine Gegensätze.

> Unter diesen Umständen muss der Mensch die Verantwortung für ein tragbares Verhältnis von Ökonomie und Ökologie übernehmen.

Als Ziel eines solchen Auftrages sind verschiedene Konzepte entwickelt worden. Der erste Bericht des Club of Rome und verschiedene Nachfolgeuntersuchungen haben zunächst ein Wachstum null gefordert. Doch setzte sich die Einsicht rasch durch, dass es ohne wirtschaftliche Entwicklung keinen

Umweltschutz geben kann, wie umgekehrt ohne Umweltschutz auf die Dauer keine wirtschaftliche Entwicklung möglich ist. In einer nächsten Etappe galt ein qualitatives oder ein organisches Wachstum als die Lösung. Diese Umschreibungen geben wohl die allgemeine Richtung an, in welche die Entwicklung gehen müsste; sie lassen jedoch das zu erreichende Ziel offen und bleiben damit unverbindlich.

Seit dem Bericht der *World Commission on Environment and Development (Our Common Future)* von 1987 wird das Postulat der *nachhaltigen Entwicklung* (sustainable development) auf die Fahne geschrieben. Es ist der Versuch, das Wachstum so zu steuern, dass auch künftige Generationen ihre Bedürfnisse befriedigen können. Der Begriff bringt somit die Verantwortung für die langfristige Entwicklung zum Ausdruck. In der Terminologie der *Hegelschen* Dialektik könnte man sagen:

> Der These der Ökonomie steht die Antithese der Ökologie gegenüber; dieser Konflikt soll in der Synthese der nachhaltigen Entwicklung überwunden werden.

Die Tragweite dieses Konzeptes kann gar nicht überschätzt werden. Nachdem es die langfristige Entwicklung in den Vordergrund stellt, räumt es im Grunde der Sicherung der elementaren Lebensbedingungen und damit den ökologischen Forderungen die Priorität ein. Die Wirtschaft darf inskünftig nur soweit wachsen, als sie per Saldo die Umwelt nicht über das tragbare Mass hinaus belastet. Anderseits soll und muss sie in diesem Rahmen aber wachsen, wenn es nicht zu einem raschen Abfall des Wohlstandes kommen soll.

Wege zur nachhaltigen Entwicklung

Die Forderungen der Ökologie schlagen sich (1) in der Setzung von Umweltzielen nieder. Um sie zu erreichen, muss (2) die Wahl zwischen mehreren Instrumenten getroffen werden. Und schliesslich kümmern sich (3) verschiedene Träger um diese Aufgaben.

(1) Die Setzung von Umweltzielen begegnet der Schwierigkeit, die Schäden

an der Umwelt zuverlässig zu messen und korrekt auf ihre Ursachen zurückzuführen; die Schadströme lassen sich in der Regel nur einigermassen schätzen. Zwar ist es verhältnismässig einfach, den Abbau der natürlichen Vorräte – etwa der (bekannten) Öllager, der produktiven Böden, der Tropenwälder – zu berechnen. Dagegen gelingt es nur schwer, die Grenzen der Belastbarkeit der Biosphäre einschliesslich der Ozeane zu erfassen und anderseits ihre effektive Belastung mit Schadstoffen zu bestimmen.

Der Anteil der verschiedenen Schadströme an der Gesamtbelastung lässt sich nur feststellen, wenn die Schadquellen ökologisch einheitlich bewertet werden; ihre Schädlichkeit wird beispielsweise auf ein Kilogramm eines bestimmten Schadstoffes (zum Beispiel Erdöl) bezogen. Oder die effektive Belastung durch Schadstoffe wird ins Verhältnis zum Grenzwert der zulässigen Belastung gesetzt; das Verhältnis wird in «Ökofaktoren» ausgedrückt, und als Rechnungseinheit dienen «Umweltbelastungspunkte». In einem weiteren Schritt werden die auf den gleichen Nenner gebrachten Umweltbelastungen im Rahmen eines ökologischen Rechnungswesens – einer ökologischen Buchhaltung und einer Ökobilanz – in Geldeinheiten gemessen. Nur wenn das gelingt, kann in einem Unternehmen oder in der volkswirtschaftlichen Gesamtrechnung der Wertschöpfung auch eine Schadschöpfung gegenübergestellt werden; sie setzt sich aus den Ausgaben für den Umweltschutz und dem Abbau des Bestandes an Umweltgütern bzw. der Zunahme der Schadstoffbelastung zusammen.

Bei der Festlegung von Umweltzielen kann man in verschiedenen Stufen vorgehen. Zunächst wird *das Naheliegende* an Umweltschutz unternommen und dann, in einem weiteren Schritt, ein *vorläufiges* Umweltziel gesetzt; im Vergleich zu einem Zustand in der Vergangenheit oder der Gegenwart soll keine Erhöhung, wo nötig jedoch eine Rückführung der Schadbelastung stattfinden. Auf einer dritten Stufe werden die Umweltziele *absolut* festgelegt. Das setzt aber voraus, dass die Grenzen der Abbaufähigkeit von natürlichen Vorräten und der Absorptionskraft von Schadstoffen bekannt sind; man versucht dann, die effektive Belastung auf diese Grenzwerte hinunterzudrücken. In vereinzelten Fällen mag es sogar gelingen, die Kreisläufe zu schliessen, so dass keine Vorräte mehr abgebaut und Schadstoffe mehr reduziert oder toleriert werden müssen und die Produktion mit dem Recycling der Abfälle auskommt.

(2) Wenn die Umweltziele einmal festgelegt sind, geht es darum, die nötigen Korrekturen auf effiziente Weise durchzusetzen. Dazu gehören die konsequente Anwendung des Verursacherprinzipes sowie die Wahl der richtigen *Instrumente.* Heute stützt sich die Umweltpolitik zur Hauptsache auf *staatliche Gebote* und Verbote, also auf das Polizeirecht. Das ist im besonderen bei der angestrebten Reduktion von Schadstoffen der Fall. Vorschriften über Grenzwerte von Emissionen in der industriellen Produktion und der Raumheizung oder die Pflicht zum Einbau von Katalysatoren und die Einführung von Tempolimiten im Motorfahrzeugverkehr stehen hier im Vordergrund. Diese Methode hat aber den Nachteil, dass sie alle Schadquellen nach dem gleichen Schema behandelt und keine Rücksicht auf die Besonderheiten im Einzelfall nimmt; es lohnt sich dann auch nicht, Grenzwerte zu unterschreiten, selbst wenn dies an sich möglich wäre.

Dem Bedürfnis nach stärkerer Differenzierung vermögen die *marktwirtschaftlichen Instrumente* Rechnung zu tragen. Sie gehen davon aus, dass die Knappheit der öffentlichen Güter – saubere Luft, reines Wasser, produktive Böden – im wichtigsten Steuerungselement der Marktwirtschaft, den Preisen, überhaupt nicht zum Ausdruck kommt. Sinn dieser Instrumente ist es deshalb, die Kosten der Verschmutzung in den Preisen zu berücksichtigen; im Fachjargon heisst das: die externen (ausserhalb des wirtschaftlichen Systems entstehenden) Kosten zu internalisieren.

Das kann einmal *direkt über die Preise* durch die Erhebung von *Lenkungsabgaben* geschehen. Hieher gehören die viel diskutierten Energie-, CO_2- und sonstigen Abgaben. Der Einsatz dieses Instrumentes ist vor allem dort angezeigt, wo die Zahl der Schadquellen gross ist wie im Motorfahrzeugverkehr. Die Eindämmung des Ausstosses von Schadstoffen direkt über den Preis ist einfach und zumindest zum Teil (je nach der Preiselastizität der Nachfrage) auch wirksam. Die Schwierigkeit liegt aber darin, dass der richtige Preis gefunden werden muss, um die angestrebte Reduktionsmenge zu erreichen.

Eine zweite Gruppe von Instrumenten setzt nicht bei den Preisen, sondern *bei den Mengen* an. Sie wird durch die Ausgabe von übertragbaren *Zertifikaten* repräsentiert, die zur Emission einer bestimmten Schadstoffmenge berechtigen. Ihre Ausgabe richtet sich nach einer insgesamt zulässigen Schadstoffmenge und überlässt die Verteilung auf die einzelnen Schadstoffquellen, wie industrielle Betriebe, dem freien Wettbewerb. So können Unterschreitungen und Überschreitungen von Grenzwerten, also Bonus und Malus-Positionen, gegeneinander ausgetauscht werden. Der Preis für solche Verschmutzungslizenzen spielt sich dann am Markt von selber ein. Ein grundsätzlicher Einwand gegen diese Methode lautet jedoch, dass eine Verschmutzung, also eine schädliche Handlung, offiziell sanktioniert wird; das könnte als stossend empfunden werden.

Die Frage nach den geeigneten Instrumenten hat die Phantasie vieler Wissenschafter beflügelt und eine hohe Produktivität an Einfällen zur Folge gehabt, die leider – bis jetzt – in einem krassen Missverhältnis zur praktischen Anwendung steht. Bei wenigen Ansätzen ist bisher auch der Versuch geblieben, die Entwicklungsländer zur Schonung der Natur zu verpflichten und ihnen im Austausch dafür einen begrenzten Schuldenerlass (Debt for Nature Swaps) oder neue Kredite (New Money for Nature Swaps) anzubieten.

(3) Träger des Umweltschutzes sind überstaatliche Institutionen, die einzelnen Staaten, Unternehmungen, Banken und Haushalte. Wichtigster Träger ist der einzelne Staat. Er muss die Umweltziele festlegen, ökologische Grenzen setzen, ihre Einhaltung überwachen und Verstösse ahnden. Zudem hat er die geeigneten Instrumente auszuwählen, um die festgelegten Ziele zu erreichen. In diesen heiklen Aufgaben wird er unterstützt von überstaatlichen Institutionen, die sich um die Veränderungen im Zustand der Umwelt kümmern und sich um gemeinsame Aktionen einer Mehrzahl von Staaten bemühen; was um so notwendiger ist, als die Probleme der Umwelt nicht an den staatlichen Grenzen haltmachen.

Für die *Unternehmungen* ist der Umweltschutz eine besondere Herausforderung, denn sie sind dem Konflikt zwischen Rentabilität und Schutz der natürlichen Umwelt voll ausgesetzt. Sie haben jedoch unter verschiedenen Aspekten ein Interesse daran, die Forderungen der Ökologie ernstzunehmen. Dabei steht nicht so sehr im Vordergrund, dass der Umweltschutz auch neue Märkte und Geschäftsmöglichkeiten eröffnet (neue Produkte, neue Produktionsweisen, Beratung). Ins Gewicht fällt vielmehr, dass die öffentliche Meinung heute sehr sensibel auf das ökologische Wohl- und Fehlverhalten der Unternehmungen reagiert; sie bringt ihr Urteil in ihrer allgemeinen Einstellung zur Wirtschaft und in ihren Kaufentscheidungen, sei es der Produkte oder von Beteiligungen an Unternehmungen, zum Ausdruck. Eine ökologisch aufgeschlossene Unternehmung wird denn auch Wert darauf legen, über das eigene Verhalten zu informieren und den Stand ihrer Betriebe und Produkte beurteilen und mit Hilfe entsprechender Zertifikate einstufen zu lassen (Öko-Rating).

Ein weiteres Motiv für eine ökologische Ausrichtung der Unternehmungspolitik liegt in der Angst vor Umweltschäden und der finanziellen Haftung dafür. Die Sanierungskosten können so hoch ausfallen, dass es oft fast unmöglich ist, eine genügende Versicherung zu tragbaren Prämien abzuschliessen. Auch die *Banken* kommen bei ihrer Kreditgewährung um die Prüfung der ökologischen Risiken (Altlasten, Schadstoffausstoss) nicht herum.

Die *Haushalte* schliesslich – sie sind unsere engsten Lebensräume – werden von Erfolg und Misserfolg der Umweltpolitik letztlich am meisten betroffen und sind an ihrem Gelingen ganz besonders interessiert. Sie verfügen ebenfalls über Optionen, um zum Schutze der Umwelt beizutragen. Das kann geschehen durch eine aktive Mitwirkung bei der Bildung der öffentlichen Meinung, durch Sparen beim Energieverbrauch im Haushalt, durch Recycling der Abfälle und zurückhaltenden Gebrauch von Motorfahrzeugen.

Die Notwendigkeit eines genügenden Schutzes der natürlichen Umwelt ist weltweit – mehr oder weniger – erkannt, Vorschläge zur Abhilfe gibt es in grosser Zahl, und es wird auf allen Ebenen auch viel getan. Und trotzdem ist die drohende Gefahr in keiner Weise gebannt. Wir verlieren im Wettlauf mit der drängenden Zeit fortwährend an Terrain. Es lässt sich auch kaum vermeiden, dass die Rücksichtnahme auf die Umwelt in Zeiten eines guten Geschäftsganges leichter fällt als in einer wirtschaftlichen Bedrängnis, in der auf alle irgendwie vermeidbaren Kosten verzichtet werden muss.

Wie steht es denn mit dem zweiten Element der nachhaltigen Entwicklung, den Aussichten des wirtschaftlichen Wachstums? Was braucht es, damit wir bei aller gebührenden Berücksichtigung der ökologischen Forderungen noch *wirtschaftliches Wachstum* erwarten können?

Entscheidend ist, dass der Geldtrieb und der Wettbewerb als die zentralen Motoren des wirtschaftlichen Wachstums im Rahmen der ökologischen Grenzen intakt bleiben.

Im einzelnen scheint es auf folgende Bedingungen anzukommen:

(1) Die Unternehmungen müssen an ihre Chance glauben können.

Sie müssen spüren, dass der Staat und die öffentliche Meinung die erwähnten wirtschaftlichen Vitalkräfte als grundlegend für die unternehmerische Tätigkeit respektieren. Das gilt besonders, wenn einmal der Druck von seiten der ökologischen Bedrohung steigen sollte.

(2) Die Spiesse im Wettbewerb müssen gleich lang sein.

Die Auflagen und Vorschriften müssen die konkurrierenden Unternehmungen in gleichem Masse treffen und Bevorzugungen und Benachteiligungen im Wettbewerb vermeiden (Forderung der Konkurrenz-Neutralität). Wo die Konkurrenz über die Landesgrenzen hinweg spielt, müssen auch die Lasten des Umweltschutzes weiträumig möglichst gleichmässig verteilt werden.

(3) Die ökologischen Rahmenbedingungen müssen möglichst stabil sein.

Die Wirtschaft muss wissen, woran sie ist, und das auf längere Sicht hinaus. Nur wenn sie einigermassen sicher kalkulieren kann, lassen sich neue Investitionen rechtfertigen. Die Rahmenbedingungen dürfen deshalb nicht zu häufig wechseln.

(4) Die Instrumente müssen ökonomisch und ökologisch möglichst effizient eingesetzt werden.

Grundsätzlich kommen alle Instrumente in Frage, staatliche Gebote und Verbote wie marktwirtschaftliche Methoden (Lenkungsabgaben und Emissionszertifikate). Die marktwirtschaftlichen Instrumente haben dabei den grossen Vorteil, dass sie den unterschiedlichen wirtschaftlichen Voraussetzungen der einzelnen Schadquellen Rechnung tragen. Die Instrumente sind jedoch gezielt einzusetzen; allgemeine Energiesteuern zum Beispiel treffen die einzelnen Schadquellen nur ungenügend und verpuffen in ihrer ökologischen Wirkung. Zudem müssen sie sich auf das ökologisch Notwendige konzentrieren und sollten keine weiteren Ziele anvisieren, wie eine Sanierung des Steuersystems, die Finanzierung des Staatshaushaltes (Forderung der Staatsquoten-Neutralität) oder eine Umverteilung von Einkommen (Forderung der Verteilungs-Neutralität).

Soviel zu den Voraussetzungen eines wirtschaftlichen Wachstums in einer ökologisch kontrollierten Welt. – Und wie sind zusammenfassend die Erfolgsaussichten einer nachhaltigen Entwicklung zu beurteilen? An dieser Frage scheiden sich die Geister in die beiden Gruppen der Optimisten und der Pessimisten…

18. Die Verteilung von Einkommen und Vermögen

Der Prozess der Einkommens- und Vermögensverteilung

Geldtrieb und Marktleistung der wirtschaftlichen Unternehmungen schaffen im wesentlichen das Sozialprodukt und das Volkseinkommen. Die Menschen, die als Unternehmer bzw. Selbständigerwerbende, als Arbeitnehmer oder als Anleger von Ersparnissen an diesem Prozess beteiligt sind, partizipieren an seinem Ergebnis in Form von Gewinnen, Löhnen und Zinsen. Alle Beteiligten drängen, geleitet von ihrem Geldtrieb, auf einen möglichst hohen Anteil. Ihren Bemühungen ist um so eher Erfolg beschieden, je mehr die Wirtschaft wächst. Der Kampf um die Verteilung wird dagegen härter, wenn das Wachstum stagniert oder gar schrumpft.

Im Zuge der Industrialisierung und bis in unser Jahrhundert hinein war die Einkommensverteilung geprägt durch hohe Gewinne der Unternehmer und minimale Löhne der Arbeitnehmer; vielfach genügten diese gerade noch, um die Arbeitskraft aufrechtzuerhalten. Wohl waren damals grosse Gewinne und entsprechende Ersparnisse notwendig, um den Produktionsapparat aufzubauen. Die Kapitalbildung ist indessen häufig in extremer Weise auf Kosten der Löhne der Arbeitnehmer forciert worden. Darauf stützte *Marx* seine These einer Anhäufung des Reichtums in wenigen Händen bei gleichzeitiger Verelendung der Massen.

Allen düsteren Voraussagen einer einseitigen Verteilung zum Trotz sind die realen Einkommen und Vermögen jedoch nicht nur in ungeahntem Masse angestiegen, sondern sie haben auch eine breite Streuung erfahren.

Die Einkommen der unteren und mittleren Lohnschichten haben sich in unserem Jahrhundert grundlegend erhöht. Als weitere «Klasse» neben den

Kapitalisten und den Proletariern hat der Mittelstand – die Gruppe der «Bürger» – seine Stellung in der Gesellschaft entscheidend ausbauen können. An dieser erfreulichen Entwicklung hatte die Errichtung von zahllosen neuen Unternehmungen und Betrieben ebenso Anteil wie der ausgleichende Einfluss der Gewerkschaften und der wachsende politische Widerstand gegen wirtschaftliche Machtkonzentration und Einseitigkeit der Einkommensverteilung. In den meisten Industriestaaten sind zudem im Laufe der Zeit die Tarifverträge, die zwischen den «Sozialpartnern» – den Organisationen der Arbeitgeber und der Arbeitnehmer – für die einzelnen Wirtschaftszweige nach Massgabe der allgemeinen Markttendenz ausgehandelt werden, zu Wegweisern für die Einkommensverteilung geworden; sie haben Signalwirkung auch für jene Löhne, die nicht tariflich festgelegt werden.

In der Zeit nach dem Zweiten Weltkrieg hat sich der Trend zu einem verbreiteten Wohlstand mit dem Aufschwung der Wirtschaft erst recht verstärkt. Die Lohnempfänger konnten ihr zentrales Anliegen, die Sicherung ihres Arbeitsplatzes sowie eines regelmässigen und angemessenen Einkommens, in hohem Masse durchsetzen. Immer weitere Kreise der Bevölkerung waren in der Lage, über ihre Grundbedürfnisse hinaus einen wachsenden Teil des Wahlbedarfes zu decken. Die Wohnungen wurden grösser und bequemer, der Motorfahrzeugverkehr entwickelte sich explosionsartig, die gesundheitliche Betreuung gestaltete sich immer differenzierter, das Bildungsangebot erweiterte sich und öffnete sich für alle Schichten, und die Freizeit wurde bereichert durch Ferien, Reisen, Sport und Unterhaltung aller Art.

Jene Menschen, die in der heutigen Arbeitswelt keinen Arbeitsplatz finden können oder die infolge von Alter, Krankheit oder Behinderung nicht imstande sind zu arbeiten, werden durch das soziale *Sicherheitsnetz* der Staaten geschützt; es verschafft ihnen das zum Leben notwendige Einkommen. So sollte es jedenfalls nach dem Idealbild des modernen Wohlfahrtsstaates sein.

Das reale Bruttoinlandprodukt ist in den Ländern der OECD im Zeitraum zwischen 1960 und 1994 jährlich im Durchschnitt um 3,4% gewachsen; pro Kopf der Bevölkerung hat es sich um 2,4% erhöht. (102) Das ist jedoch eine rein statistische Grösse. Einen Schritt näher an die effektive

Streuung der Einkommen führt die bereits früher angesprochene Aufteilung des Gesamteinkommens in Löhne und Gewinne (vgl. S. 41).

Ein Verhältnis zwischen den Löhnen und den Gewinnen von 2,9 bis 4,2 : 1, wie es jenen Zahlen entspricht, wirkt – spontan gesehen – nicht provozierend. Anderseits bietet ein Gewinnanteil von 16 bis 25% des Volkseinkommens offenbar genügend Substanz, um die Anstrengungen der Unternehmungen und ihrer Eigentümer gebührend zu honorieren und den Produktionsapparat weiter auszubauen.

Die *Zinsen* als dritte Komponente des Volkseinkommens widerspiegeln die Bedeutung, welche die Vermögensbildung im Laufe der Zeit erlangt hat. Auch dieser Anteil von 8% wirkt nicht unproportioniert. Er straft alle jene Kritiker Lügen, welche die Kumulation der Vermögen aufgrund von Zins und Zinseszins berechnen und als grosse Gefahr darstellen, der gegenüber eine ausgewogene Einkommensverteilung keine Chance hätte. Die extrem grossen Vermögen wachsen nicht exponentiell immer weiter. Die Erbteilungen dürften der wichtigste Grund für die Verhinderung solcher unerwünschter Kumulationen sein.

In den Industrieländern verfügt heute ein mehr oder weniger grosser Teil der Bevölkerung über einen *vermögensmässigen Rückhalt.* (103) Die Zahl der Besitzer von Eigenheimen ist gewachsen, und das Eigentum an Wertschriften ist weit gestreut. Zudem sind in einem Staat mit sozialer Verantwortung heute praktisch alle Bürger an einem *Kollektivvermögen* beteiligt. Das gilt besonders für die Rentenversicherungen bzw. Pensionskassen, die nach dem Kapitaldeckungsverfahren finanziert werden; die künftigen Rentenansprüche werden in diesem Falle durch Prämien der Destinatäre und Beiträge der Arbeitgeber angespart und mit den laufenden Zinserträgen ergänzt.

Trotz der erfreulichen Verbreitung des Wohlstandes hält die Spannung zwischen Reichen und Armen aber weiter an.

In den Vereinigten Staaten verfügten die ärmsten 20% der Haushalte im Jahre 1985 über 4,6% der Einkommen; dafür konnten die reichsten 20% einen Anteil von 43,5% für sich gewinnen. Bis zum Jahre 1991 sind diese

Zahlen – unter dem Einfluss der angebotsorientierten Wirtschaftspolitik – auf 4,2% zurückgegangen bzw. auf 46,9% angestiegen. Für Deutschland lauten die betreffenden Zahlen für das Jahr 1988 auf 7% und 40,3%, und für die Schweiz beliefen sie sich im Jahre 1982 auf 5,2% und 44,6%. (104)

Die Quellen der *extrem hohen Einkommen* haben sich verschoben. Auf die geradezu legendären Unternehmer früherer Zeiten, die ihre Riesenvermögen überwiegend in der Schwerindustrie machten, die Rockefeller, Morgan, Vanderbilt, Krupp und wie sie alle heissen, folgten die neuen Reichen, die ihr Geld mit Computern, Immobilien und Finanzgeschäften oder als Film- und Fernsehstars verdienen.

Ein wachsender Anteil der Superreichen entfällt sodann auf die Manager, die in einem Anstellungsverhältnis stehenden leitenden Personen der Wirtschaft. Für die Manager der 30 grössten amerikanischen Unternehmungen wird als Mittelwert einschliesslich aller Nebeneinnahmen ein Einkommen von 4 bis 4,5 Millionen Dollar im Jahr angegeben. Da verwundert es nicht, wenn vehement Klage darüber geführt wird, die Gehälter vieler Manager stünden in keinem Verhältnis mehr zu ihrer Leistung. (105) Das mittlere Manager-Einkommen ergibt in den USA im Vergleich zu den mittleren Einkommen der Arbeitnehmer eine Relation von 180 : 1! In Grossbritannien soll das Verhältnis 35 : 1, in Deutschland und Frankreich 30 : 1 und in Japan 28 : 1 betragen.

Auf der anderen Seite des Einkommensspektrums finden wir die *Randgruppen* von Menschen, die sich – wie der Ausdruck sagt – am Rande des Existenzminimums und damit am Rande des Systems der Geldwirtschaft bewegen. Zu ihnen gehören die chronisch Arbeitslosen, daneben viele Alleinerziehende, vor allem alleinstehende Mütter, ferner Rentner sowie eine wachsende Zahl von Menschen, die es nicht schaffen, den harten Rhythmus des modernen Arbeitsalltags mitzuhalten; man fasst sie im Begriff der *neuen Armut* zusammen. Nur zu oft gelingt es nicht, diesen Opfern der Arbeitswelt durch die Sozialversicherung und die Sozialfürsorge ein menschenwürdiges Dasein zu verschaffen, wie das Heer der Obdachlosen in verschiedenen reichen Industrieländern zeigt.

Die Ausbreitung der «neuen Armut» und insbesondere die Zunahme der strukturell bedingten Arbeitslosigkeit in den europäischen Industriestaaten hat dazu geführt, dass man seit Mitte der 80er Jahre von der Entwicklung einer *Zwei-Drittels-Gesellschaft* spricht, die an Wohlstand und Konsum teilhat, während der letzte Drittel immer mehr ins Abseits gerät. Noch viel weiter gehen jene Wortführer einer Diskussionsrunde, die Ende September 1995 in San Francisco nach Wegen in die Zukunft suchten und der Meinung Ausdruck gaben, dass im kommenden Jahrhundert 20% der erwerbsfähigen Bevölkerung ausreichen würden, um die Weltwirtschaft in Schwung zu halten, während 80% ohne Arbeit blieben. (106) Man kann sich einiges an Schreckensvisionen vorstellen; doch fällt es schwer anzunehmen, dass die benachteiligte grosse Mehrheit bereit wäre, es so weit kommen zu lassen.

Dabei ist *arm* nicht nur, wer Hunger hat, sondern wer im Vergleich zum Lebensstandard seiner sozialen Umgebung auf die Befriedigung minimaler Bedürfnisse verzichten muss. Das ist ein fliessender Begriff; entsprechend grosse Schwierigkeiten bereitet es, die Zahl der Armen eindeutig festzustellen. Sie verändert sich je nachdem, wo man die Einkommensgrenze für die Armut zieht. Ihre Kriterien sind unter den Aspekten der Fürsorge, der Sozialversicherung oder des Betreibungsrechtes ganz verschieden; zudem kommt es darauf an, wieweit neben dem Einkommen ein allfälliges Vermögen mitberücksichtigt wird. Für die USA meldet die offizielle Statistik für das Jahr 1994 bei einer nach verschiedenen Gesichtspunkten gewichteten Armutsschwelle eine Zahl von 38 Millionen Menschen oder 14,5% der Bevölkerung, die in Armut leben. (107)

An der Grenze des Systems der Geldwirtschaft bewegen sich auch jene Menschen, die sich *freiwillig* mit einem geringen Einkommen begnügen, bis hin zu der verschwindend kleinen Gruppe von eigentlichen *Aussteigern* aus der Geldwirtschaft, die bewusst versuchen, möglichst ohne Geld auszukommen.

Deutlich jenseits der Grenzen des Systems der Geldwirtschaft befindet sich schliesslich der grosse Bereich der *unbezahlten Arbeit*, die von Hausfrauen, in der Nachbarschaftshilfe, der Erziehung und der Pflege von alten und kranken Menschen geleistet wird. Diese Arbeiterinnen und Arbeiter ohne Entgelt lassen es allerdings nicht an Bemühungen fehlen, ebenfalls in das System hineinzuwachsen. Ein Beispiel dafür bilden die Krankenschwestern, die immer weniger bereit sind, für Gotteslohn zu arbeiten, und die eine normale Entlöhnung erwarten. Oder die Hausfrauen, die von Zeit zu

Zeit ebenfalls ihre Ansprüche auf eine geldmässige Entschädigung für ihre Arbeit anmelden.

Am schlimmsten ist die Armut jedoch in den Ländern der Dritten und Vierten Welt. Die Weltbank hatte seinerzeit für das Jahr 1985 eine untere Armutsgrenze von 275 Dollar pro Kopf und Jahr festgelegt – das ist erheblich weniger als 1 Dollar pro Tag! – und schätzte, dass 630 Millionen Menschen oder 18% der Bevölkerung der Entwicklungsländer extrem arm waren, indem ihr Jahresverbrauch unter dieser Grenze lag. Bei Annahme einer oberen Armutsgrenze von 370 Dollar ergab sich, dass 1116 Millionen Menschen in Armut lebten; das entsprach ungefähr einem Drittel der Bevölkerung dieser Länder. (108)

Die Umverteilung von Einkommen

Ungenügende Einkommen vieler Randgruppen, kärgliche Einkommen der untersten Lohnschichten, extreme Unterschiede zwischen Reichen und Armen – das sind die dunklen Flecke in einem alles in allem sonst recht hellen Bild. Diese Mängel in der Einkommens- und Vermögensverteilung werfen die Frage nach einer Korrektur durch die staatliche Umverteilung auf.

Wenn von Umverteilung die Rede ist, so denkt man in erster Linie an *Geldübertragungen.* Es werden bestimmten Gruppen durch die Erhebung von Steuern und Abgaben Einkommen entzogen und anderen Gruppen zugeleitet. So geschieht es bei der Sozialversicherung, die Renten ausrichtet im Falle von Alter, Hinterlassenschaft, Invalidität und Arbeitslosigkeit, oder bei der öffentlichen Fürsorge, die sich der einzelnen Bedürftigen annimmt.

Höhepunkt dieser Art von Umverteilung bildet wohl die Volkspension, das *staatlich garantierte Mindesteinkommen.* Die gesamte Bevölkerung erhält einen rechtlichen Anspruch auf ein minimales Einkommen. Als mögliche Methode der Durchführung wird die Variante der negativen Einkommenssteuer besonders eifrig diskutiert. Sie setzt die Steuerprogression nach unten im umgekehrten Sinne fort, so dass die Begünstigten von einer unteren Einkommensgrenze an einen wachsenden Zuschuss erhalten, bis er, wenn es kein anderes Einkommen mehr gibt, dem vollen Betrag des garantierten Mindesteinkommens entspricht.

Die Umverteilung beschränkt sich jedoch nicht auf den Geldtransfer. Der Staat betreibt auch Umverteilung, wenn er Güter und Dienstleistungen zu *Preisen und Gebühren* anbietet, die *nicht kostendeckend* sind, so dass die Lücke aus dem allgemeinen Staatshaushalt finanziert werden muss. Das können verbilligte Lebensmittel sein, ein bescheidenes Schulgeld, geringe Spitaltarife, niedrige Taxen im öffentlichen Verkehr, in der Versorgung mit Wasser und der Entsorgung von Abwasser und Abfällen. Die Einkommensströme werden im Vergleich zum frei spielenden Marktprozess aber auch umgeleitet, wenn der Staat Unternehmungen oder ganze Wirtschaftszweige mit Subventionen und Direktzahlungen unterstützt, durch Handelsschranken, Kontingente und Bewilligungsverfahren schützt und damit günstigere Konkurrenzpreise ausschliesst oder wenn er Preise und Mietzinsen kontrolliert. Nur ist diese Art der Umverteilung im allgemeinen weniger transparent.

In *Deutschland* machten die vom Staat geleisteten Geldübertragungen im Jahre 1995 31,6% des Bruttoinlandproduktes aus. Sie wurden über soziale Leistungen, Subventionen und andere Übertragungen an private Haushalte, private Organisationen und Unternehmungen umverteilt. (109)

Bei der Umverteilung wird der Geldtrieb der Begünstigten direkt angesprochen; die Beschaffung von Einkommen ist nicht an eine Marktleistung gebunden, oder die Leistung muss den Anforderungen des Marktes nicht voll entsprechen.

Die möglichen Nutzniesser sind deshalb an einer Umverteilung in hohem Masse interessiert. Die Umverteilung trägt aber nichts zum Sozialprodukt bei; sie bezieht ihre Mittel vielmehr aus Einkommen, die andere am Markt verdienen. Oder sie vermindert die Kaufkraft der Einkommen im Ausmass des Schutzanteils der höheren Preise. Die Umverteilung sollte deshalb grundsätzlich mit gebührender Zurückhaltung gehandhabt werden und bedarf einer genügenden Begründung.

In erster Linie geht es darum, jenen Schichten der Bevölkerung ein minimales Einkommen zu verschaffen und damit ihre Existenz zu sichern (Nahrung, Kleidung, Wohnung, gesundheitliche Betreuung), die dazu aus eigener Kraft nicht in der Lage sind. In solchen Fällen sozialer *Dringlichkeit* wird der Sinn der Umverteilung in einem sozial einigermassen aufgeschlossenen Land wohl kaum in Zweifel gezogen. Er stützt sich auf ein Mindestmass an zwischenmenschlicher Solidarität und Verantwortungsbewusstsein gegenüber der Gemeinschaft.

Die Umverteilung beschränkt sich jedoch nicht auf die Hilfe für die Schwachen. Die politische Wirklichkeit hat sich vielmehr weitherum angewöhnt, mit der Umverteilung auf einem *gehobeneren Einkommensniveau* fortzufahren. Postuliert wird etwa die Erfüllung «sozialer Grundrechte», was immer man darunter verstehen mag. Die Sicherung der einmal erreichten Lebenshaltung, von der in diesem Zusammenhang gerne die Rede ist, wird jedoch meistens der privaten Vorsorge durch die Pensionskassen überlassen.

In einem demokratischen Staat, in dem die Mehrheit befiehlt, ist es oft schwierig, die Dringlichkeit und Angemessenheit sozialer Bedürfnisse abzugrenzen gegen die grosse Versuchung, sich im *politischen Machtspiel* gegenseitig Einkommensvorteile zuzuschanzen. Wer ist schon an einer Verbesserung des Loses der eigenen Parteigänger und Wähler nicht interessiert, und wer ist immer gegen solche Verführungen gefeit, besonders wenn mögliche Skrupel durch den Hinweis auf politische Opportunität und Staatsraison beschwichtigt werden können? Die Folge ist dann häufig ein *Wildwuchs* an Umverteilung, der die Sozialpolitik in Verruf bringt.

Früher oder später stösst die Umverteilung aber, unbekümmert um die zugrundeliegenden Motive, an die Grenzen der wirtschaftlichen Leistungsfähigkeit.

Der Geldtrieb der Unternehmungen und Haushalte gerät in Konflikt mit dem Geldtrieb der Anwärter auf Umverteilungsgewinne.

Die Umverteilung kann einen hohen Anteil der Staatsausgaben ausmachen und damit für die Höhe der Steuern zu einem wesentlichen Teil mitverantwortlich sein. Hohe Steuern lähmen aber, soweit sie auf den Gewinnen der Unternehmungen erhoben werden, deren Geldtrieb und die Marktleistung. Sie dämpfen die Unternehmungslust und Investitionsbereitschaft. Über die Reaktion der Unternehmungen hinaus schmälern hohe Einkommenssteuern die Ersparnisse der privaten Haushalte und damit die Kapitalbildung. Und weiter drücken hohe Steuern auf den Arbeitswillen der Arbeitnehmer. Alle diese Elemente zusammen bremsen das Wachstum und damit das Volkseinkommen. Der Kuchen muss aber zuerst gebacken werden, bevor man ihn verteilen kann.

Die Grenzen der steuerlichen Tragbarkeit werden aber auch von der *Glaubwürdigkeit der Umverteilung* mitbestimmt. Es trägt nicht zur Erhöhung der Opferbereitschaft der Steuerpflichtigen bei, wenn sie feststellen müssen, dass die umverteilten Beträge gar nicht den ursprünglichen Zielgruppen, nämlich den wirtschaftlich Schwachen, zugute kommen. Nicht selten wird die Ungleichheit der am Markt gebildeten Einkommen durch die Umverteilung nicht vermindert, sondern noch verstärkt.

Die Gefahr des Missbrauchs – ob willentlich oder durch die Umstände provoziert – ist mit der Umverteilung stets verbunden. Viele Menschen lassen sich dazu verleiten, durch die Aussicht auf ein sicheres Einkommen ohne Arbeitsleistung in ihrem Willen zur Selbsthilfe vorzeitig nachzulassen. Darin liegt im übrigen ein besonders schwacher Punkt des angesprochenen *staatlichen Mindesteinkommens.* Es wird automatisch ausgelöst, ohne nähere Prüfung des Arbeitswillens oder der gesundheitlichen Verfassung der Begünstigten, und kommt damit auch Personen zugute, die es an sich gar nicht nötig hätten. Die Interessen der erwerbstätigen Arbeitnehmer an einer angemessenen Entlöhnung und die Ansprüche der Nutzniesser einer Umverteilung müssten hart aufeinanderprallen; soziale Spannungen wären unvermeidlich. Der Konflikt würde noch verschärft durch die demographische Entwicklung, die zunehmende Überalterung der Bevölkerung, die ohnehin zur Folge hat, dass eine abnehmende Zahl von Erwerbstätigen für eine zunehmende Zahl von Rentnern zu sorgen haben wird.

Schliesslich darf bei einer kritischen Beurteilung der Umverteilung nicht ausser acht gelassen werden, dass der Staat als Umverteiler der Einkommen in eine immer zentralere Rolle hineinwächst. Damit nimmt seine Macht in einem Masse zu, das der Freiheit seiner Bürger gefährlich werden könnte.

In verschiedenen Ländern scheint die *kritische Grenze der Umverteilung* erreicht zu sein. Die Steuerlast wird als zu schwer empfunden, und die Opfer versuchen ihr auszuweichen. Der hohe Steuerdruck löst eine Flucht von besonders qualifizierten Arbeitskräften sowie eine Flucht von Kapital ins Ausland aus. Eine laufende kritische Überprüfung der Umverteilung würde sich aufdrängen, um zu einem erträglichen Mass zurückzufinden.

19. Das Geld ausserhalb der Industriestaaten

Das Geld in der Dritten Welt

Die Dritte Welt – neben der ersten Welt der alten Industriestaaten und der Zweiten Welt jener Länder, die bis zum Beginn der 90er Jahre zum Ostblock gehörten – umfasst ein weites Spektrum von rund 130 Ländern, die einen ganz unterschiedlichen Entwicklungsstand erreicht haben. Eine Skizzierung der Verhältnisse in der Dritten Welt ist deshalb immer mit dem Vorbehalt verbunden, dass zwischen den einzelnen Staaten gebührend differenziert werden muss. Vor allem das Gefälle zwischen den Schwellenländern bzw. den neu industrialisierten Ländern (newly industrialized countries, abgekürzt Nic), die sich an der Schwelle zur vollen wirtschaftlichen Entwicklung befinden, und den ärmsten Entwicklungsländern, die auch zur Vierten Welt gerechnet werden, ist gewaltig.

Der wirtschaftliche Verlauf in den *neu industrialisierten Ländern* verdient besondere Beachtung, ist es ihnen doch gelungen, den Sprung zu wirtschaftlichem Wachstum und verbreiteter Einkommensbildung zu schaffen. Die *Gründe* für diesen Erfolg sind immer die gleichen. Die geld- und marktwirtschaftlichen Spielregeln funktionieren im Rahmen einer verlässlichen rechtlichen und monetären Ordnung. Ein wachsender Kreis von erwerbstätigen Menschen hat entdeckt, dass das Geld mehr ist als ein einfaches Tauschmittel. Der Geldtrieb spriesst wie die Saat im Frühling. Vor allem eine Gruppe von Staaten im pazifischen Raum hat es verstanden, sich mit Fleiss und Geschick die neuen Technologien anzueignen und Marktleistungen von hohem Rang hervorzubringen. Der Aufbau einer kaufkräftigen Nachfrage erfolgte im Gleichschritt mit der Entwicklung einer grossen Zahl von Unternehmungen als Einkommensquellen. Die Infrastruktur, vor allem das Transportwesen und die Nachrichtenübermittlung, entfaltete sich parallel dazu, und die handelspolitische Öffnung ermöglichte den Anschluss an die übrige Welt. Die Selbstorganisation des Tauschverkehrs konnte sich frei entfalten. Diesen Ländern wird weiterhin eine rasante Entwicklung vorausgesagt (vgl. S. 206).

Nicht in allen Staaten an der Schwelle zur Industrialisierung gelingt es aber, den grossen Teil der Bevölkerung am steigenden Volkseinkommen teilhaben zu lassen. Es gibt Länder, wo die Einkommen vor allem einer feudalen Schicht von Grossgrundbesitzern und Industriellenfamilien zufliessen und daneben einem weiteren Kreis des städtischen Mittelstandes. Dagegen lebt die Mehrheit der Bevölkerung in oft bitterer Armut. Soweit diese Benachteiligten überhaupt Arbeit finden, müssen sie sich mit derart niedrigen Löhnen zufriedengeben, dass der Anreiz zur Bildung einer zusätzlichen Produktion sehr beschränkt bleibt.

Die grosse Zahl der Armen und Ärmsten finden wir jedoch in den 16 Staaten in Südostasien, Afrika südlich der Sahara und in Mittelamerika, die zur Vierten Welt gerechnet werden. Soweit von Geldtrieb die Rede sein kann, findet er sich am ehesten noch in den Kreisen der führenden Oberschicht, welche die Macht im Staat innehat. Sie versucht, bei der Zuteilung von Bewilligungen oder bei staatlichen Aufträgen vom spärlichen Einkommensstrom möglichst viel für sich abzuzweigen. Das versuchen auch die Angehörigen der staatlichen Verwaltung. Die Bauern sowie die Angestellten und Arbeiter auf den Plantagen, in den Minen und Fabriken erhalten ihre Erträge und Löhne auch in Geld; für sie ist es jedoch nicht mehr als das Tauschmittel, das sie benötigen, um sich damit die Güter des täglichen Bedarfes zu besorgen. Die Mehrheit der Bevölkerung lebt dagegen am Rande der Geldwirtschaft und tritt als Käufer auf den Märkten nur sporadisch in Erscheinung.

Die *Landwirtschaft* liegt meistens im argen, obwohl noch immer der grosse Teil der Bevölkerung darin tätig ist. Nur in wenigen Regionen haben sich die traditionellen Strukturen erhalten, die sich auf die Selbstversorgung stützen. In manchen Ländern befinden sich Grund und Boden in den Händen von Grossgrundbesitzern. Nicht selten verlieren selbständige Kleinbauern ihr Land an die Geldverleiher, wenn sie bei einer Missernte mit dem Schuldendienst für aufgenommene Darlehen in Rückstand geraten. Die Geldverleiher halten sich dann an den verpfändeten Grundstücken schadlos und erweitern auf diese Weise ihren eigenen Grundbesitz. Die Bauern werden dann zu Pächtern und sind zur Entrichtung von hohen Pachtzinsen gezwungen, sei es in Naturalien oder in Geld. Soweit die Bauern und Pächter für den Markt produzieren, leiden sie in vielen Fällen unter den niedrigen Preisen für die Grundnahrungsmittel, die der Staat festsetzt, um die Heere der Armen in den Städten zu beruhigen. Viele landlose Bauern und arbeitslose Landarbeiter wandern in Erwartung von Arbeit und Verdienst in die bereits überfüllten Städte ab.

Dort mangelt es jedoch an Arbeits- und Einkommensmöglichkeiten. Für die Arbeitslosen sorgt keine Sozialversicherung. Es fehlt ihnen an der nötigen Kaufkraft, um aus den Slums und von den Trottoirs wegzukommen und die nötige Nahrung, Kleidung und Wohnung zu beschaffen. Und wer keine Arbeit finden kann, dem nützen auch Mindestlöhne, die der Ausbeutung vorbeugen sollen, nichts, so wichtig sie an sich sind. In ihrer Not verkaufen diese Ausgestossenen aus dem System der Geldwirtschaft oft Leib und Seele.

In vielen Entwicklungsländern spielt die *Exportwirtschaft* von jeher eine wichtige Rolle. Sie stützt sich auf Rohstoffe und Nahrungsmittel und wird meistens von ausländischen Interessen beherrscht. Die Entwicklungsländer ziehen von diesen Einkommen nur am Rande Nutzen: durch Steuern, durch Abgaben an die führende Schicht und durch die noch so bescheidenen Löhne an die einheimischen Arbeitnehmer. Dennoch sind diese Einkommen für die Entwicklungsländer von grosser Bedeutung. Die Preise der Exportgüter auf dem Weltmarkt und die realen Austauschverhältnisse, die Relation zwischen Export- und Importpreisen (terms of trade), üben einen massgebenden Einfluss auf ihr wirtschaftliches Schicksal aus. Ein Rückgang der Rohstoffpreise wirft sie in der Entwicklung spürbar zurück. Wiederholt sind denn auch Anstrengungen unternommen worden, um die Rohstoffpreise zu stabilisieren, letztmals auf Initiative der Unctad (UNO-Konferenz für Handel und Entwicklung), die einen gemeinsamen Fonds mit dieser Zielsetzung errichtet hat; doch blieb diesen Bemühungen der Erfolg bisher versagt.

Die Aussichten auf eine Besserung der Verhältnisse in diesen Ländern sind entmutigend gering. Oft sind schon die Umweltbedingungen katastrophal: Das Wasser ist versiegt oder schmutzig, der Boden versteppt, erodiert oder wird durch Monokulturen ausgelaugt, die Wälder sind und werden abgeholzt. Eine Rückkehr zu einer wenigstens teilweisen Selbstversorgung würde eine umfassende Landreform voraussetzen, die meistens an den bestehenden Herrschaftssystemen scheitert. Die politischen und sozialen Verhältnisse sind vielfach so unstabil, dass der rechtliche und organisatorische Rahmen für die Spielregeln von Geldwirtschaft und Wettbewerb sowie die Gewährleistung des Eigentums fragwürdig bleibt. Der Mangel an Kaufkraft der Bevölkerung wiegt häufig so schwer, dass die Selbstorganisation der Produktion und des Tauschverkehrs schon im Ansatz erstickt wird. Die Produktivität der Arbeit leidet unter dem Klima, einem Mangel an Ausbildung und dem fehlenden öffentlichen Verkehr. Dazu kommt, dass diese Länder oft unter einem massiven Wachstum der Bevölkerung leiden, das alle wirtschaftlichen Fortschritte, die es auch gibt, fortwährend überspielt.

Die *Weltbank* hat versucht, mit Hilfe von Strukturanpassungsprogrammen zur Verbesserung der Rahmenbedingungen beizutragen, mehr Ordnung in die Währungen und Finanzen zu bringen und den Handelsverkehr zu liberalisieren. Diese makroökonomischen Auflagen haben das Schicksal der Bevölkerungen in diesen Ländern jedoch eher verschlechtert als erleichtert, so dass sie nach verbreiteten Protesten durch Zusatzprogramme zur Behebung der Armut ergänzt werden mussten.

Die Träger der *Entwicklungshilfe* sind häufig von Vorstellungen und Zielen ausgegangen, an die sie von ihren Herkunftsländern gewohnt waren, und orientierten sich zuwenig an den Verhältnissen und Bedürfnissen an Ort und Stelle. Die Einführung von bisher ungewohnten Nahrungsmitteln hat oft die Grundlagen der traditionellen Agrarproduktion zerstört, und der Einsatz einer unangemessenen Technologie (industrielle Grossprojekte) ist bekannt. Ganz abgesehen davon, dass ein erheblicher Teil dieser Hilfe häufig bei den privilegierten Schichten und der Verwaltung hängenbleibt.

Soll deshalb auf Entwicklungshilfe verzichtet werden? Man erinnert sich an den seinerzeitigen Warnruf von *Gunnar Myrdal*, der feststellte, dass die Reichen dieser Länder dank der Entwicklungshilfe noch reicher, die Armen dagegen noch ärmer geworden sind, und der lediglich Hilfe im Katastrophenfall als sinnvoll anerkennen wollte. (110) Ähnliche Stimmen hat man seither immer wieder vernommen. Die Entwicklungshilfe wird aber nicht aufhören. Dazu ist schon das Eigeninteresse der engagierten Institutionen und Hilfswerke sowie der beteiligten Wirtschaft zu gross. Die Entwicklungshilfe *soll* auch nicht einfach aufhören. Ihr Beitrag war nicht immer falsch, sondern in ungezählten Fällen segensreich. Angesichts der oft schreienden Armut kann man auch den Versuch nicht einfach abbrechen, das Mögliche zu ihrer Überwindung vorzukehren. Doch wäre es in hohem Masse erwünscht, dass inskünftig noch mehr als bisher die eigentlichen Bedürfnisse der Empfänger in den Vordergrund gestellt würden.

Geld und Zweite Welt

Die Leistungen der Planwirtschaften im Osten Europas waren mehr schlecht als recht. Engpässe in der Versorgung mit den elementaren Gütern des täglichen Bedarfes, geringe Produktivität, Verschleuderung wirtschaftlicher Werte, Unzufriedenheit in der Bevölkerung waren an der Tagesordnung. Durch aussenpolitische und ideologische Ablenkung, moralischen Appell und polizeiliche Drohung gelang es, diesen Druck unter Kontrolle zu halten.

Von Zeit zu Zeit versuchten die Regierungen, dem serbelnden System durch den Einbau marktwirtschaftlicher Elemente neues Leben einzuhauchen. Das war in der Sowjetunion, der Bannerträgerin der Planwirtschaft, bereits der Fall bei *Lenins* Neuer Ökonomischer Politik (NEP) von 1921 und späteren Wiederholungen; die Reformvorschläge von *Liberman* im Jahre 1962 wiesen in die gleiche Richtung. Eine beschränkte Reform und nicht eine grundsätzliche Abkehr vom bisherigen System war auch die Absicht von *Gorbatschew,* als er 1985 zu Glasnost und Perestroika Zuflucht nahm.

Nach dem Zusammenbruch des Sowjetimperiums im Jahre 1991 versuchten die Nachfolgestaaten auf *unterschiedlichen Wegen,* von der bisherigen Planwirtschaft wegzukommen und den Übergang zur Marktwirtschaft zu finden. Russland folgte einem Zickzackkurs; gegen den Widerstand konservativer Kräfte und des alten Beamtenapparates leitete es einen Reform- und Liberalisierungsprozess in Richtung auf eine marktwirtschaftliche Ordnung ein, der jedoch 1993 zurückgebunden wurde. Andere Länder, wie Rumänien und Bulgarien, bekundeten von Anfang an grosse Mühe, sich von ihrer planwirtschaftlichen Vergangenheit zu lösen. Demgegenüber strebte eine weitere Gruppe von einstmaligen Satellitenstaaten, zu der Ungarn, Polen und die inzwischen getrennte Tschecho-Slowakei, ganz abgesehen vom wiedervereinigten Ost-Deutschland, gehören, ohne Vorbehalt den Übergang zur Marktwirtschaft an. Ausserhalb des Einflussbereiches der früheren Sowjetunion hat China nach einem allzu stürmischen Reformprozess zunächst zurückbuchstabiert, um später jedoch einen neuen Anlauf zu mehr Marktwirtschaft zu nehmen.

Von einem Übergang zur Marktwirtschaft *erwarten* die Bewohner der betreffenden Länder, dass die kreativen Kräfte geweckt werden, Produktivität und Investitionen steigen, die Versorgung verbessert wird und Wohlstand nach westlichem Muster um sich greift. Der wirtschaftliche Prozess soll sich in einer Atmosphäre von Freiheit und Öffnung abspielen und von einer Demokratisierung des politischen Lebens begleitet sein. Die marktwirtschaftliche *Wirklichkeit* sieht jedoch etwas anders aus. Sie ist nicht mehr Bedarfsdeckungswirtschaft (so kümmerlich sie den Bedarf auch gedeckt hat), sondern eine Erwerbswirtschaft, welche die Bedürfnisse nach Massgabe der im freien Wettbewerb bestimmten Einkommen befriedigt. Die Verteilung der Einkommen ist durch massive Unterschiede an Stelle des bisherigen Gleichmasses (mit Ausnahme der führenden Schichten) gekennzeichnet und mit einer grossen Unsicherheit belastet. Die Arbeitsplätze sind nicht mehr garantiert, sondern vom freien Arbeitsmarkt abhängig. Ein Ersatzeinkommen für Arbeitslose und andere Opfer der Marktwirtschaft gibt es in vielen Reformländern nicht. Darauf waren die Menschen in diesen Staaten nicht vorbereitet; entsprechend verbreitet ist denn auch die Enttäuschung.

Das *Ordnungselement,* das in der Marktwirtschaft neben dem Wettbewerb über Gelingen und Misslingen jeder wirtschaftlichen Tätigkeit entscheidet, kristallisiert sich im Gebot der jederzeitigen Zahlungsbereitschaft und darüber hinaus in der Anhäufung von Geld. Nicht mehr die Planerfüllung ist der oberste Massstab zur Beurteilung des wirtschaftlichen Wohl- oder Fehlverhaltens, sondern der erzielte Gewinn bzw. die Drohung des Konkurses. Die Beschaffung genügender Geldeinkommen steht im Vordergrund aller Bemühungen. Das ist wohl auch gemeint, wenn von der «Monetarisierung» der Reformwirtschaften die Rede ist.

In diesem radikal veränderten Ordnungsrahmen kommt es darauf an, dass ein genügender *mikroökonomischer Unterbau* existiert. Es muss eine genügend grosse Zahl von kleinen und grossen Unternehmungen in Betrieb sein, welche Arbeitsplätze zu vergeben haben und Einkommen ausrichten.

Der Übergang zur Marktwirtschaft kann nur gelingen, wenn sich ein mehr oder weniger dichtes Netz von funktionierenden Unternehmungen über das ganze Land verteilt und die Bevölkerung mit Einkommen versorgt.

Da stellt sich zunächst die Frage nach den neuen Eigentümern. Sollen die bisherigen Staatsbetriebe an den Meistbietenden – soweit es diesen überhaupt gibt – verkauft werden in der Erwartung einer dringend benötigten Kapitalzufuhr, aber auf die Gefahr hin, dass clevere Käufer dank einer Unterbewertung der privatisierten Betriebe provozierende Reformgewinne erzielen? Oder soll die ganze Bevölkerung durch Zuteilung von Eigentumsrechten (Vouchers) an den Unternehmungen beteiligt werden, was zwar dem Gerechtigkeitsempfinden entgegenkommt, den Unternehmungen aber kapitalmässig nichts bringt?

Alsdann müssen die neuen Eigentümer für eine *Geschäftspolitik* sorgen, die sich auf einen wachen Geldtrieb und die Fähigkeit zur Marktleistung stützt. Das Gewinnstreben erfordert eine grundlegende Änderung der bisherigen Einstellung. Hoher Umsatz, genügende bzw. hohe Gewinnspannen und niedrige Produktionskosten – das sind die neuen Kriterien, an denen sie sich orientieren müssen. Ein umfassendes betriebliches Rechnungswesen, zuverlässige Kalkulationen und Kontrollen sind elementare Instrumente dazu; allzu häufig müssen sie erst entwickelt werden.

Geldtrieb und Marktleistung können aber nur zum Tragen kommen, wenn das Produkteangebot auf eine kaufkräftige Nachfrage trifft. Das bedingt einmal, dass die Produktion auf die Bedürfnisse der Bevölkerung ausgerichtet wird, und zweitens muss die Bevölkerung in der Lage sein, die Produkte zu kaufen. Die Unternehmungen sollen Einkommen schaffen; anderseits können sie sich nur entwickeln, wenn bereits Einkommen fliessen. Es ist deshalb wichtig, dass bereits bestehende Einkommensquellen nach Möglichkeit aufrechterhalten bleiben. Sind sie einmal versiegt, so lassen sie sich nur aus kleinsten Anfängen allmählich wieder zum Sprudeln bringen, und das braucht (zu) viel Zeit. Erst wenn Angebot und Nachfrage einigermassen Schritt miteinander halten, lässt sich eine Freigabe der bisher kontrollierten Preise rechtfertigen. Sie sollen dann die Produktion nach Massgabe der Bedürfnisse steuern.

Die Welt der *Mikroökonomie* benötigt zu ihrer Entfaltung einen geeigneten *makroökonomischen* Rahmen, der zur Hauptsache folgende Elemente umfasst:

- Eine klare Rechtsordnung, in welcher die Spielregeln der Geldwirtschaft und des Wettbewerbs sowie das private Eigentum verankert sind.
- Eine angemessene Geldversorgung, welche den Geldwert aufrechterhält.
- Ein einigermassen ausgeglichener Staatshaushalt als Voraussetzung für die Bannung der Inflationsgefahr.
- Die Konvertibilität der eigenen Währung, sofern die Wettbewerbsfähigkeit mit der übrigen Welt gewährleistet erscheint und eine zu weitgehende Abwertung, verbunden mit zusätzlicher Inflation und einem Ausverkauf von Volksvermögen, vermieden werden kann.

Unter den zuständigen Politikern, Funktionären und Experten (des Internationalen Währungsfonds, der Weltbank, aus den Industrieländern) hat seinerzeit eine heftige Diskussion darüber stattgefunden, welchem Bereich die Priorität gebührt: der Förderung der Mikroökonomie oder einer Stabilisierung der Makroökonomie. Dabei scheint es doch naheliegend, dass das eine ohne das andere nicht sinnvoll ist.

Die beiden Bereiche der Mikro- und der Makroökonomie müssen gleichzeitig entwickelt werden.

Je nach der Ausgangslage kann den Transformationsstaaten ein mehr oder weniger rascher Übergang zur Marktwirtschaft zugemutet werden. Dabei spielen die Altlasten eine besondere Rolle, die mit unterschiedlichem Gewicht auf diese Länder drücken.

- In allen Ländern bestand (und besteht) eine massive offene oder versteckte Inflation.
- Der Produktionsapparat ist in hohem Masse veraltet, die Infrastruktur mangelhaft und die Umwelt schwer geschädigt.
- In mehreren Ländern war die Produktion auf die Schwer- und Rüstungsindustrie ausgerichtet, während die Konsumgüterindustrie ungenügend ausgebaut ist und die Umstellung der Landwirtschaft erst in Ansätzen gelingen will.
- Die Macht der staatlichen Monopole ist vielerorts ungebrochen.
- Die Wettbewerbsfähigkeit mancher Reformländer hinkt in qualitativer Hinsicht in grossem Abstand hinter dem internationalen Standard her.
- Viele Länder tragen schwer unter der Last der aufgelaufenen Auslandsschulden.

Die Ausgangslage wird im weiteren durch den unterschiedlichen Grad der Überwindung der bisherigen Herrschaftsordnung und Mentalität bzw. der Öffnung in Richtung auf das marktwirtschaftliche System bestimmt.

Die *fortgeschrittenen Transformationsländer* (Ungarn, Tschechien, Polen) können sich auf einen Kern industrieller Unternehmungen stützen, die im wesentlichen aus der Zeit vor dem Zweiten Weltkrieg stammen. Die Privatisierung der staatlichen Betriebe hat sich gut angelassen und umfasst nicht nur zahlreiche kleine Betriebe des Detailhandels, des Gastgewerbes und weiterer Dienstleistungssparten, sondern auch – zum Teil mit ausländischer Hilfe – mittlere und grosse Industrieunternehmen. Der Geldtrieb in diesen Gesellschaften ist wach, und er versucht, mit gültigen Marktleistungen zum Ziel zu gelangen. Diese Länder verfügen somit über einen beträchtlichen Bestand an Einkommensquellen, welche die Bevölkerung mit Einkommen versorgen.

Je länger der Privatisierungsprozess aber läuft, desto mehr Betriebe bleiben übrig, die nicht genügend konkurrenzfähig und stark verschuldet sind. Eine Modernisierung scheitert oft am herrschenden Kapitalmangel oder wird als aussichtslos beurteilt, so dass in nicht wenigen Fällen nur die Stilllegung verbleibt. Unter diesen Umständen ist es nicht verwunderlich, dass die Quote der Arbeitslosigkeit hoch ist. Ein weiteres Hindernis auf dem Weg zu einer florierenden Marktwirtschaft bilden die überbordenden Defizite im Staatshaushalt. In ihrem Gefolge hat sich eine beträchtliche Inflation entwickelt, die noch nicht genügend reduziert werden konnte. Gründe für das Loch in den Staatsfinanzen sind u.a. eine teure Sozialversicherung sowie die Übernahme notleidender Kredite, die notwendig wurde, um einen Zusammenbruch von Grossbanken zu vermeiden. Nicht selten hat die Anwendung internationaler Massstäbe an die Bonität der Kreditschuldner oder die Rechnungslegung die tiefgreifenden Mängel der bisherigen Praxis erst offenbart.

Für *Russland* – und andere Nachfolgestaaten in ähnlicher Situation – gestaltet sich die Transformation im Vergleich dazu viel qualvoller. Die Ausgangslage ist schlecht. Das Land trägt schwer an den Altlasten (massive Inflation, aus Rand und Band geratene Staatsfinanzen, veralteter Produktionsapparat, einseitige Ausrichtung auf die Schwer- und Rüstungsindustrie, Vormacht der staatlichen Monopole, mangelnde Wettbewerbsfähigkeit gegenüber dem Ausland, hohe Auslandsschulden). Ferner fehlt es an den institutionellen Voraussetzungen (eindeutige Kompetenzordnung, zuverlässiges Rechtssystem, klare Umschreibung und Respektierung des privaten Eigentums und dessen Ausdehnung auf Grund und Boden, effiziente Staatsverwaltung, zielbewusste und durchgreifende Geld- und Finanzpolitik, weite Streuung des Bankensystems).

Auf diesem trüben Hintergrund ist es verständlich, dass viele staatliche und quasi privatisierte Betriebe am Leben erhalten werden, auch wenn sie im Grunde bankrott sind. Der russische Staat versucht krampfhaft, die bisherigen Einkommensquellen vor dem Versiegen zu bewahren, um einem Kollaps der Einkommensverteilung vorzubeugen. Er muss die Mitarbeiter dieser Betriebe weiter beschäftigen und ihre Einkommen sichern. Die Arbeitslosigkeit ist deshalb auf dem Papier gering.

Der Preis für das Durchhalten der maroden Betriebe ist allerdings gewaltig. Die staatlichen Unternehmungen und viele der bisher privatisierten Betriebe, die ganz oder teilweise in die Hände ihrer Belegschaften, der alten und neuen Nomenklatura, der Bevölkerung (über Vouchers) und privater Aktionäre übergegangen sind, müssen laufend mit hohen staatlichen Krediten künstlich am Leben erhalten werden. Das Defizit im Staatshaushalt wächst unter diesen Umständen weiter und heizt die Inflation immer neu an. Die Teuerung der Konsumentenpreise erreichte im Jahre 1992 mit rund 2500% (!) ihren bisherigen dramatischen Höhepunkt. Oft hat das Geld seine Funktion als allgemeines Tauschmittel eingebüsst; an seine Stelle traten Devisen, ausländische Zigaretten oder Wodka als Ersatzwährung oder dann der direkte naturale Tausch. In den letzten Jahren scheint es nun aber gelungen zu sein, die Inflation massiv zu reduzieren.

Die Aufhebung der staatlichen Planung, die Auflösung der Beziehungen zwischen den einzelnen Betrieben, die Abspaltung der GUS-Staaten und der Verlust des Handels im bisherigen Comecon-Bereich haben die Grundlagen der russischen Wirtschaft weitgehend aufgelöst. Die schon vorher geringe Motivation der Arbeitnehmer hat sich weiter vermindert und die Produktivität nochmals geschwächt. Man rechnet damit, dass das Bruttoinlandprodukt zwischen 1990 und 1995 um etwa 50% gefallen ist. (111) Der wirtschaftliche Zusammenhalt des Landes hing und hängt an einem ganz dünnen Faden.

In dieser Situation wirkte die eingeleitete Schocktherapie, die sich vor allem auf die Freigabe eines Teils der Preise stützte, geradezu mutwillig, auch wenn sie vom Internationalen Währungsfonds als Bedingung für neue Kredite gefordert und von verschiedenen westlichen Experten empfohlen worden war. Das Resultat war denn auch, wie die horrenden Preissteigerungen zeigen, verheerend. Da kann es nicht verwundern, dass Russland die Freigabe der Preise für Nahrungsmittel aus der staatlichen Produktion wieder zurückgezogen hat; später wurden sie erneut den Marktkräften überlassen.

Der Geldtrieb manifestiert sich im übrigen auffallend häufig als selbständige Kraft, ohne oder doch nur mit beschränktem Bezug zu einer echten Marktleistung: in der Spekulation, Korruption und Kriminalität. In den Berichten über das heutige Russland ist immer wieder die Rede vom langen Arm der Mafia (in welcher der ehemalige KGB eine führende Rolle spielen soll), von der umfassenden Regulierung und ungehemmten Bestechlichkeit der Verwaltung sowie der wilden Spekulation im Handel, im Geldgeschäft und in der Bautätigkeit.

In allen Reformländern braucht der Übergang so viel Zeit, dass sie einen gewissen *Entwicklungsschutz* für einen kürzeren oder längeren Zeitraum nötig haben. Mit Recht ist darauf hingewiesen worden, dass auch die westlichen Industriestaaten in der Zeit nach dem Zweiten Weltkrieg nicht ohne zahlreiche Korrekturen an ihrem marktwirtschaftlichen System – durch Schutz der heimischen Produktion, Preisstützungen, Verbilligungsbeiträge, Devisenkontrollen u.a.m. – ausgekommen sind, die zum Teil erst mit der Deregulierungswelle der jüngsten Vergangenheit abgebaut werden konnten oder immer noch bestehen. Diese Staaten sollten ihre eigenen Erfahrungen nicht vergessen und die Reformländer davor bewahren, sich durch einen vorschnellen Übergang in weitere kostspielige Abenteuer zu stürzen oder gar im Chaos zu versinken.

Bilanz

20. Segen oder Fluch ?

Nochmals: Die Funktionsweise der wirtschaftlichen Selbstorganisation

Als die grundlegende Kraft aller wirtschaftlichen Tätigkeit wird in der Marktwirtschaft gemeinhin der Wettbewerb bzw. die Effizienz der Märkte betrachtet. Das scheint mir so nicht richtig zu sein. Wohl ist der Wettbewerb das massgebende systembildende Element der marktwirtschaftlichen Ordnung – im Gegensatz zum zentralen Plan. Der Wettbewerb entscheidet zudem über Erfolg oder Misserfolg der wirtschaftlichen Tätigkeit; er ist die selektionierende Kraft. Aber das Motiv, sich auf den Wettbewerb überhaupt einzulassen, sitzt anderswo: Es ist das Geld.

Durch seine Eigenschaft, *allgemeines Tauschmittel* zu sein, das in den Tauschverkehr eingeschaltet wird, wächst das Geld in seine Schlüsselrolle hinein. Es ist dann nicht nur ein Mittel zur Abwicklung von konkreten Tauschakten. Es verkörpert vielmehr alle Tauschmöglichkeiten, konkret bestimmbare und offene, gegenwärtige und zukünftige; es wird zum Mittel an sich, zum *absoluten Mittel.*

Dazu tragen die weiteren Eigenschaften des Geldes bei. Als *Rechenmittel* bildet es einen gemeinsamen Nenner, auf dessen Grundlage alle Güter ihr klar definiertes Austauschverhältnis, ihren Preis, erhalten. Dadurch lassen sie sich kalkulieren und vergleichen. Auch jede Qualität wird auf den gemeinsamen Nenner reduziert und quantifiziert. Und als *Wertaufbewahrungsmittel* verleiht es den erwähnten Funktionen Gültigkeit über den Zeitverlauf hinweg.

Aus dieser umfassenden Geltung des Geldes ergeben sich tiefgreifende Konsequenzen. Wer sich am umfassenden Tauschprozess beteiligen und seine Bedürfnisse auf den zahllosen Märkten befriedigen will, muss über Geld verfügen, also zahlungsfähig sein. Die *jederzeitige Zahlungsbereitschaft* macht den Kern der *Spielregeln* des Systems der Geldwirtschaft aus. Sie ist aber nicht alles. Die Eigenschaft des Geldes, absolutes Mittel zu sein, drängt die Menschen in den Haushalten und Unternehmungen dazu, *möglichst viel* davon anzuhäufen.

Der Zwang, über Geld zu verfügen, und der Anreiz, möglichst viel Geld zusammenzutragen, treibt sie alle dazu an, sich Geldeinkommen zu beschaffen. Dieser Antrieb ist so nachhaltig und intensiv, dass man geradezu von einem *Geldtrieb* sprechen kann, im Bewusstsein möglicher terminologischer Vorbehalte seiner biologischen Wurzeln wegen. So wenig sich für die Teilnehmer am wirtschaftlichen Prozess die Grenzen ihrer Tauschwünsche festlegen lassen, so unbegrenzt ist an sich der Geldtrieb. Er ist die Impulsquelle für den Tauschverkehr, der entscheidende Generator für das gesamte wirtschaftliche Leben, nicht der Wettbewerb.

Der Geldtrieb sucht fortwährend nach Möglichkeiten des Tausches, und er schafft sie sich, um zu Geldeinkommen zu gelangen. Er ist der Ausgangspunkt für die *Selbstorganisation* der Wirtschaft. Er veranlasst die Menschen dazu, Güter und Dienstleistungen zu produzieren, um sie auf den Märkten zu verkaufen und damit Gewinn zu erzielen, ihre Arbeitskraft zu Markte zu tragen, um damit Löhne und Gehälter zu verdienen, gespartes Geld auf dem Geld- und Kapitalmarkt anzulegen, um einen Zins- oder Dividendenertrag herauszuwirtschaften.

Wieweit die Menschen mit ihren Bemühungen Erfolg haben, entscheidet sich dann im *Wettbewerb;* jener mit dem günstigeren Angebot gewinnt. Da jeder gewinnen möchte, strengt er sich mit seinem Angebot bzw. seiner *Marktleistung* besonders an. Der Wettbewerb steuert die wirtschaftlichen Prozesse nach Massgabe der besseren Marktleistung bzw. der günstigeren Preisofferte. Er ist das Tauschprinzip, in dessen Rahmen sich der Geldtrieb im Wechselspiel von Versuch und Irrtum der jeweiligen Marktleistungen seinen Weg zur Befriedigung bahnt.

Die Funktionsweise der wirtschaftlichen Selbstorganisation lässt sich wie folgt zusammenfassen:

- *Geldtrieb und Wettbewerb bilden gemeinsam die massgebenden Kräfte der Selbstorganisation.*

- *Das Geld ist das Ziel und der Wettbewerb der Weg.*

- *Der Geldtrieb ist der Animator und der Wettbewerb der Regulator der Selbstorganisation.*

- *Der Erfolg der Selbstorganisation hängt davon ab, wie viele und wie starke Unternehmungen ihrem Geldtrieb folgen und sich im Wettbewerb durchsetzen können.*

- *Das Ergebnis der Selbstorganisation zeigt sich in der Intensität des Tauschverkehrs, also im Wachstum des Sozialproduktes, und – was in der Geldwirtschaft besonders wichtig ist – in der Einkommensbildung, im Volkseinkommen.*

- *Die Verteilung der Einkommen geschieht zum überwiegenden Teil über die Beschäftigung; die Arbeit ist das wichtigste Organisationsmittel der Einkommensverteilung.*

- *Aufgabe des Staates ist es, die rechtlichen und währungsmässigen Rahmenbedingungen zu schaffen, damit sich der Geldtrieb und der Wettbewerb optimal entfalten können.*

Aus dieser Funktionsweise der wirtschaftlichen Selbstorganisation leiten sich die Wirkungen auf die Wirtschaft, die Gesellschaft und die einzelnen Menschen ab.

Die Wirkungen auf die Wirtschaft

(1) Die Selbstorganisation ist ständig und überall wirksam.

- Der Geldtrieb drängt fortwährend und an jedem Ort nach weiterer Entfaltung.

- Geldtrieb und Wettbewerb sind zusammen mit einem günstigen Umfeld verantwortlich für den verbreiteten Wohlstand der Bevölkerung in den Industrieländern.
- In der Robustheit des Geldtriebes liegt die hauptsächliche Chance zu einer Erneuerung in den alten Industrieländern und für die Entwicklung in der übrigen Welt.

(2) *Die Selbstorganisation kann eine harmonische Entwicklung nicht garantieren.*

- Der Geldtrieb der Unternehmungen kann sich defensiv verhalten. Oder er folgt seinen Chancen im Ausland; er ist im Rahmen der gesetzlichen Vorschriften nur sich selbst verpflichtet, unbekümmert um das Wachstum und die Beschäftigung im Ursprungsland.
- Der Wettbewerb kann neue Konkurrenten und neue Produkte aufkommen lassen und den bisherigen Rhythmus der Steuerung über den Haufen werfen.
- Das Wachstum entwickelt sich nicht gleichmässig, sondern in konjunkturellen Schwankungen und strukturellen Schüben. Das bisherige Wachstum der Industrieländer war denn auch immer wieder von Rückschlägen und Phasen der Stagnation unterbrochen.

(3) *Die Selbstorganisation führt auf zentralen Gebieten zu Ergebnissen, mit denen man sich nicht oder nur schwer abfinden kann.*

- Das Wachstum befindet sich auf Kollisionskurs mit der natürlichen Umwelt.
- In der Einkommensverteilung kommt es zu grossen Spannungen. In den Industriestaaten gibt es neben einer breiten Mittelschicht sehr reiche Gruppierungen und anderseits sehr arme, die Hilfe nötig haben.
- Die armen Länder haben Mühe, mit dem weltweiten System von Geldtrieb und Wettbewerb Schritt zu halten; sie rutschen weiter ins Elend.

(4) *Das weitere Wachstum ist in den alten Industriestaaten gefährdet.*

- Der Bedarf der kaufkräftigen Schichten nimmt mit zunehmender Sättigung an Dringlichkeit ab; den armen Gruppen der Bevölkerung fehlt es dagegen an Kaufkraft.
- Wesentliche Teile des bisher wirksamen Konkurrenz- und Distanzschutzes sind dahingefallen durch den Abbau von Regulierungen, die Fortschritte in der Informationstechnologie und im Transportwesen sowie den Verlust an Wissensvorsprung in den Industrieländern.
- Die Unternehmungen der Industriestaaten passen sich den veränderten Verhältnissen durch die Zusammenlegung und Verlagerung von Betrieben an; umgekehrt verstärkt sich der Konkurrenzdruck seitens der neu industrialisierten Länder.

(5) *Das Wachstum ist kein Garant mehr für Beschäftigung und Einkommenssicherheit.*

- Geldtrieb und Wettbewerb zwingen zur technologischen und organisatorischen Rationalisierung und zu einem Abbau von Arbeitsplätzen.
- Weiteres Wachstum ist möglich mit geringerer Beschäftigung.
- Die Bedeutung der Arbeit als Organisationsmittel der Einkommensverteilung schwächt sich ab.

(6) *Der Geldtrieb ohne produktive Leistung nimmt immer mehr überhand.*

- Die Spekulation breitet sich aus, besonders in allen Sparten des Finanzgeschäftes.
- Die staatliche Umverteilung von Einkommen hat bereits ein gewaltiges Ausmass erreicht. Sie wird an Bedeutung noch gewinnen, wenn die Arbeit ihre Rolle als Organisationsmittel der Einkommensverteilung nicht mehr genügend wahrnehmen kann.
- Die Kriminalität um des Geldes willen breitet sich immer weiter aus.

Geldtrieb und Wettbewerb führen die Wirtschaft in einen Zustand, in dem die Spannungen wachsen und in dem wir uns in der Defensive befinden, um einen Kollaps, sei es der natürlichen Umwelt, der Einkommensverteilung, der armen Länder oder der öffentlichen Ordnung in den Industriestaaten, zu vermeiden.

Die Wirkungen auf die Gesellschaft

(1) *Das Geld ist ein zentrales Mittel der gesellschaftlichen Organisation.*

- Gesellschaften werden durch identische Spielregeln und identische Kräfte zusammengehalten.
- Ihre Angehörigen sind gezwungen, die geldwirtschaftlichen Spielregeln zu respektieren sowie ihren Geldtrieb zu mobilisieren und sich am Wettbewerb zu beteiligen, um sich das nötige Geldeinkommen zu beschaffen.

(2) *Die Verfügung über Geld entscheidet über den Aufbau der Gesellschaft.*

- Die Verfügung über Geld weist den Menschen ihren Platz im gesellschaftlichen Stufengebäude zu.
- Die Mitglieder einer Gesellschaft in ähnlichen Einkommens- und Vermögensverhältnissen schliessen sich, sei es auf der Basis gleicher Mentalität oder über das Mittel von Institutionen, zu Interessengruppen zusammen, um ihre Errungenschaften und Ansprüche gemeinsam zu verteidigen und zu vertreten.
- Mit wachsendem Wohlstand haben sich die Grenzen zwischen den verschiedenen «Klassen» immer mehr verwischt; die Grenzen sind durchlässiger geworden.
- Jeder hat die Chance, auf der gesellschaftlichen Leiter aufzusteigen; er kann aber auch wieder zurückfallen oder abstürzen.

(3) *Das System von Geldtrieb und Wettbewerb prägt den Charakter der Gesellschaft.*

- Das Prinzip der Freiheit hat einen zentralen Stellenwert. Es ist die massgebende Bedingung für ein gutes Funktionieren der Selbstorganisation. Und gleichzeitig stellt es ein Wesensmerkmal einer offenen Gesellschaft dar.
- Das System ist erfolgsorientiert. Es macht die Gesellschaft materialistisch und egoistisch; ein sozialdarwinistischer Zug ist nicht zu übersehen.
- Das System stützt sich auf das positive Recht der Spielregeln. Dagegen haben weitere Werte wie Gerechtigkeit und Solidarität darin nur insoweit ihren Platz, als sie zu einem störungsfreien Ablauf der Selbstorganisation notwendig sind.

(4) *Die Unsicherheiten der weiteren wirtschaftlichen Entwicklung gefährden die gesellschaftliche Stabilität.*

- Die drohende Kollision von wirtschaftlichem Wachstum und natürlicher Umwelt belastet das Leben der Gesellschaft.
- Die Gefährdung der Einkommenssicherheit einer wachsenden Schicht von Erwerbsfähigen verstärkt die Spannungen in der Gesellschaft.
- Die Nöte der armen Länder werden im Migrationsdruck und in der zunehmenden Zahl von Asylbewerbern in den Industriestaaten deutlich spürbar.

(5) *Ein immer ungehemmterer Geldtrieb verstärkt den Druck zur Einkommensbeschaffung mit allen Mitteln.*

- Der Druck auf die Unternehmungen zur Steigerung der Gewinne und Ausschüttungen nimmt zu; damit wächst der Interessenkonflikt zwischen Kapital und Arbeit.
- Die Spekulation wird gesellschaftsfähig, vorausgesetzt, sie hat Erfolg.
- Mit abnehmender Beschäftigung verstärken sich die Erwartungen an die staatliche Umverteilung.

- Die organisierte Kriminalität gefährdet die Stabilität der gesellschaftlichen und politischen Ordnung.

Die Dominanz von Geldtrieb und Wettbewerb fördert das materialistische Klima und die Spannungen in der Gesellschaft und schwächt ihren Zusammenhalt.

In der Literatur werden einzelne Charakterzüge der gesellschaftlichen Entwicklung als repräsentativ hervorgehoben, die alle einen wahren Aspekt treffen. Sie wird zur Risiko-, Leistungs-, Anspruchs-, Informations-, Zweidrittelgesellschaft. Oder der von den Autoren als wesentlich erkannte Charakter wird in den historischen Ablauf gestellt. Es heisst dann, sie wäre eine nachindustrielle (112), eine postkapitalistische (113) oder eine Nachklassengesellschaft.

Mir scheint, dass eine Umschreibung, die den Charakter und Zustand der Gesellschaft umfassend zum Ausdruck bringen soll, vor allem zwei Elemente berücksichtigen müsste. Erstens ist die Gesellschaft nach wie vor kapitalistisch; sie wird durch die Vitalkräfte des Geldtriebes und des Wettbewerbs organisiert, angetrieben und dominiert. Zweitens ist es jedoch ein veränderter Kapitalismus, nachdem die Gefahren erkannt sind, auf die er zusteuert. Man darf den erwähnten Kräften nicht mehr vorbehaltlos den freien Lauf lassen; sie brauchen vielmehr die kritische und korrigierende Begleitung. Wenn man sowohl den Charakter einer solchen Gesellschaft als auch die erforderliche Reaktion auf ihre Gefährdungen zum Ausdruck bringen möchte und den nötigen Willen zugleich wohlwollend unterstellt, so könnte man zur Etikette eines *«aufgeklärten Kapitalismus»* gelangen.

Die Wirkungen auf die Menschen

(1) Das System von Geldtrieb und Wettbewerb erlaubt es den Menschen, über zentrale Elemente ihrer Lebensgestaltung frei zu entscheiden.

- Sie können selber bestimmen, wie sie sich das nötige Einkommen beschaffen wollen, ob als selbständige Unternehmer oder als lohnabhängige Arbeitnehmer.

- Sie können frei darüber entscheiden, wie sie ihre Bedürfnisse befriedigen wollen.
- Zu den Bedürfnissen gehören nicht nur der Konsum und die Pflege eines bestimmten Lebensstils, sondern auch die Möglichkeit, etwas zu bewegen, Macht auszuüben und Sicherheit, Ansehen und Geltung zu gewinnen.

(2) *Das System von Geldtrieb und Wettbewerb unterwirft die Menschen bestimmten Zwängen.*

- Es verlangt von ihnen, dass sie sich den geldwirtschaftlichen Spielregeln gemäss verhalten und sich dem Ziel des Gelderwerbs anpassen und unterordnen; wer Erfolg haben will, muss mit den Wölfen heulen.
- Von diesem Erfolg ist es abhängig, wieweit sie über materielle Freiheit verfügen und ihre Pläne sich realisieren lassen.

(3) *Die Notwendigkeit und die Chancen der Verfügung über Geld setzen die Menschen der Versuchung aus, sich an das Ziel des Gelderwerbs zu verlieren.*

- Das Streben nach Erfolg zwingt sie, ihre ganze Kraft auf dieses Ziel hin zu konzentrieren; die Beschaffung von Geld wird zum hauptsächlichen Lebensinhalt und obersten Wert.
- Die Kräfte von Geldtrieb und Wettbewerb drohen, die Menschen zu vereinnahmen, sie geldgierig und egoistisch zu machen.

(4) *Die Teilnahme am Wettbewerb auf dem Arbeitsmarkt macht die Menschen zu Objekten eines umfassenden Ausscheidungsprozesses.*

- Die bekannte Kluft zwischen Leistungsträgern und Mitläufern weitet sich aus.

- Die einzelnen Menschen müssen sich entscheiden, wo sie sich einordnen wollen.

(5) *Es wird für die Menschen immer schwieriger, sich als Subjekt zu behaupten.*

- Die Macht der Verhältnisse im System von Geldtrieb und Wettbewerb ist gewaltig; sie zieht die Aufmerksamkeit der Menschen immer mehr in ihren Bann.
- Die Sorge um den Arbeitsplatz kann die Lebensqualität unter Umständen massiv beeinträchtigen.
- Die Möglichkeit zur Selbstbestimmung und zum Widerstand gegen den Sog des Geldes wird immer mehr eingeschränkt.

Der Zwang zur Anpassung an die Spielregeln von Geldtrieb und Wettbewerb beschränkt die Möglichkeit zur Selbstbestimmung und beeinflusst dadurch nachhaltig das Bild vom Menschen.

Wenn wir die Auswirkungen von Geldwirtschaft und Wettbewerb zusammenfassend überblicken, so liegen – alles in allem – Segen und Fluch oft nahe beieinander. Bei einer Würdigung des marktwirtschaftlichen Systems müssen aber beide Seiten der Medaille angemessen berücksichtigt werden. Weder die Vorspiegelung einer heilen Welt noch seine Verteufelung werden der Wirklichkeit gerecht. Das System erbringt Leistungen, auf die wir nicht verzichten können. Doch fehlen auch die Schattenseiten nicht. Sie sind vielmehr von einem Gewicht, dass sich die Frage aufdrängt, ob es nicht gültige Alternativen gibt.

21. Die Frage nach Alternativen

Die Planwirtschaft als Alternative

Die konsequenteste Alternative zum System von Geldwirtschaft und Wettbewerb ist die durch eine staatliche Zentralstelle geleitete Planwirtschaft. Die wirtschaftlichen Prozesse, die sich in der marktwirtschaftlichen Ordnung aufgrund von unzähligen autonomen Entscheidungen von unten spontan entwickeln, werden hier durch verbindlich gesetzte Planziele von oben gesteuert.

Ob man auf die klassischen Utopien eines *Thomas Morus* oder *Francis Bacon* zurückgehen will oder sich am Marxismus orientiert, die sich alle zur Realisierung ihrer Vorstellungen auf einen Plan stützen – ihr Ziel ist eine humane und gerechte Gesellschaftsordnung, in der alle Mitglieder grundsätzlich gleichgestellt sind. Das ist für viele ihrer Verkünder die Voraussetzung dafür, dass die Menschen frei werden.

> Der Übergang zu einer Planwirtschaft bedeutet aber, dass die Grundelemente des Systems von Geldwirtschaft und Wettbewerb ausser Kraft gesetzt werden.

- Das *private Eigentum* bildet hiefür den spektakulärsten Ansatzpunkt. Die Vergesellschaftung der Produktionsmittel wurde zum zündenden Kampfruf, mit dem sich die marxistischen Führer und Proletarier in ihre Revolutionen stürzten und das Paradies auf Erden versprachen.
- Die *Spielregeln der Geldwirtschaft* haben nur beschränkte Gültigkeit im privaten Bereich; hier werden die Ausgaben noch durch die Einnahmen begrenzt. Dagegen können die staatlichen Unternehmungen mit dem Nachschub von Geld durch die Zentrale rechnen, wenn sich ein Mangel abzeichnet.

- Der *Geldtrieb* wird mit der Einführung des Planes zwangsläufig ausgeschaltet; die Ziele des Planes sind massgebend und nicht ein Geldziel.
- *Wettbewerb* gibt es in der Planwirtschaft nicht, nur Planerfüllung.

Der Preis der Planwirtschaft ist in der laufenden Entwicklung und im schliesslichen Zusammenbruch der kommunistischen Länder Osteuropas evident geworden. Sie führte wirtschaftlich in den Bankrott und politisch in die Knechtschaft. Das Argument, eine Verurteilung des planwirtschaftlichen Modells aufgrund dieser Erfahrung sei fehl am Platz, weil es mit untauglichen Mitteln verwirklicht werden sollte, ist zu dürftig. Der Kommunismus und mit ihm die Planwirtschaft hat alle Chancen gehabt, seine vermeintliche Überlegenheit unter Beweis zu stellen. Sicher hatten seine Verwalter versagt. Wer garantiert aber dafür, dass ein System, dessen Gedeihen offenbar so stark von der Qualität der jeweiligen Machthaber abhängt, an einem anderen Ort oder zu einer anderen Zeit besser funktionieren würde?

Die hauptsächlichen Mängel der Planwirtschaft haben aber nicht nur mit den Menschen zu tun, denen ihre Durchführung anvertraut ist, sondern liegen im System selber. Die Planerfüllung ist ein ungleich schwächeres Motiv als Geldtrieb und Wettbewerb. Oder umgekehrt ausgedrückt: Das Fehlen des persönlichen Interesses ist der hauptsächliche Grund für die Gleichgültigkeit, die Inkompetenz und die Verschwendung, welche die Wirtschaften dieser Länder in den Abgrund geführt haben.

Die mangelnde wirtschaftliche Effizienz hat daneben noch andere Ursachen. Einmal die ungenügende Abstimmung von Bedarf und Deckung auf allen Stufen der Produktion und Verteilung, die auf die fehlende Flexibilität bei der Planerfüllung zurückzuführen ist – ein Problem, das in der Marktwirtschaft praktisch überhaupt nicht vorkommt. Oder der Anspruch der Zentrale, verbindlich festzulegen, welche Bedürfnisse der Bevölkerung im Vordergrund stehen. Er führte zu der einseitigen Forcierung von Schwerindustrie und Rüstung, während die Bevölkerung häufig auf die dringendsten Güter des täglichen Bedarfes verzichten musste.

Wenn das persönliche Interesse nicht zum Zuge kommen darf, dann müssen eben andere Kräfte im Menschen geweckt werden, um eine Wirtschaft in Gang zu halten. Und das war wohl die grösste Anmassung dieses politischen Systems, dass es versuchte, einen neuen Menschen nach seinem

Bild zu formen. Er hatte solidarisch zu sein und sich in den Dienst der Gemeinschaft zu stellen. Das System hat ihm die Freiheit der persönlichen Entwicklung genommen und statt dessen versucht, ihn zu programmieren. Die angebliche Befreiung endete in der Pervertierung der Freiheit.

Der Dritte Weg

Zwischen Marktwirtschaft und Planwirtschaft in ihrer reinen Ausgestaltung gibt es zahlreiche Mischformen. Kein marktwirtschaftlich organisiertes Land kommt ohne planerische Elemente aus; man denke an die Raumplanung, die Verkehrs-, Energie- oder Finanzplanung. Nur der Anteil der Planung ist verschieden. Wenn man jedoch vom Dritten Weg spricht, so denkt man weniger an solche Zwischenlösungen als an ein bestimmtes theoretisches Konzept. Bekannt ist in neuerer Zeit der Vorschlag geworden, den Ota Sik, Wirtschaftsminister der früheren Tschechoslowakei während des Prager Frühlings, in seinem Buch über den Dritten Weg vorgestellt hat. (114)

Sein Konzept stützt sich im Kern auf zwei Postulate: erstens auf die Einführung einer wirtschaftlichen Makroplanung und zweitens auf eine umfassende Beteiligung der Mitarbeiter am Kapital ihrer Unternehmungen. Statt dass die wirtschaftlichen Prozesse sich selber überlassen werden, sollen sie sich im Rahmen von gesamtwirtschaftlichen *Produktionsplänen* abwickeln, die durch Entwicklungspläne für die einzelnen Branchen und Regionen ergänzt werden. Wohl sind die Produktionspläne im privaten Sektor lediglich Richtgrössen. Sie beruhen jedoch auf einer sorgfältigen Vorbereitung und werden durch die staatliche Politik tatkräftig unterstützt, so dass ihnen ein hoher Grad an Verbindlichkeit zukommt. In den *Verteilungsplänen* wird das Sozialprodukt alsdann auf die verschiedenen Arten der Verwendung – Konsum und Sparen bzw. Investieren – aufgeteilt.

Mit dem Instrument der *Mitarbeiterbeteiligung* wird das Privateigentum an den Produktionsmitteln zumindest erheblich eingeschränkt. Sie bedeutet nicht nur Beteiligung der Mitarbeiter am Gewinn, sondern ebenso Mitsprache bei den wesentlichen Entscheidungen. Kleine Unternehmungen sollen weiterhin im Privatbesitz verbleiben; doch unterliegen sie der Pflicht zur Gewinnbeteiligung der Mitarbeiter. Für mittlere Unternehmungen ist ein kollektives, unverteilbares Kapitaleigentum der Mitarbeiter vorgesehen. Grossunternehmen sollten ursprünglich ebenfalls im kollektiven Eigentum der Mitarbeiter stehen; später hat diese Forderung jedoch eine Korrektur erfahren.

Diese Vorschläge schränken die Grundelemente des Systems von Geldwirtschaft und Wettbewerb in substantieller Weise ein.

- Die *geldwirtschaftlichen Spielregeln* können – man denke an den drohenden Konkurs einer Unternehmung – leicht aufgeweicht werden in einem Lande, in dem staatliche Planung und demokratische Mitsprache die führende Rolle spielen.
- Der *Geldtrieb* stösst an die Grenzen der Planung und wird überdies durch die verschiedenen Auflagen von Gewinnbeteiligung und Mitspracherecht beeinträchtigt.
- Der *Wettbewerb* soll zwar grundsätzlich aufrechterhalten bleiben; er wird jedoch auf die vorgeschriebene Planung zurückgebunden.
- Das private *Eigentum* wird im Ausmass der obligatorischen Mitarbeiterbeteiligung eingeschränkt.

Das Modell von Sik ist verständlich, wenn man seine Herkunft als Versuch zu einem Ausbruch aus dem rigiden sozialistischen und planwirtschaftlichen System betrachtet. Der Autor hält aber auch nach dessen Zusammenbruch an dem Modell fest, wobei er es nicht als Gegensatz zur Marktwirtschaft, sondern als Weiterentwicklung der sozialen Marktwirtschaft versteht. Gibt man sich jedoch Rechenschaft darüber, in welchem Masse die Kräfte der Geldwirtschaft und des Wettbewerbs abgebaut würden, so kann man sich fragen, wieweit von Marktwirtschaft überhaupt noch die Rede sein kann.

Es ist symptomatisch, dass *Sik* seine Vorstellungen des kollektiven Kapitaleigentums der Mitarbeiter in Grossunternehmungen aufgrund von Erfahrungen im früheren Yugoslawien und in China korrigiert hat. (115) Er musste feststellen, dass sich die Mitarbeiter nicht als Kapitaleigentümer fühlten. Sie zeigten zwar ein kurzfristiges Interesse am Gewinn, aber nicht an der Erhaltung des Kapitals, der Modernisierung und Erweiterung der Produktionsanlagen oder an Arbeitseinsparungen. Aufgrund dieser Erfahrungen schlägt er eine individuelle Beteiligung der Mitarbeiter vor, wobei er eine Gesamtquote von 30% als genügend erachtet, um wichtigen Arbeitnehmerinteressen Gehör zu verschaffen.

Die immer wiederkehrende Forderung nach einer massgebenden Mitbeteiligung und Mitsprache geht von der Annahme aus, dass die Arbeitnehmer das Bedürfnis haben, in ihrem Unternehmen mitzuentscheiden, und dass das schmerzliche Gefühl der Selbstentfremdung zum guten Teil davon herrühre, dass sie das nicht können. Man muss aber nicht in das frühere Yugoslawien oder nach China gehen, um festzustellen, dass das Bedürfnis der Mitarbeiter nach Mitverantwortung begrenzt ist. Dazu genügt ein Blick in selbstverwaltete oder genossenschaftlich organisierte Betriebe auch kleinerer und mittlerer Grössenordnung in den alten Industrieländern. Für die Arbeitnehmer ist es viel wichtiger, dass ihr Arbeitsplatz gesichert ist, dass Lohn und Arbeitszeit fortschrittlich geregelt sind und die Arbeitsbedingungen, vor allem das Arbeitsklima, stimmen. Ihr Interesse an der Mitverantwortung hört erst recht auf, wenn sie nicht nur an Gewinnen, sondern auch an Verlusten partizipieren sollen…

Modelle gemeinschaftlicher Selbsthilfe

Als weitere Alternative propagiert die Freigeldlehre von *Silvio Gesell* eine grundsätzliche Neuordnung des Geldwesens durch Schwundgeld. Sein Motiv ist volkswirtschaftlicher Natur. Ganz anders vom Motiv her, aber ähnlich in den Methoden verhält es sich mit der Lehre von *Rudolf Steiner*, der ebenfalls nach einer neuen Verfassung des Geldwesens sucht. Beide Konzepte bieten jedoch keine gangbare Alternative im umfassenden Sinne zum geltenden System von Geldwirtschaft und Wettbewerb. (116)

Neben diesen Projekten findet sich eine ganze Reihe von Modellen gemeinschaftlicher Selbsthilfe, die im System von Geldwirtschaft und Wettbewerb – mit Ausnahmen – Platz haben, die sich nach den geldwirtschaftlichen Spielregeln richten, aber in der einen oder anderen Form von Geldtrieb und Wettbewerb, wie wir sie vom üblichen Muster her kennen, abweichen. Organisationen der Selbsthilfe sind in der Regel nicht erwerbsstrebig; das heisst, ihr Geldtrieb ist gezähmt. Gegenüber dem Wettbewerb gibt es unterschiedliche Haltungen; entweder sie sind voll darin einbezogen oder sie schirmen sich gegen ihn ab.

Zunächst sind hier die *Genossenschaften* zu nennen, deren Mitglieder sich zur Förderung ihrer gemeinsamen Interessen zusammenschliessen. Der Geldtrieb tritt hinter das Motiv der Bedürfnisbefriedigung zurück, wie die günstige Versorgung mit Gütern des täglichen Bedarfes (Konsumvereine) oder mit Wohnungen (Bau- und Wohngenossenschaften), oder dann geht es um die gemeinschaftliche Verwertung von Produkten (landwirtschaftliche Genossenschaften). Auch gewerbliche und industrielle Produktivgenossenschaften können sich vom Grundsatz leiten lassen, dass der Gewinn nicht Selbstzweck sein soll. Die Genossenschaften haben jedoch erfahren müssen, dass sie dem Wettbewerb in gleichem Masse ausgesetzt sind wie andere Unternehmungen; sie überlebten, wenn ihre Marktleistung stimmte.

Zu den Modellen gemeinschaftlicher Selbsthilfe sind ferner die *alternativen Banken* zu rechnen, die sich auf bestimmte, beispielsweise ökologische Kreditprojekte konzentrieren und die anderseits ihren Einlegern entsprechende Anlagemöglichkeiten bieten. Zu diesem Kreis gehören auch die bankähnlichen Einrichtungen, die sich nach der Lehre von *Rudolf Steiner* ausrichten. Alle diese Banken müssen sich am Ertrag orientieren, denn sie unterstehen den besonderen Liquiditätsvorschriften des Bankengesetzes und benötigen überdies Risikokapital; indessen streben sie nicht nach Gewinnmaximierung. Sie funktionieren, solange es Einleger gibt, die nicht einen marktgemässen Zins erwarten, sondern sich mit einem gänzlichen oder teilweisen Zinsverzicht einverstanden erklären.

Die gemeinschaftliche Selbsthilfe kann einen Schritt weitergehen und den *Tauschverkehr in einem begrenzten Kreis von Mitgliedern* organisieren. Dadurch wird der Tausch der Teilnehmer untereinander aktiviert und gegen den allgemeinen Wettbewerb abgeschirmt. Das Funktionieren solcher Systeme setzt allerdings die Verbreitung zusätzlicher Informationen über vorliegende Angebote voraus; sie müssen über eigene Medien bekanntgemacht werden. Auf einer ersten Stufe findet der Tauschverkehr unter den Teilnehmern *bargeldlos* statt, sei es mit oder ohne Verwendung eines eigenen Verrechnungsgeldes. Dazu gehören die Barter-Clubs (Tausch-Vereinigungen), die überall auf der Welt im begrenzten regionalen Rahmen tätig sind. Auf einer zweiten Stufe bringen die Selbsthilfeorganisationen eigenes Geld in Umlauf. (117) Ein Tauschverkehr mit eigenem Geld kann sich auch im Rahmen des Internet entwickeln, wenn einmal die Fragen nach dem Verhältnis zur staatlichen Geldhoheit sowie der Sicherheit befriedigend geklärt sind.

Alle diese Modelle sind wohl Ergänzungen, aber keine allgemein gültigen Alternativen zum System von Geldwirtschaft und Wettbewerb.

22. Was sollen wir tun?

Die Ziele von Wirtschaft und Gesellschaft

Wie sollen wir auf die erwähnten Gefahren reagieren? Was sollen wir tun? In allen Ländern wird eine mehr oder weniger intensive Kontrolle durch die staatliche Politik ausgeübt, um das Zusammenleben der Menschen zu regeln, ihre Sicherheit und Wohlfahrt zu gewährleisten und den mannigfachen Bedrohungen zu begegnen.

Der *Zeitgeist* weht jedoch in eine andere Richtung; er strebt nach Deregulierung, nach Abbau von Kontrollen. Er folgt damit der Linie der klassischen liberalen Tradition. Auch in der Gegenwart finden sich wortstarke Verfechter dieser Geisteshaltung, etwa *F. A. von Hayek,* der grösseres Vertrauen in den evolutionären Prozess der sich selber organisierenden Kräfte von Wirtschaft und Gesellschaft setzt als in die Wegleitung der Vernunft. (118) Noch weiter gehen jene extremen, «libertären» Liberalen, die dem Staat grundsätzlich die Existenzberechtigung absprechen und ausschliesslich auf die Selbstorganisation bauen. (119)

Dieser geistigen Strömung steht das massive Gewicht der täglichen Politik entgegen, die nach weiteren Kontrollen drängt. Ihre Vertreter können durch zahllose Beispiele offensichtlicher Fehlentwicklung der Selbstorganisation zu dieser Einstellung gelangen oder aus einem entsprechenden Dogma heraus. Es heisst dann, der Mensch dürfe sich nicht länger an anonyme Mächte und selbstlaufende Mechanismen ausliefern, sondern müsse, wenn er sich zu seiner Selbstbestimmung bekenne, zum Subjekt der Geschichte werden. (120)

Nach welchen Orientierungsmarken können wir uns richten, um uns in diesem Widerspruch zurechtzufinden?

Wenn man die Gefahren ernstnimmt, die hinter der Selbstorganisation lauern, so haben wir gar keine andere Wahl, als eine gewisse Kontrolle auszuüben.

Lässt man nämlich dem Geldtrieb und dem Wettbewerb freien Lauf, so entsteht ein Szenario, in dem die apokalyptischen Bilder der Umweltzerstörung Realität werden, die Sicherheit der Einkommen für eine wachsende Zahl von Menschen in Frage gestellt wird mit der Folge von schwerwiegenden politischen Spannungen, die armen Länder der Dritten und der bisherigen Zweiten Welt vollends im Elend versinken und der Wolfscharakter im Menschen nach *Hobbe'schem* Muster sich noch mehr von seinen Fesseln löst. Das freie Spiel der Kräfte garantiert in keiner Weise eine harmonische Entwicklung.

Um solchen Gefahren vorzubeugen, müssen folgende Schwerpunkte der Kontrolle wegleitend sein.

(1) Die Abwehr der drohenden Zerstörung der natürlichen Umwelt und die Sicherung der menschlichen Existenz stehen in diesem Zielkatalog obenan.

Wer sich noch einen Funken von Ehrfurcht vor der Schöpfung und ihrem Geheimnis bewahrt, spürt in seinem Gewissen die Verantwortung für das Leben, für sich selber und seine Mitmenschen. Die Sicherung der natürlichen Lebensgrundlagen ist deshalb das vordringliche Ziel. Es gehört zu den Pflichten des Staates, die zulässige Nutzung der natürlichen Reichtümer und die Grenzwerte für die Verschmutzung und Belastung von Luft, Wasser und Boden festzulegen; der Staat wird zum Treuhänder der Natur. Wenn die Wirtschaft von sich aus die Produktionsweise und die Produkte in diesem Rahmen und darüber hinaus korrigiert, um so besser.

(2) Das wirtschaftliche Wachstum muss gefördert werden, weil es Einkommen schafft.

Die Bildung von Einkommen ist notwendig, damit der Wohlstand aufrechterhalten bleibt und ausgebaut werden kann. Eine genügend starke Einkommensbildung ist auch erforderlich für eine allfällige Umverteilung von Einkommen. Wirtschaftliches Wachstum setzt den aktiven Beitrag einer genügenden Anzahl von Unternehmungen als Einkommensquellen voraus. Die angebotsorientierte Wirtschaftspolitik hat die Signale gesetzt, die zu diesem Zweck beachtet werden müssen. Der Geldtrieb darf nicht durch übermässige Steuern erstickt werden, und der Wettbewerb kann nicht funktionieren bei einer übertriebenen Regulierungsdichte.

Drohen solche Einkommensquellen von Bedeutung unterzugehen oder abzuwandern, so ist für die Regierungen die Versuchung gross, sie durch protektionistische Hürden und Anreize zu schützen. Damit hindern sie die Unternehmungen jedoch daran, alle Anstrengungen zu unternehmen, um sich mit einer genügenden Marktleistung im Wettbewerb durchzusetzen. Zudem fordern protektionistische Eingriffe stets zu Gegenmassnahmen heraus, was dem Tauschverkehr Grenzen setzt.

(3) Die Schaffung neuer Arbeitsplätze ist sicher in hohem Masse erwünscht, für die staatliche Politik aber schwierig zu realisieren.

Die Bereitstellung neuer Arbeitsplätze gehört grundsätzlich zur wirtschaftlichen Selbstorganisation. Der Staat kann einen Beitrag dazu leisten, indem er ein günstiges Klima für Wachstum schafft, die Aus- und Weiterbildung fördert und bei der Vermittlung von Stellen behilflich ist. Dagegen sind die weiteren Möglichkeiten staatlicher Beschäftigungspolitik beschränkt. Wenn schon das Wachstum lahmt, gehen die Steuererträge zurück, der Staat muss sparen und selber Arbeitsplätze abbauen. Wie soll er da für mehr Arbeitsplätze sorgen? Ein Appell an die Unternehmungen zu mehr sozialer Verantwortung muss auf diesem Hintergrund unglaubwürdig wirken. Dem Vorschlag, durch steuerliche Anreize zu mehr Stabilität der Arbeitsplätze beizutragen, steht die Unsicherheit entgegen, welche Arbeitsplätze auf solche Impulse überhaupt reagieren.

(4) Eine genügend breite Verteilung von Einkommen muss gewährleistet sein, auch wenn das Wachstum nicht mehr die Vollbeschäftigung und Einkommenssicherheit garantiert.

Wenn das Wachstum die Vollbeschäftigung nicht mehr sicherstellt und die Arbeit ihre Funktion als Organisationsmittel der Einkommensverteilung nicht mehr genügend wahrnehmen kann, muss diese Aufgabe auf andere Weise gelöst werden. Entweder wird die Arbeit neu organisiert und alle bzw. die meisten arbeiten weniger, oder es kommt zu einer umfassenden Umverteilung von Einkommen. Man darf sich aber nicht täuschen lassen und so tun, wie wenn ein bestimmtes Arbeitspensum garantiert wäre; die Rechnung darf nicht ohne den Wirt gemacht werden. Alle Projekte zu einer substanziellen Verkürzung der Arbeitszeit ohne gleichzeitige Lohnreduktion oder zu einem Einkommensausgleich in grossem Stil geraten früher oder später in Konflikt mit dem Geldtrieb und der Leistungsfähigkeit der Unternehmungen als den massgebenden Kräften des Wachstums.

(5) Die Unterstützung der armen Länder in ihren Bemühungen um zusätzliches Wachstum muss fortgesetzt werden.

Dafür spricht nicht nur das Gebot der Solidarität, sondern auch das Bewusstsein, dass uns die Probleme dieser Länder in der einen oder anderen Weise ebenfalls angehen. Wenn sie noch mehr ins Elend abrutschen, besteht die Gefahr, dass sie zusätzlich zu allgemeinen Unruheherden werden, einen noch intensiveren Migrationsdruck in Richtung auf die reichen Industriestaaten ausüben, die Umwelt noch stärker zerstören und noch mehr als mögliche Handelspartner ausfallen. Die bisherigen Erfahrungen sprechen aber dafür, dass die zahlreichen Hilfsprojekte noch kritischer als bisher unter die Lupe genommen werden sollten.

(6) Die Bekämpfung der finanziellen Kriminalität muss noch deutlicher ins Zentrum der nationalen und internationalen Politik gerückt werden.

Die Abwehr dieser Bedrohung bedingt entsprechende gesetzliche Vorschriften. Sie müssen durch übereinstimmende Wertvorstellungen der Gesellschaft getragen und durch moralisch intakte Organe von Politik, Verwaltung und Gerichtsbarkeit durchgesetzt werden.

Soviel zu den Schwerpunkten der Kontrolle. Darüber hinaus besteht nun aber weitherum die Meinung, eine lebendige Gesellschaft bedürfe noch *anderer Werte.* In diesem Sinne hat *Hans Küng* an die Menschenrechtserklärung der Vereinten Nationen aus dem Jahre 1948 erinnert, in der es heisst: «Alle Menschen werden frei und gleich an Würde und Rechten geboren. Sie sind mit Vernunft und Gewissen begabt und sollen sich zueinander im Geiste der Brüderlichkeit verhalten.»(121) In der Französischen Revolution hiess es: Freiheit, Gleichheit, Brüderlichkeit. Heute würde man wohl eher sagen: Freiheit, Gerechtigkeit und Solidarität.

Freiheit bedeutet im Leben der einzelnen Menschen die Chance zur Selbstbestimmung und Individualität. Im sozialen Bereich ist sie das Grundprinzip der offenen Gesellschaft. Und im System der Marktwirtschaft stellt sie die grundlegende Bedingung für die Wirksamkeit von Geldtrieb und Wettbewerb dar. Freiheit hat allerdings ihre Kehrseite; sie ist der Nährboden für Eigennutz und Rücksichtslosigkeit.

Gerechtigkeit und *Solidarität* bilden dazu den Gegenpol. Sie stehen für das soziale Umfeld und erinnern daran, dass wir alle zu einer Gemeinschaft gehören und die individuelle Freiheit nicht unbegrenzt gelten kann. Es kann in einer humanen Gesellschaft keine Freiheit ohne Rücksichtnahme auf die Menschen neben uns geben.

Nach dem Programm von *Alfred Müller-Armack,* einem Vorkämpfer der sozialen Marktwirtschaft, soll diese den «Doppelaspekt einer freien Ordnung und einer sozial gerechten und gesellschaftlich humanen Lebensordnung» verwirklichen – ein weit gestecktes Ziel! (122)

Ausgehend von der «Theorie der Gerechtigkeit» von *John Rawls* hat sich in den Vereinigten Staaten in den letzten Jahrzehnten eine Kontroverse über die Frage einer gerechten Ordnung der Gesellschaft entwickelt. Für *Rawls* liegen einer derartigen Ordnung die Rechte freier und gleicher Bürger zugrunde. Aus diesen Prinzipien leitet er als Ziel die Verbindung höchstmöglicher Freiheitsrechte mit der ökonomischen Gleichheit ab. (123) Zusätzliche Massnahmen sind nur akzeptabel, wenn sie den am wenigsten begünstigten Mitgliedern der Gesellschaft zugute kommen. Nach der Auffassung von *Rawls* und seinen Anhängern sind die Wertvorstellungen der Bürger so vielfältig und ihre Geltung ist so kontrovers, dass nur solche allgemeinen Prinzipien Aussicht haben, als Massstab der Orientierung zu dienen.

Diese «liberale» Position forderte eine Gruppe von Gegnern heraus, die als *Kommunitaristen* (herrührend von community = Gemeinschaft) bekannt geworden sind. (124) Sie betonen die Bedeutung gemeinschaftlicher Werte. Nach ihnen bestimmen die Menschen ihre Lebensziele nicht individuell; sie suchen vielmehr sich selber und ihre Aufgabe im Austausch mit anderen. Dazu brauchen sie eine Gemeinschaft, die sich auf gemeinsam geteilte Werte stützt. Diese Überlegungen münden dann in die Frage, welches die gemeinschaftlichen Werte sind, auf die es ankommt, damit eine moderne Demokratie funktionieren kann.

Im Labyrinth der Widersprüche

Zwischen den verschiedenen Zielen bestehen nun eklatante *Widersprüche,* die an folgenden Beispielen illustriert seien.

(1) Die Rücksichtnahme auf die natürliche Umwelt steht im Konflikt mit dem wirtschaftlichen Wachstum, das für die Bildung von Einkommen verantwortlich ist.

(2) Das wirtschaftliche Wachstum steht im Gegensatz zum Ziel einer breiten Einkommensverteilung, wenn dieses im Falle von hoher Arbeitslosigkeit nur über eine massive Umverteilung von Einkommen erreicht werden kann, die eine entsprechend hohe Steuerbelastung nach sich zieht.

(3) Die Prinzipien der Freiheit und der Gerechtigkeit stehen im Widerspruch zueinander. Darauf hat mit besonderem Nachdruck *Horkheimer* aufmerksam gemacht: Je mehr Freiheit, desto weniger Gerechtigkeit; je mehr Gerechtigkeit, desto weniger Freiheit. (125) Das gleiche gilt für das Verhältnis von Freiheit und Solidarität.

Das System von Geldwirtschaft und Wettbewerb verlangt also nach Korrekturen, die jedoch in ein Labyrinth von Widersprüchen münden.

Diese Widersprüche sollten jedenfalls davor bewahren, einzelne Ziele zu verabsolutieren. Es geht vielmehr um den Versuch, den Gegensatz zwischen

These und Antithese soweit möglich in einer Synthese zu überwinden. Synthese bedeutet aber nicht nur ein Optimum, das immer mit einer Einbusse an Wirkungskraft der beiden Pole These und Antithese verbunden ist; Synthese ist immer eine neue Qualität.

(1) Die Synthese im Gegensatzpaar von Schutz der natürlichen Lebensbedingungen und wirtschaftlichem Wachstum lautet *nachhaltige Entwicklung.* Wir sollen uns so verhalten, dass auch nachkommenden Generationen die Existenz und die Möglichkeit zur weiteren Entwicklung gesichert sind. Eine Synthese erscheint grundsätzlich möglich, weil die beiden Pole des Widerspruchs – die Rücksichtnahme auf die Umwelt und der Charakter des Wachstums bzw. der Produktion – anpassungsfähig und veränderbar sind und gemeinsam eine neue Qualität der Entwicklung hervorbringen können.

(2) Ist im Konflikt zwischen der Aufrechterhaltung von wirtschaftlichem Wachstum und der Umverteilung von Einkommen eine Synthese möglich? Der Theoretiker der sozialen Marktwirtschaft, *Alfred Müller-Armack,* behauptet es. Nach ihm führt die soziale Marktwirtschaft zu einer «Synthese..., bei der die Kräfte des Marktes den Ausbau der sozialen Sicherung tragen, die soziale Sicherung ihrerseits wieder die Funktionsfähigkeit und das Fortbestehen des Marktes garantiert». (126)

Diese Überlegung hat etwas für sich. Denn eine genügende soziale Sicherheit ist sowohl unter politischen als auch wirtschaftlichen Gesichtspunkten dringend notwendig. Sie bildet vor allem ein wesentliches Element der *gesellschaftlichen Stabilität.* Sie stärkt die Glaubwürdigkeit des marktwirtschaftlichen Systems und macht es für breite Schichten der Bevölkerung akzeptabel.

Von einer fortschrittlichen Gesellschaft erwartet man, dass sie ihren Mitgliedern nicht nur das Überleben am Rande des physischen Existenzminimums ermöglicht, sondern ein einigermassen menschenwürdiges Leben garantiert, ohne dass sie darum betteln müssen. Das setzt eine Einkommensverteilung und gegebenenfalls eine Umverteilung von Einkommen voraus, welche die Deckung des täglichen Bedarfes gewährleistet. Darüber hinaus soll ein Leistungsangebot auf den Gebieten der Infrastruktur, der Ausbildung und der Gesundheit garantiert sein, sei es auf private Initiative unter staatlicher Kontrolle oder dann in eigener Regie des Staates, das eine befriedigende und erschwingliche Versorgung sichert.

Das Konzept hat jedoch seine Grenzen. Wenn die steuerliche Belastung als Folge der sozialen Sicherheit zu gross wird, können die Unternehmungen ausweichen, sei es durch Rationalisierung, Verlagerung und Auswanderung, Betriebseinstellung oder durch Untertauchen in die Schattenwirtschaft. Und diese Grenzen sind doch ein Hinweis darauf, dass wir es hier nicht so sehr mit einer Synthese zu tun haben als vielmehr mit einem Optimum zwischen Wachstum und sozialer Sicherheit.

(3) Nicht möglich ist es, den Widerspruch von Freiheit und Gerechtigkeit oder von Freiheit und Solidarität in einer übergeordneten Synthese aufzulösen; hier geht es nur um ein Optimum. Die Polarität der beiden Prinzipien verlangt nach einer ständigen Balance, wobei jeder Gewinn des einen Elementes nur auf Kosten des anderen zu haben ist.

Soziale Sicherheit als Ausdruck von gesellschaftlicher Solidarität ist notwendig, damit der Zusammenhalt der Gesellschaft gewährleistet bleibt. Sobald sich aber die Begehren nach staatlichen Leistungen sozialer und anderer Natur laut genug melden, gerät die Politik unter Handlungszwang. Wenn politischer Druck ausgeübt wird, fällt der Schritt zur Kontrolle leichter als der Schutz der Freiheit. Die Freiheit erscheint deshalb in besonderem Masse gefährdet.

Horkheimer als einer der besorgten Visionäre – neben vielen anderen – warnte vor der Gefahr eines kontinuierlichen Freiheitsverlustes, lange bevor die Notwendigkeiten einer nachhaltigen Entwicklung und einer genügend breiten sozialen Sicherung offenbar wurden. Er fürchtete das Gespenst einer *verwalteten Welt,* einer umfassenden Verwaltung, in der alles geregelt ist, und postulierte, dass immer das Mögliche versucht werden sollte, um die Freiheit aufrechtzuerhalten und zu stärken. (127)

Die konsequente Unterstützung des Prinzips der Freiheit bedeutet, dass wir bei allen heute schon notwendigen Korrekturen einen *möglichst schlanken Staat* anstreben sollten. Die Aufgaben, die in Zukunft auf ihn zukommen, können so gross sein, dass wir sein Potential nicht ohne dringende Not vorweg ausschöpfen sollten.

Auf dieser Linie würde es auch liegen, die grenzüberschreitenden und weltumspannenden Aufgaben unter Wahrung des Grundsatzes der Subsidiarität mehr durch *Zusammenarbeit* zwischen den Staaten anzugehen als über zentralistisch organisierte Staatengebilde oder gar über die Errichtung einer *Weltregierung,* wie sie immer wieder vorgeschlagen wird. Denn solche Institutionen sind zwangsläufig mit einer nur schwer zu kontrollierenden Konzentration von Macht und einer zusätzlichen Gefährdung der Freiheit verbunden.

Im übrigen: Wenn die Freiheit von Widersprüchen als Bedingung für das «Ende der Geschichte» postuliert wird, wie *Fukuyama* es tut, dann ist die Geschichte noch lange nicht zu Ende. Die bestehenden Konflikte und Unzulänglichkeiten sind nicht so sehr auf eine «unzureichende Verwirklichung von Freiheit und Gleichheit, den beiden Grundprinzipien der modernen Demokratie», zurückzuführen. (128) Sie liegen vielmehr in ihrem grundlegend widersprüchlichen Verhältnis zueinander, das sich nicht einfach überspielen lässt und deshalb immer wieder Auseinandersetzungen von historischem Ausmass nach sich ziehen kann.

Der Mensch als Subjekt der Geschichte

Es stimmt: Wir leben in einer Risikogesellschaft. Die Risiken können sich in dramatischer Weise verstärken, wenn wir dem Zusammenwirken von Geldtrieb und Wettbewerb seinen ungehinderten Lauf lassen. Der Mensch muss deshalb die Verantwortung übernehmen, Korrekturen anbringen und Prioritäten setzen, mit anderen Worten: sich in der Tat als Subjekt der Geschichte erweisen.

Die Protagonisten dieses Appells haben sich die Aufgabe allerdings wohl etwas anders vorgestellt: Statt in Freiheit darüber zu entscheiden, wie wir uns auf dieser Welt möglichst komfortabel einrichten wollen, sind wir zu Kontrollen und Korrekturen gezwungen, um überhaupt zu überleben und einigermassen menschenwürdig zu leben. Statt Herren über unsere Geschichte zu sein, müssen wir uns in den Dienst der Welt stellen, um sie bewohnbar und wohnlich zu erhalten.

Die Ansprüche an den Menschen als Subjekt der Geschichte erscheinen schon *von der Sache her* überwältigend. Die Dynamik des Geldes führt uns zusammen mit dem Wettbewerb in existentielle Gefährdungen und in ein Netz von Widersprüchen. Wir müssen damit leben und umgehen können, sei es als Träger von Verantwortung und Macht oder als gewöhnliche Bürger; wir müssen uns um Verständnis für die Komplexität der wirtschaftlichen und gesellschaftlichen Zusammenhänge bemühen und uns über die nötige Urteilsfähigkeit und Entschlusskraft ausweisen. Statt dessen reagiert ein grosser Teil der Menschen mit wachsender Verunsicherung auf die spürbaren Gefahren und gibt seinen Gefühlen vor allem in Form von Erbitterung über die ratlosen Politiker Ausdruck.

Die Aufgabe wird noch schwieriger dadurch, dass die Nationalstaaten im Zuge der Globalisierung an Handlungsfähigkeit einbüssen und der *finanzielle Spielraum für Korrekturen enger* wird. Die wachsenden Schuldenberge belegen, dass die meisten Staaten über ihre Verhältnisse leben. In einer solchen Situation kommt es nicht nur darauf an, welche Korrekturen als *nötig* empfunden werden, sondern die Frage stellt sich immer dringender, welche Aufgaben überhaupt *möglich* sind. Die Gesellschaft kommt nicht darum herum, ihre Erwartungen nötiger Korrekturen den realen Möglichkeiten anzupassen und ihre Prioritäten zu überdenken.

Damit nicht genug, wird die Aufgabe noch komplizierter durch die *Arbeitsweise der Politik.* Zum einen geht es im demokratischen Staat um den Ausgleich von Interessen der verschiedenen Gruppierungen, und das heisst meistens um die Zuteilung oder doch Beeinflussung von Einkommen. Oft lässt sich nur etwas bewirken, wenn zu Gegengeschäften Hand geboten wird. Dazu kommt, dass gemäss der zentralen These der Neuen Politischen Ökonomie die Träger der Verantwortung in den Parlamenten, Regierungen und Verwaltungen wie in den politischen Parteien immer auch ihren eigenen Interessen folgen. Sie wollen wiedergewählt werden. Das verstärkt ihre Neigung, den Wählern oder starken Interessengruppen mit Gunstbeweisen entgegenzukommen. Von der Gefahr der Käuflichkeit der Amtsinhaber in Politik und Verwaltung ganz zu schweigen. Das politische Leben wird schliesslich durch die Berichterstattung in den Medien beeinflusst, bei denen allzu häufig nicht der Wille zur sachlichen und ausgewogenen Information im Vordergrund steht, sondern der Wunsch nach Steigerung von Auflageziffern und Einschaltquoten.

So schwierig die Aufgabe, Subjekt der Geschichte zu sein, also ist – eine bessere oder auch nur erträgliche *Alternative zur Selbstorganisation,* ergänzt mit den nötigen bzw. möglichen Korrekturen, gibt es nicht.

Die Aufgabe hat aber noch eine weitere Dimension. Der Appell an den Menschen, Subjekt der Geschichte zu sein, richtet sich immer auch und vor allem an uns selber, an unser persönliches Verhalten. Wir kommen nicht darum herum, für unser Einkommen zu sorgen und dabei die Spielregeln der Marktwirtschaft zu beachten.

Wir müssen unseren Geldtrieb mobilisieren und uns im Wettbewerb behaupten. Gleichzeitig sollten wir uns aber dagegen wehren, dass uns der Geldtrieb beherrscht und der Wettbewerb uns zu skrupellosen Egoisten macht.

Dieser Zwiespalt setzt den Menschen einer Spannung aus, die ihm ein ständiges Beurteilen, Abwägen und Entscheiden abverlangt und ihn dabei im Kern herausfordert. Der Schritt vom unbewussten zum bewussten Verhalten wäre hier besonders nötig. Er könnte für die Zukunft der Kultur entscheidend sein.

Die meisten grossen Denker und massgebende Institutionen postulieren oder erklären den Menschen als mündiges Wesen, das zur Selbstbestimmung fähig ist und seine Verantwortung umfassend wahrnimmt – mit Vernunft und Gewissen begabt, wie es in der Menschenrechtserklärung der UNO heisst. Wir werden aber hart auf die Probe gestellt, wieweit wir diesem Anspruch gerecht werden, die Macht von Geldtrieb und Wettbewerb durchschauen und wie immun wir gegenüber ihren mannigfachen Versuchungen sind. Die Aufgabe kann unter dem Druck der härter gewordenen Existenzbedingungen erst recht schwierig werden.

Und trotzdem: Es liegt an jedem Einzelnen, darüber zu entscheiden, welchen Platz er diesen Kräften in seinem Leben einräumen will und was für ihn letztlich wichtig ist. Denn wir allein können vermeiden, dass – um mit *Simmel* zu schliessen – die Mittel ein Übergewicht über die Zwecke erhalten und die Dinge an der Peripherie des Lebens zu Herren über sein Zentrum werden.

Anmerkungen

1) Fukuyama hat die Weltöffentlichkeit mit der These überrascht, mit dem Untergang des Sowjetimperiums sei die Geschichte als Auseinandersetzung von Herrschaftssystemen an ihr Ende gelangt; nur die liberale Demokratie könne die tiefsten Bedürfnisse der Menschen nach Wohlstand und Anerkennung angemessen befriedigen. *Fukuyama* (1992).

2) *Mill* (1871), S. 8.

3) Eine solche Diskussion hat nach dem Chemie-Unglück von Schweizerhalle im Spätherbst 1986 im Theater in Basel stattgefunden; sie gab dem Verfasser den eigentlichen Anstoss zu einer intensiveren Beschäftigung mit den Fragen der Geldwirtschaft.

4) Auf Ausnahmen, welche die Regel bestätigen, kommen wir zurück. Die Klassiker der Soziologie, die sich mit dem Geld und seinen Auswirkungen befassen, wie Karl Marx, Max Weber, Thorstein Veblen, gehören ohnehin nicht zur neueren Literatur.

5) *Goethe*, S. 313.

6) *Casson* (1981), S. 56.

7) Anzahl der erforderlichen Partner-Kontakte beim naturalen Tauschverkehr und bei der Verwendung von Geld:

Anzahl Kontakte ohne Geld

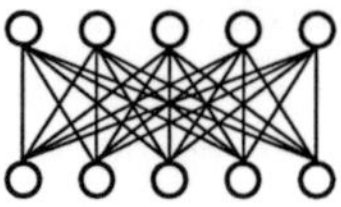

25 Kontakte

Anzahl Kontakte mit Geld

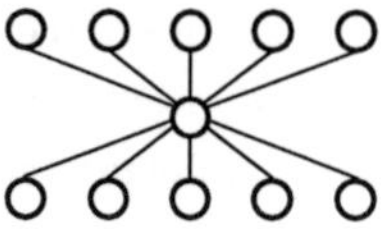

10 Kontakte

Beim direkten Tauschverkehr ergibt sich die Anzahl Kontakte aus dem Quadrat der einfachen Partnerzahl, bei der Verwendung von Geld dagegen aus ihrer Verdoppelung.

8) *Simmel* (1900), S. 264.

9) *Niehans* (1980), S. 14 und 128.

10) Die bargeldlose Zahlung am Ort des Verkaufs ist bekannt als EFTPOS: Electronic Funds Transfer at the Point of Sale.

11) Beispielsweise geben die Banken handelbare Bestätigungen aus, dass ein bestimmter, bei ihnen hinterlegter Geldbetrag an einem festen Termin samt Zins zurückbezahlt werde, die sogenannten Certificates of deposits (CD). Oder staatliche Schuldverschreibungen werden verkauft und kurzfristig gegen Bezahlung eines Zinses zurückgekauft, die sogenannten Repurchase agreements (RP).

12) SWIFT ist die Abkürzung für Society for Worldwide Interbank Financial Telecommunication.

13) *Podolski* (1986), S. VIII und 217.

14) *Vgl. Marx* (1867).
Stark gekürzt und vereinfacht könnte man die Lehre von Marx wie folgt zusammenfassen: Ausgangspunkt ist seine Werttheorie. Darnach entsteht Wert nur durch Arbeit; der Tauschwert der Güter entspricht einer bestimmten Summe an Arbeitszeit. Im Geld wird dieser Tauschwert gleichsam verselbständigt. Anderseits schafft das Geld aber auch den Preis. Damit ermöglicht das Geld das Auseinanderfallen von Wert und Wertrealisierung in Form des Preises. Zwischen Tauschwerten und Marktpreisen entsteht eine Differenz: der Mehrwert. Dieser Mehrwert fliesst nun nicht den Arbeitern zu, die ihn geschaffen haben, sondern den Kapitalisten; er ist Ausdruck der Ausbeutung der Arbeiter. Der Mehrwert wird wiederum im Produktionsprozess investiert; er wird in Kapital umgewandelt. Damit schafft er erneut Mehrwert; daraus entsteht die Akkumulation von Kapital. Zwischen dem Marktwert der produzierten Güter und dem Gesamtbetrag der Löhne entsteht eine mächtige und ständig wachsende Differenz. Es wird immer schwerer, für die Produkte

auch Käufer zu finden; das Gesetz der fallenden Profitrate macht sich geltend. Schliesslich muss der Kapitalismus an seinem inneren Widerspruch – der Ausbeutung über den Mehrwert und dem Mangel an Kaufkraft, welche die produzierten Güter aufnehmen sollte – zerbrechen.

15) In diesem Abschnitt stütze ich mich neben Artikeln in einschlägigen Wörterbüchern besonders auf die Werke von *Dopsch* (1930), *Samhaber* (1964) und *Cribb* (1986).

16) Altes Testament, 1. Buch Mose, Kap. 13.2.

17) *Aristoteles,* S. 82.

18) *Weber* (1925), 1. Halbband, S. 120.

19) *Statistical Abstract of the United States:* 1996. Tab. 693, S. 449.
Statistisches Jahrbuch für die Bundesrepublik Deutschland: 1996. Tab. 24.13, S. 656.
Statistisches Jahrbuch der Schweiz: 1997. Tab. 4.6, Graphik 4.3, S. 131 f.

20) *Keynes* (1936), S. 194 ff.

21) Die staatliche Hilfe kann aber auch zu weit gehen, wie das Beispiel der in Schwierigkeiten geratenen amerikanischen Loans and Savings-Banks Ende der 80er Jahre zeigt.

22) *Stahlmann* (1994), S. 199.

23) zitiert bei *Harsch* (1995), S. 80.

24) *Aristoteles,* S. 79.

25) Darauf läuft m.E. auch die Meinung von Luhmann hinaus. Zunächst sagt er: «Der autopoietische Elementarvorgang, die letzte, nicht weiter dekomponierbare Kommunikation, aus der das System besteht, ist die Zahlung.» – Eine Seite weiter heisst es jedoch: «Aber damit ist nur die eine Hälfte des Operationssinnes bezeichnet. Zahlungen erfordern immer auch eine Gegenbewegung des Transfers von Gütern oder Dienstleistungen oder anderer monetärer

Grössen.» – Die beiden Seiten zusammen machen aber einen Tauschvorgang aus! *Luhmann* (1984), S. 625 f.

26) *Luhmann* (1984), S. 92 ff.

27) *Mesarovic* (1990), S. 37.

28) *Krugman* (1996) geht in seinem Buch die Frage der Selbstorganisation der Wirtschaft von der makroökonomischen Seite her an. Er stellt natürliche und soziale Systeme auf die gleiche Stufe und unterscheidet nicht zwischen Teilen und ordnenden Prinzipien der sozialen Systeme. Bezeichnenderweise kommt er aber in seinen Modellen nicht ohne solche Prinzipien aus. Im Zusammenhang mit der räumlichen Selbstorganisation, etwa von Städten, spricht er sehr allgemein von «Wünschbarkeit» (S. 26 und 78) und bezogen auf den Konjunkturzyklus vom «Vertrauen der Investoren» (S. 61).

29) *Schumpeter* (1950).

30) *Hayek* (1988), S. 9, wo es heisst:
«... the old insight ... that our values and institutions are determined not simply by preceding causes but as part of a process of unconscious self-organisation of a structure or pattern.»

31) Die hier gemachten Angaben beziehen sich in der Regel auf die frühere DDR. Vgl. dazu *Florschütz* (1970).

32) *Groys* (1988), S. 244 f.

33) *Maslow* (1978).

34) In der Schweiz mussten im Jahre 1912 noch 41% des Budgets eines durchschnittlichen Haushaltes der unselbständig Erwerbenden allein für die Nahrung (ohne Getränke) eingesetzt werden; 1992 waren es dagegen lediglich 9 %. *Bundesamt für Statistik* (1995): Verbrauchserhebungen von Unselbständigerwerbenden: Vergleich 1912 zu 1992, Tab. 24. Sektion für Preise und Verbrauch.

35) *Veblen* (1899), S. 14.

36) *Veblen* (1899), S. 37 f.

37) *Höhler* (1987).

38) *Maslow* (1978), S. 122.

39) *Schopenhauer*, S. 1452.

40) Wörtlich heisst es bei *Simmel:*
«Die Bedeutung des Geldes, das grösste und vollendetste Beispiel für die psychologische Steigerung der Mittel zu Zwecken zu sein – tritt erst in ihr volles Licht, wenn das Verhältnis zwischen Mittel und Endzweck noch näher beleuchtet wird.»...«Der Endzweck ist sozusagen nur eine Funktion oder eine Forderung; als Begriff angesehen ist er nichts als die Verdichtung der Tatsache, die er zunächst gerade aufzuheben schien: dass der Weg des menschlichen Wollens und Wertens ins Unendliche führt und kein auf ihm erreichter Punkt sich dagegen wehren kann.»
Simmel (1900), S. 302 f.

41) *Galbraith* (1982), S. 360.

42) *Maslow* (1978), S. 14.

43) *Bornemann* (1977).

44) vgl. dazu *Harsch* (1995).

45) *Harsch* (1995), S. 65 und 241.

46) *Weber* (1925).

47) *Maslow* (1978), S. 18.

48) *Maturana* und *Varela* (1987), S. 186 ff.

49) *Veblen* (1899). Vorwort der Übersetzer, S. 8.

50) *de Mause* (1988).

51) Altes Testament, 3. Buch Mose, Kap. 25.

52) *Keynes* (1936), S. 374.
Das Zitat lautet: «Moreover, dangerous human proclivities can be canalised into comparatively harmless channels by the existence of opportunities for money making and private wealth, which, if they cannot be satisfied in this way, may find their outlet in cruelty, the reckless pursuit of personal power... It is better that a man should tyrannise over his bank balance than over his fellow-citizens.»

53) *Ishihara* (1992), S. 132 ff.

54) Die Begriffe «gemeinschaftsbildend» und «gemeinschaftsauflösend» finden sich bei: *Gerloff* (1952), S. 115.

55) *OECD* (1996): *Historical Statistics 1960–94.* Tab. 2.9, 2.10, 2.12; S. 42 f.

56) *Beck* (1986), S. 158.

57) *Grimm* (1990).

58) *Opaschowski* (1989).

59) *Hörning, Gerhard* und *Michailow* (1990), S. 14 und 43.

60) *Opaschowski* (1989).

61) *Gorz* (1989).

62) zitiert bei *Bruckmeier* (1988).

63) Jahresbericht des Deutschen Bundesnachrichtendienstes über Drogenhandel und Geldwäsche (1993). *In: Neue Zürcher Zeitung,* Nr. 77 vom 2.4., S. 1.

64) *Stockman* (1986).

65) *OECD* (1996): *Historical Statistics* 1960–94. Tab 6.5, S. 72.

66) Jahresbericht des amerikanischen Councils of Economic Advisers (1990). In: *Neue Zürcher Zeitung,* Nr. 160 vom 13.7., S. 39.

Ähnliche Töne hat später der Vize-Vorsitzende des Gouverneurrates des Federal Reserve Systems, Alan S. Blinder, angeschlagen(1994). In: *Neue Zürcher Zeitung,* Nr. 201 vom 30.8., S. 21.
Dabei ist allerdings zu berücksichtigen, dass in den USA das Federal Reserve gesetzlich auf die Verfolgung von drei Zielen verpflichtet ist: hoher Beschäftigungsstand, stabile Preise und mässige langfristige Zinssätze.

67) *Friedman* (1973), S. 9.

68) *Friedman* (1973), S. 28.

69) *Koopmans* (1933), S. 279 f. und Anm. 50.

70) Die Begriffe «aussen- und binnenwirtschaftliche Komponente der Geldversorgung» finden sich bei *Ehrlicher* (1963).

71) Das Zinsparitäten-Theorem bringt in diesem Zusammenhang zum Ausdruck, dass die Arbitrage ständig für den Ausgleich von Zinsdifferenzen sorgt; es besagt, dass eine Differenz zwischen den heimischen und den Weltmarktzinsen bei Zeiteinlagen dem Unterschied zwischen dem Kassen- und dem Terminkurs einer Währung bei gleichen Fälligkeiten entspricht.

72) *Bank for International Settlements* (1996). *Central Bank Survey of Foreign Exchange and Derivates Market Activity* 1995, S. 7.

73) Am Beispiel der Schweiz: Der Anteil der Notenbankgeldmenge am Bruttoinlandprodukt hat sich zwischen 1976 und 1994 mehr als halbiert; entsprechend ist ihre Umlaufsgeschwindigkeit um mehr als das Doppelte angestiegen, nämlich von 5.76 auf 11.85. Dagegen ist die Umlaufgeschwindigkeit der Geldmenge M 1 (nach der neuen Definition von 1995) überraschend stabil geblieben. Sie belief sich 1976 auf 2.76 und 1994 auf 2,73; dazwischen schwankte sie nur mässig zwischen 2.24 und 3.01. Diese Zahlen stützen in erstaunlichem Masse die monetaristische These der Stabilität des Geldbedarfes für die wichtigste Art der Geldmenge.
Schweizerische Nationalbank. Monatsberichte und ergänzende Angaben.

74) Der Geldschöpfungs-Multiplikator, welcher das Verhältnis der Geldmenge M 1 zur Notenbankgeldmenge ausdrückt, ist in der Schweiz zwischen 1976 und 1994 von 2.1 auf 4.4 gestiegen. Diese Relation illustriert gleichzeitig die massgebliche Rolle der Geldschöpfung durch das Bankensystem und die rückläufige Rolle des Notenbankgeldes.
Schweizerische Nationalbank. Monatsberichte und ergänzende Angaben.

75) Die Erfahrung mit den amerikanischen Sparkassen zeigt jedoch, dass ein an sich gutgemeinter Gläubigerschutz, wenn er übertrieben wird, zu Missbrauch verleitet und Riesenverluste zur Folge haben kann. Um die Sparer noch besser zu schützen, wurde die Garantie der staatlichen Einlagenversicherung von 30 000 auf 100 000 Dollar je Einleger erhöht. Die Sparkassen fühlten sich daraufhin frei, sich auch in riskante Geschäfte, vor allem auf dem Immobiliensektor, einzulassen. Das Ergebnis war, dass Ende der 80er Jahre nicht nur die staatliche Einlagenversicherung gesprengt wurde, sondern dass darüber hinaus die amerikanischen Steuerzahler zur Verlustdeckung herhalten mussten, was sie bis zum Abschluss der Sanierung eine Summe von rund 500 Milliarden Dollar kosten könnte.
Neue Zürcher Zeitung (1990), Nr. 143 vom 23./24.6., S. 33.

76) Das Konzept des Shareholder value geht auf das Werk von A. Rappaport zurück.

77) Eine weitere Methode der Geldwäsche besteht in der Beteiligung an wirtschaftlichen Unternehmungen oder im Erwerb von Immobilien und Obligationen.

78) In diesem Sinne ist der City Code on Takeovers and Mergers der Börse von London beispielhaft vorangegangen.

79) *Bank für Internationalen Zahlungsausgleich (1997): 67. Jahresbericht,* S. 134.

80) *Bank für Internationalen Zahlungsausgleich (1997): 67. Jahresbericht,* S. 147.

81) *Bank for International Settlements (1996): Central Bank Survey of Foreign Exchange and Derivates Market Activity* 1995, S. 3.

82) Die weltweite Ausfuhr für das Jahr 1995 wird mit 5 145 Milliarden Dollar angegeben.
The World Bank (1997): *World Development Report* 1997, Tab. 15, S. 243.

83) *Schweizerische Nationalbank:* Ergänzende Angabe.

84) *Bernanke* (1995).

85) Beispiele: *Alan Bond, Maxwell, Polly Peck, Reinhardt* (Canary Wharf), *Rey.*

86) *The World Bank* (1997): *World Development Report* 1997, Tab. 17, S. 246.

87) Vgl. dazu *Bernholz* (1987).

88) *Allais* (1993).

89) *Tobin* (1988).

90) Die Bemühungen von Regierungen und Notenbanken um die Aufsicht über das internationale Finanzsystem werden im Rahmen der Bank für Internationalen Zahlungsausgleich in Basel durch den Basler Ausschuss für Bankenaufsicht koordiniert. Er hat bereits 1988 für die international tätigen Banken Vorschriften für eine minimale Ausstattung mit eigenen Mitteln erlassen (8% der risikogewichteten Aktiven). In einem weiteren Schritt will er das Netting (die Verrechnung von Forderungen und Verpflichtungen zwischen Banken) sowie das Marktrisiko (offene Positionen im Handel mit Wertschriften und Devisen sowie das Risiko von Zinsänderungen für die Ertragslage der Banken) der Aufsicht unterstellen und das Risiko auf Transaktionen durch Verkürzung der Zeitspanne zwischen Abschluss und Erfüllung («zeitnahe Abwicklung») vermindern.
Bank für Internationalen Zahlungsausgleich (1997): 67. Jahresbericht, S. 165 ff.

91) *Böckmann* (1990).

92) *Peters* (1988), S. 3.

93) *Peters* (1988), S. 9.

94) *Tinbergen* (1972).
Jan Tinbergen hat schon im Jahre 1972 versucht, den Nutzen bzw. die Wohlfahrt zu messen, wobei die Zufriedenheit aufgrund von Konsum (und damit von Einkommen), Arbeit und Leistung eine zentrale Rolle spielt. Die Berücksichtigung der natürlichen Umwelt ist damals als vordringlicher Aspekt der Wohlfahrt gerade erst entdeckt worden.

95) *OECD (1996): Historical Statistics 1960–1994.* Tab. 3.1, S. 50.

96) *The World Bank (1995): Global Economic Prospects and the Developing Countries.* Tab. 1 und 2, S. 78 f.

97) *OECD (1997): Employment Outlook. July.* Tab. 1.1, 1.3 und H, S. 2, 4 und 180.

98) *Meadows* (1972).

99) *Global 2000* (1980).

100) *Meadows, Randers* (1992).

101) *Weltbank (1994): Weltentwicklungsbericht 1994.* Tab. 25.

102) *OECD* (1996): *Historical Statistics 1960–1994,* Tab. 3.1 und 3.2, S. 50.

103) In der Schweiz waren im Jahre 1991 38,7% der Einwohner im Besitz eines Vermögens von über 100 000 Franken. Anderseits verfügten 2,9% der Steuerpflichtigen über ein Vermögen von über 1 Million Franken; ihr Anteil am Gesamtvermögen belief sich auf 42 %.
Statistisches Jahrbuch der Schweiz (1995), Tab. 18.7, Graphik 18.5, S. 389.

104) *Statistical Abstract of the United States (1996),* Tab. 719, S. 467.
The World Bank (1997): World Development Report 1997, Tab. 5, S. 222.

105) *Basler Zeitung* (1992): Interview mit Prof. Crystal. Nr. 30 vom 5.2., S. 15.

106) *Martin, H.P.* und *Schumann, H.* (1996).

107) *Statistical Abstract of the United States (1996),* Tab. 730, S. 472.

108) *Weltbank (1990): Weltentwicklungsbericht 1990,* Tab. 2.1, S. 35.

109) *Statistisches Jahrbuch für die Bundesrepublik Deutschland (1996),* Tab. 24.2 und 24.17, S. 641 und 659.

110) Aus einem Konferenzbericht. *Neue Zürcher Zeitung* (1980), Nr. 269 vom 18.11., S. 21.

111) *The World Bank (1997): World Development Report 1997,* Tab. 11, S. 234.

112) *Bell* (1975).

113) *Drucker* (1993).

114) *Sik* (1979).

115) *Sik* (1991).

116) *Gesell* legt grosses Gewicht – ich folge hier der Interpretation von Keynes – auf das Verhältnis zwischen der Grenzproduktivität des Kapitals und dem Zinssatz und argumentiert, dass das Wachstum des Realkapitals durch den Zinssatz begrenzt wird. Gäbe es keinen Zinssatz, müsste das reale Kapital rapide anwachsen. Deshalb kommt es darauf an, den Zinssatz zum Verschwinden zu bringen. Das gelingt dann, wenn die Haltung von liquiden Mitteln Kosten verursacht. Das führte Gesell zu seinem Vorschlag des Schwundgeldes, bei dem der Staat periodisch auf den Zahlungsmitteln eine Benützungsgebühr bzw. einen Negativzins erhebt. Wer die Zahlungsmittel am Stichtag in der Hand hat, muss diese Gebühr beispielsweise durch das Aufkleben von Marken auf den Banknoten abliefern. Jedermann wird dann versuchen, den Schwarzpeter rechtzeitig weiterzugeben.
Die Idee des Schwundgeldes ist eine frontale Attacke gegen das System von Geldwirtschaft und Wettbewerb. Die geldwirtschaftlichen Spielregeln würden auf den Kopf gestellt. Während im System der Geldwirtschaft alles daran hängt, zahlungsfähig zu sein, also über Geld zu verfügen, werden die Geldbesitzer durch das Schwundgeld bestraft und gezwungen, ihr Geld rasch wieder loszuwerden. Der Geldtrieb würde durch die laufende Geldentwertung an einem neuralgischen Punkt getroffen. Die Bereitschaft zur Teilnahme am Wettbewerb müsste erlahmen; die gesamte wirtschaftliche Dynamik käme zum Erliegen.

Für *Gesell* gehört der Verzicht auf den Zins zu einer natürlichen Wirtschaftsordnung. Was ist aber natürlich und was unnatürlich? Der Zins entsteht durch keinerlei Vorschrift. Zins ist der Preis für geliehene Liquidität. Ohne Zins ist diese Liquidität und damit auch ein Kredit nicht zu haben. Wenn die Kreditnehmer davon nicht profitierten, würden sie den Zins nicht zahlen. Natürlicher geht es nicht mehr; künstlich und unnatürlich wäre dagegen die vorgeschlagene obrigkeitliche Dekretierung eines Negativzinses.
Es passt zum Bild eines «anti-marxistischen Sozialismus» *(Keynes)*, dass sich das Schwundgeld nur bedingt mit dem Privateigentum verträgt. Bei Gesell gehört Freiland zum Freigeld. Privateigentum an Grund und Boden wird ausgeschlossen, weil damit spekuliert werden könnte. Ergänzt wird diese Einschränkung des Privateigentums mit einer Steuerreform, welche die Vermögensunterschiede ausgleichen soll.

Nach *Steiner* hat der Mensch auf dieser Welt einen biographischen Auftrag, der nur in einer sinnvollen Arbeit bestehen kann. Das Geld soll ihm helfen, seinen Auftrag zu erfüllen. *Steiner* kann sich deshalb nicht mit einer Ordnung abfinden (er formuliert es zwar nicht so), in welcher das Geld zum absoluten Mittel wird. Er nimmt vor allem Anstoss an der Macht, die es den Geldbesitzern verleiht, und an der Abhängigkeit, in welche die Lohnempfänger dadurch geraten. Er wendet sich gegen die Anonymität der Geldwirtschaft und strebt nach einer Verpersönlichung des Geldgebrauchs, die u.a. in bankähnlichen Einrichtungen – von denen es in verschiedenen Ländern gegenwärtig rund 50 gibt – verwirklicht werden soll. Ihn interessieren auch nicht so sehr die Einnahmen, auf die es in der Geldwirtschaft doch in erster Linie ankommt, sondern die Ausgaben; deshalb ist die Aufteilung in Kaufgeld, Leihgeld und Schenkungsgeld für ihn so wichtig.

Steiner hat seine Änderungsvorschläge, die nicht immer einfach nachzuvollziehen sind, nicht in ein abgerundetes System gebracht, sondern sich vielmehr mit Anstössen begnügt, die aber den Gedanken von *Gesell* recht nahe kommen. Die Macht des Geldes soll durch Entwertung gebrochen werden; *Steiner* spricht in diesem Zusammenhang vom alternden Geld. Es soll an Wert verlieren wie verderbliche Waren. Die Entwertung soll nicht durch staatlichen Zwang geschehen, sondern durch ein entsprechendes Verhalten der beteiligten Menschen. Sie verzichten ganz oder teilweise auf den Zins; arbeitsloses Einkommen ist verpönt. *Steiner* bezeichnet den Zins als etwas höchst Unnatürliches und «völligen Unsinn». Wenn die Liquiditätshaltung aber schon keinen Zins abwirft, verursacht sie höchstens Umtriebe, welche die Wirkung von Entwertung haben.

Die Freigeldlehre von *Gesell* wird heute nur von einer kleinen Gruppe von Anhängern ernstgenommen; praktische oder politische Bedeutung hat sie nicht. Die Anregungen von *Steiner* lassen sich anderseits nur in begrenzten Zirkeln von Personen realisieren, die von ihrer persönlichen Überzeugung her Verständnis für die besondere Bedeutung des biographischen Auftrages und des zugemuteten Zinsopfers aufbringen.
Gesell (1920). *Keynes* (1936), S. 355 ff. (Short notes suggested by the General Theory). *Suhr* (1988). *Schmidt-Brabant* (1995).

117) Ein Beispiel dafür bildet der WIR Wirtschaftsring in der Schweiz, der gegründet wurde, um seinen Mitgliedern einen Vorteil im Wettbewerb und damit zusätzlichen Umsatz zu verschaffen. Er setzt sich aus kleineren und mittleren Unternehmern vorwiegend gewerblicher Herkunft zusammen. Inzwischen hat die Organisation eine Grösse erreicht, dass viele Branchenkollegen um eine Teilnahme fast nicht mehr herumkommen. Sie gibt WIR-Geld aus, das in einem gewissen Umfang (gegenwärtig 30 bis 40 %) zur Zahlung im Tauschverkehr eingesetzt werden kann; der Rest muss in nationaler Währung beglichen werden.
Zum Mittel der Ausgabe eines eigenen Geldes hat in der Krise der 30er Jahre auch die Gemeinde Wörgl in Österreich gegriffen. Sie brachte ein Notgeld nach dem Modell des Freigeldes in Umlauf, um öffentliche Arbeiten zu finanzieren und die Steuerschulden abzubauen. Die Kollision mit der staatlichen Geldhoheit hat dem Experiment jedoch schon nach gut einem Jahr ein Ende gesetzt.

118) *Hayek* (1988), S. 7 ff.

119) *Rothbard* (1973).

120) *Lafontaine* (1988), S. 41.

121) *Küng* (1990), S. 60.

122) *Müller-Armack* (1974), S. 8.

123) *Rawls* (1971).

124) *Honneth* (1991).

125) *Horkheimer* (1970), S. 21 f.

126) *Müller-Armack* (1974), S. 163.

127) *Horkheimer* (1970), S. 20, 29, 34.

128) *Fukuyama* (1992), S. 11.

Literaturverzeichnis

Allais, Maurice (1993): Les conditions monétaires d'une économie de marchés. In: Revue d'économie politique. Paris. 103e année, mai-juin, S. 318 ff.

Aristoteles: Politik. Meisterwerke der Antike. Artemis. Zürich, 1971.

Bank für Internationalen Zahlungsausgleich, Basel. (Bank for International Settlements): Verschiedene Publikationen.

Barro, Robert J. (1986): Makroökonomie. Transfer, Regensburg.

Bartmann, Hermann und *John, Klaus-Dieter* (1987): Grundkonzeptionen der Konjunktur- und Wachstumsanalyse. Beiträge zur Wirtschaftstheorie, Universität Mainz. Bde 1–4, 2. Aufl. Wilhelm Surbir, St. Gallen.

Beck, Ulrich (1986): Risikogesellschaft. Auf dem Weg in eine andere Moderne. Suhrkamp, Frankfurt/M.

Bell, Daniel (1975): Die nachindustrielle Gesellschaft. Campus, Frankfurt/M u.a.

Bernanke, Ben S. (1995): The Macroeconomics of the Great Depression. A Comparative Approach. In: Journal of Money, Credit, and Banking. Columbus, Ohio. Vol. 27, No. 1 (February), S. 3 ff.

Bernholz, Peter (1987): Auf der Suche nach stabilem Geld. Radikale Vorschläge für eine Privatisierung der Währungsordnung. In: Neue Zürcher Zeitung, Nr. 285 vom 8.12., S. 41.

Binswanger, Hans Christoph (1982): Geld und Wirtschaft im Verständnis des Merkantilismus. Studien zur Entwicklung der ökonomischen Theorie. In: Schriften des Vereins für Sozialpolitik. Neue Folge, Bd. 115/II. Berlin. S. 93–129.

Binswanger, Hans Christoph (1985): Geld und Magie. Weitbrecht, Stuttgart.

Binswanger, Hans Christoph und *von Flotow, Paschen (*Hg.) (1994): Geld und Wachstum. Zur Philosophie und Praxis des Geldes. Weitbrecht, Stuttgart u.a.

Böckmann, Walter (1990): Vom Sinn zum Gewinn. Eine Denkschule für Manager. Gabler, Wiesbaden.

Borkenau, Franz (1956): Karl Marx. Fischer, Frankfurt/M.

Bornemann, Ernest (1977): Psychoanalyse des Geldes. Suhrkamp, Frankfurt/M.

Briggs, John und *Peat, F. David* (1990): Die Entdeckung des Chaos. Carl Hanser, München.

Bruckmeier, Karl (1988): Kritik der Organisationsgesellschaft. Wege der systemtheoretischen Auflösung der Gesellschaft von M. Weber, Parsons, Luhmann und Habermas. Westfälisches Dampfboot, Münster.

Brunner, Karl und *Meltzer, Allan H.* (1971): The Uses of Money: Money in the Theory of an Exchange Economy. In: The American Economic Review. Bd. 61/2, S. 784–804.

Bundesamt für Statistik, Bern.

Casson, Mark (1981): Unemployment: A Disequilibrium Approach. Martin Robertson, Oxford.

Cribb, Joe (ed.) (1986): Money. From Cowrie Shells to Credit Cards. British Museum, London.

deMause, Lloyd (1988): Geld: Schuld und Sühne. In: Psychologie heute. Dezember, S. 26 ff.

Dembinsky, Pawel H. (1988): Quantity versus Allocation of Money: Monetary Problems of the Centrally Planned Economies Reconsidered. In: Kyklos. Basel. Vol. 41, S. 281 ff.

Deutsche Bundesbank, Frankfurt/M: Monatsberichte.

Dopsch, Alfons (1930): Naturalwirtschaft und Geldwirtschaft in der Weltgeschichte. L.W. Seidel & Sohn, Wien.

Drucker, Peter F. (1993): Post-Capitalist Society. HarperCollins, New York.

Ehrlicher, Werner (1963): Die aussenwirtschaftliche Komponente der Geldversorgung. In: Jahrbuch für Sozialwissenschaft, 14. Göttingen.

Fisher, Douglas (1978): Monetary Theory and the Demand for Money. Martin Robertson, London.

Florschütz, Wolfgang (1970): Das Geldsystem in einer Zentralverwaltungswirtschaft. Diss. Freiburg/Schweiz.

Frey, Bruno S. (1977): Moderne politische Ökonomie. R. Piper, München u.a.

Friedman, Milton (1973): Money and Economic Development. (The Horowitz Lectures of 1972) Praeger, New York.

Friedman, Milton (1976): Die optimale Geldmenge und andere Essays. Moderne Industrie, München.

Friedman, Milton (1992): Geld regiert die Welt. Neue Provokationen vom Vordenker der modernen Wirtschaftspolitik. Econ, Düsseldorf u.a.

Fries, Hans-Peter (1987): Betriebswirtschaftslehre des Industriebetriebes. Oldenbourg, München u.a.

Fukuyama, Francis (1992): Das Ende der Geschichte. Wo stehen wir? Kindler, München.

Galbraith, John Kenneth (1982): Leben in entscheidender Zeit. C. Bertelsmann, München.

Gerloff, Wilhelm (1952): Geld und Gesellschaft. Versuch einer gesellschaftlichen Theorie des Geldes. Klostermann, Frankfurt/M.

Gesell, Silvio (1920): Die natürliche Wirtschaftsordnung durch Freiland und Freigeld. Gesammelte Werke, Bd. 11. Gauke. Lütjenburg, 1991.

Global 2000 (1980). Der Bericht an den Präsidenten. Zweitausendeins, Frankfurt/M.

Goethe, Johann Wolfgang: Wilhelm Meisters Wanderjahre. Betrachtungen im Sinne der Wanderer. Goethes Werke in 10 Bänden. Bd. VI, S. 313. Artemis. Zürich, 1961.

Gorz, André (1989): Recht auf Arbeit, Recht auf Einkommen. In: Basler Zeitung, Nr. 29 vom 22.7. Magazin, S. 6.

Griffiths, Brian and *Wood, Geoffrey E. (Ed.) (*1984): Monetarism in the United Kingdom. Macmillan, London.

Grimm, Eleonore (1990): Der neue deutsche Typ: Sorglos und materialistisch. In: Psychologie heute. November, S. 34 ff.

Groys, Boris (1988): Markt- oder «Moral»-Wirtschaft. Zur Typologie von Leistungsgesellschaften. In: Ethik der Leistung. Thomas, H. (Hg.), Colloquium des Lindenthal-Institutes. Busse + Seewald, Herford.

Handwörterbuch des Bank- und Finanzwesens. (1995) Band 6 der Enzyklopädie der Betriebswirtschaftslehre. Stuttgart.

Handwörterbuch der Wirtschaftswissenschaft. (1981) Albers, W. (Hg.), Stuttgart u.a.

Harsch, Wolfgang (1995): Die psychoanalytische Geldtheorie. Fischer Taschenbuch, Frankfurt/M.

Hayek, Friedrich August (1988): The Fatal Conceit. The Errors of Socialism. The Collected Works of F.A. Hayek. Bartley III, W.W. (Ed.). Vol. I. Routledge, London.

Heinemann, Klaus (1969): Grundzüge einer Soziologie des Geldes. Ferdinand Enke, Stuttgart.

Hinterberger, Friedrich und *Hüther, Michael* (1993): Von Smith bis Hayek und zurück. Eine kleine Geschichte der Selbstorganisationsidee in der Nationalökonomie. In: Jahrbücher für Nationalökonomie und Statistik, Bd. 211/3–4, S. 218 ff.

Höhler, Gertrud (1987): Das lockere Verhältnis der Jugend zur Technik. In: Neue Zürcher Zeitung, Nr. 46 vom 25.2., S. 65.

Höltz, Joachim (1984): Kritik der Geldentstehungstheorien. Mainzer ethnologische Arbeiten. Dietrich Reimer, Berlin.

Honneth, Axel (Hg.), (1993): Kommunitarismus: eine Debatte über die moralischen Grundlagen moderner Gesellschaften. Theorie und Gesellschaft; 26. Campus, Frankfurt/M.

Horkheimer, Max (1970): Verwaltete Welt? Ein Gespräch. Die Arche, Zürich.

Hörning, Karl H., Gerhard, Anette und *Michailow, Matthias* (1990): Zeitpioniere. Suhrkamp, Frankfurt/M.

Jarchow, Hans Joachim (1987): Theorie und Politik des Geldes. I. Geldtheorie. Vandenhoeck & Ruprecht, Göttingen.

Ishihara, Shintaro (1992): Wir sind die Weltmacht. Warum Japan die Zukunft gehört. Gustav Lübbe, Bergisch Gladbach.

Keynes, John Maynard (1936): The General Theory of Employment, Interest and Money. The Collected Writings of John Maynard Keynes. Vol. VII. Macmillan. London, 1973.

Klausinger, Hansjörg (1991): Theorien der Geldwirtschaft. Duncker und Humblot, Berlin.

Koopmans, Johan Gerbrand (1933): Zum Problem des neutralen Geldes. In: Neutraal Geld. H.E. Stenfert Kroese. Leiden u.a., 1982.

Kratky, Karl und Wallner, Friedrich (Hg.) (1990): Grundprinzipien der Selbstorganisation. Wissenschaftliche Buchgesellschaft, Darmstadt.

Krugman, Paul (1996): The Self-Organizing Economy. Blackwell, Cambridge/Mass.

Küng, Hans (1990): Projekt Weltethos. R. Piper, München.

Lafontaine, Oskar (1988): Die Gesellschaft der Zukunft. Hoffmann und Campe, Hamburg.

Luhmann, Niklas (1984): Soziale Systeme. Grundriss einer allgemeinen Theorie. Suhrkamp, Frankfurt/M.

Martin, Hans-Peter und *Schumann, Harald* (1996): Die Globalisierungsfalle. Rowohlt, Reinbek/Hamburg.

Marx, Karl (1867): Das Kapital. Kritik der politischen Ökonomie. Karl Marx; Friedrich Engels. Gesamtausgabe (MEGA). Bd. 10. Dietz. Berlin 1991.

Maslow, Abraham H. (1978): Motivation und Persönlichkeit. Walter, Olten.

Maturana, Humberto R. und *Varela, Francisco J.* (1987): Der Baum der Erkenntnis. Scherz, Bern u.a.

Mayer, Thomas, Duesenberry, James S. and Aliber, Robert Z. (1986): Money, Banking, and the Economy. W.W. Norton, New York u.a.

Meadows, Dennis (1972): Die Grenzen des Wachstums. Bericht des Club of Rome zur Lage der Menschheit. Deutsche Verlags-Anstalt, Stuttgart.

Meadows, Dionella H. und *Dennis L., Randers, Jörgen* (1992): Die neuen Grenzen des Wachstums. Deutsche Verlags-Anstalt, Stuttgart.

Menzer, Ursula (1990): Geld und Intellekt. (Zur Neuauflage von Georg Simmels «Philosophie des Geldes») In: Merkur. Deutsche Zeitschrift für europäisches Denken. Stuttgart. 44. Jg., Heft 6, S. 504 ff.

Mesarovic, Mihajlo D. (1990): Auf der Suche nach neuen Paradigmen für die Weltpolitik. In: Club of Rome: Die Herausforderung des Wachstums. S. 21 ff. Scherz, Bern u.a.

Mill, John Stuart (1871): Grundsätze der Politischen Ökonomie. Sammlung sozialwissenschaftlicher Meister. Waentig, H. (Hg.) Bd. XVIII, S. 8. Gustav Fischer. Jena, 1921.

Müller, Rudolf Wolfgang (1977): Geld und Geist. Zur Entstehungsgeschichte von Identitätsbewusstsein und Rationalität seit der Antike. Campus, Frankfurt/M.

Müller-Armack, Alfred (1974): Genealogie der Sozialen Marktwirtschaft. Paul Haupt, Bern.

Niehans, Jürg (1980): Theorie des Geldes. Paul Haupt, Bern.

OECD Paris: Verschiedene Publikationen.

Opaschowski, Horst W. (1989): Von der Geldkultur zur Zeitkultur. In: Neue Zürcher Zeitung, Nr. 233 vom 7./8.10., S. 26.

Peters, Tom (1988): Thriving on chaos. Harper & Row, New York u.a.

Podolski, Tad M. (1986): Financial Innovation and the Money Supply. Basil Blackwell, Oxford u.a.

Rappaport, Alfred (1986): Creating Shareholder Value – A New Standard For Business Performance. The Free Press, New York.

Rawls, John (1975): Eine Theorie der Gerechtigkeit. Suhrkamp, Frankfurt/M.

Rothbard, Murray N. (1973): For a New Liberty. The Libertarian Manifesto. Rev. Ed. Fox & Wilkes. San Francisco, 1996.

Samhaber, Ernst (1964): Das Geld. Eine Kulturgeschichte. Keysersche Verlagsbuchhandlung München.

Sampson, Anthony (1990): Globalmacht Geld. Hoffmann und Campe, Hamburg.

Schmidheiny, Stephan (Hg.) (1992): Kurswechsel – Globale unternehmerische Perspektiven für Entwicklung und Umwelt. Artemis & Winkler, München.

Schmidt-Brabant, Manfred (1995): Spirituell verstandenes Bankwesen. Geld – im Dienste des Menschen. Verlag am Goetheanum, Dornach.

Schmölders, Günter (1966): Psychologie des Geldes. Rowohlt, Reinbek bei Hamburg.

Schopenhauer, A. : Die Welt als Wille und Vorstellung. Grossherzog Wilhelm Ernst Ausgabe. II. Bd. Leipzig (o.J.).

Schultz, Reinhard (1988): Betriebwirtschaftslehre: Sozialökonomische Einführung. Oldenbourg, München u.a.

Schumpeter, Joseph A. (1950): Kapitalismus, Sozialismus und Demokratie. A. Francke, München.

Schumpeter, Joseph A. (1970): Das Wesen des Geldes. Vandenhoeck und Ruprecht, Göttingen.

Schweizerische Nationalbank, Zürich: Verschiedene Publikationen.

Shahin, Amin Moustafa (1970): Rolle und Bedeutung von Geld und Banken in unterentwickelten Ländern. Institut für Sozialwissenschaften, Basel.

Sik, Ota (1979): Humane Wirtschaftsdemokratie. Ein Dritter Weg. Albrecht-Knaus, Hamburg.

Sik, Ota (1991): Der «Dritte Weg» als verbesserte Marktwirtschaft. In: Neue Zürcher Zeitung, Nr. 287 vom 10.12., S. 39.

Simmel, Georg (1900): Philosophie des Geldes. Gesamtausgabe, hrsg. von Otthein Rammstedt. Bd. 6. Suhrkamp. Frankfurt/M, 1989.

Sommer, Albrecht (1991): Grundlagen der modernen monetären Konjunkturtheorie der Neoklassik. Studien zur monetären Ökonomie. Riese, H. und Spahr, H.P. (Hg.). Bd. 9. Transfer, Regensburg.

Stahlmann, Volker (1994): Umweltbewusstes Management trotz Wachstumszwang. In: Binswanger, H.C. und Flotow, P. (Hg.): Geld und Wachstum. Weitbrecht, Stuttgart, u.a.

Statistical Abstract of the United States, Washington, D.C.

Statistisches Jahrbuch der Schweiz, Zürich und Bern.

Statistisches Jahrbuch für die Bundesrepublik Deutschland, Wiesbaden.

Stockman, David (1986): Der Triumph der Politik. C. Bertelsmann, München.

Suhr, Dieter (1988): Alterndes Geld. Das Konzept Rudolf Steiners aus geldtheoretischer Sicht. Novalis, Schaffhausen.

Tinbergen, Jan (1972): An Interdisciplinary Approach to the Measurement of Utility Welfare. Fifth Geary Lecture. The Economic and Social Research Institute, Dublin.

Tobin, James (1988): Sand ins Räderwerk der Devisenspekulation. In: Neue Zürcher Zeitung, Nr. 237 vom 11.10., S. 35.

Veblen, Thorstein (1899): Theorie der feinen Leute. Deutscher Taschenbuch Verlag. München, 1971.

Weber, Max (1925): Wirtschaft und Gesellschaft. Grundriss der Sozialökonomik. III. Abteilung. 2 Bde. J.C.B. Mohr (Paul Siebeck), Tübingen.

Weber, Max (1925): Die protestantische Ethik und der Geist des Kapitalismus. J.C.B. Mohr (Paul Siebeck), Tübingen.

Weizsäcker, Ernst Ulrich von (1992): Erdpolitik. Ökologische Realpolitik an der Schwelle zum Jahrhundert der Umwelt. Wissenschaftliche Buchgesellschaft, Darmstadt.

Weltbank, Washington, D.C.: Verschiedene Publikationen.

Personen- und Sachregister

Wissen über die Zukunft als Basis für die Zukunftsgestaltung

Rolf Homann

Zukünfte – heute denken morgen sein

Zukünfte sind nicht schicksalshaft, sondern ein potentielles Gestaltungsfeld. Zukünfte kann man schaffen, man muss nicht von ihnen überrollt werden.
Der Autor versteht sein Buch als Arbeitsmittel zur Zukunftsgestaltung und zur Entwicklung von Frühwarnsystemen für Unternehmen und jeden einzelnen. Bewusst benutzt er den in Amerika gängigen Begriff 'futures', «Zukünfte». Es gibt deren so viele wie Individuen, die sich mit ihnen auseinandersetzen.
Im ersten Teil des Buches vermittelt der Autor einen Einblick in die Arbeits- und Verhaltensweise der Zukunftsforschung. Im zweiten Teil entwirft er mittels anschaulicher Beispiele Szenarien für Zukünfte der Arbeit, der Medizin, der Freiheit usw. Der abschliessende dritte Teil liefert die Grundlagen und Werkzeuge, um selber rechtzeitig Einfluss nehmen zu können, ohne Trendgurus auf den Leim zu gehen.

200 Seiten, gebunden, ISBN 3-280-02627-X

Fernsehjournalismus: Ein Insiderbericht

Heiner Hug

Wir, die Geier

Das knallharte Geschäft mit den Fernseh-News

Steigerung der Einschaltquoten mit fast allen Mitteln und wenn notwendig auf Kosten der Authentizität.
Heiner Hug wirft einen Blick hinter die Kulissen der Medienberichterstattung und auf ein knallhartes News-Business, in dem Bildagenturen ums Überleben kämpfen, die Auswahl aus der Fülle der News einzig mit Blick auf die Zuschauerquote getroffen wird und Bilder dem aktuellen Publikumsgeschmack entsprechend manipuliert werden.
Auch die Qualität der Berichterstattung der Öffentlich-Rechtlichen wie ARD und ZDF nimmt er aufs Korn.

200 Seiten, gebunden, ISBN 3-280-02624-5

Orell Füssli Verlag